法と心理　第18巻第1号　2018年10月
JAPANESE JOURNAL OF LAW AND PSYCHOLOGY
Volume 18, Number 1, 2018

目次

特集［「治療的司法・正義」の実践と理論］

企画趣旨　　　　　　　　　　　　　　　　　　　　　　　　　　　　中村　正　　1

障害のある人の刑事弁護——事例報告を中心に　　　　　　　　　　　　山田恵太　　3

「治療的司法・正義」の議論のために
　——ケアとジャスティスの統合をとおした問題解決のための理論・実践・制度　　中村　正　　6

「治療的司法」の今とこれから——日本における更生支援型刑事司法を考える　　指宿　信　　14

司法と支援の連携——国際比較と地域での回復支援の観点から　　　　　水藤昌彦　　21

司法における「治療的な」関係とは——臨床心理の視点から見た治療的司法　　毛利真弓　　29

法と心理学会第18回大会　ワークショップ

ストーカー対応の現状と課題——司法臨床の展開（第五報）
　　　　　　　　　　　　　廣井亮一・篠崎真佐子・小池安彦・西田勝志　　34

司法面接の新展開——外国人を対象とした司法面接の取り組み
　　羽渕由子・赤嶺亜紀・ヤコブ E マルシャレンコ・上宮　愛・井上智義・水野真木子　　41

犯情と一般情状のあいだ——刑事法と心理学との協働の可能性
　　　　　　　　　　　　　　　　　　　　　　竹田　収・須藤　明・武内謙治　　49

司法における多専門・多職種連携と心理学——外国人被告人の心理査定
　　　　　　　　　赤嶺亜紀・田中周子・田中晶子・柴田勝之・尾崎友里加・仲真紀子　　56

改革がすすまない3つの課題と人権に対する市民意識
　——研究と教育のアプローチの可能性について
　　　　　　　　　山田早紀・山崎優子・相澤育郎・金　成恩・二宮周平・花本広志　　63

原著論文

取調べ録画動画の提示方法が自白の任意性判断に及ぼす影響
　——日本独自の二画面同時提示方式と撮影焦点の観点から
　　　　　　　　　　　　　　　　　　　　　　中田友貴・若林宏輔・サトウタツヤ　　70

刑事司法に対する態度尺度の作成と信頼性・妥当性の検討　　向井智哉・藤野京子　　86

量刑判断にもたらす心理的距離の影響——事件の発生時期に着目して
　　　　　　　　　　　　　　　　　　　　　　　　　　　　　谷口友梨・池上知子　　99

資料論文

事例報告：共同生活中のけじめ行為から傷害致死罪に問われた被告人 A の心理学的鑑定
　　　　　　　　　　　　　　　　　　　　　大倉得史・脇中　洋・井上雅人・久岡英樹　117

著作権侵害事件の客観的性質・主観的評価と取り締まりへの支持の関連
　　　　　　　　　　　　　　　　　　　　　　　　　　　　　　向井智哉・西川　開　123

書　評

浜田寿美男／責任編集『シリーズ　刑事司法を考える　第 1 巻　供述をめぐる問題』
　　　　　　　　　　　　　　　　　　　　　　　　　　　　　　　　　　渡辺由希　129

海外学会参加報告

東アジア法心理学会 2017　台湾　　　　　　　　　　　　　　　　　　　徳永留美　132

広　報

法と心理学会第 18 回大会　大会発表賞の紹介　　　　　　　　　　　　　大橋靖史　134

　　編集規定　　　　　　　137

　　投稿規定　　　　　　　138

　　編集後記　　　　　　　140

Contents

The Special Report: The Theory and Practice of Therapeutic Jurisprudence

    On Therapeutic Jurisprudence in Japan   Tadashi NAKAMURA   1

    On the legal defense for the person with the disability   Keita YAMADA   3

    Some Considerations of Therapeutic Jurisprudence in Japan: How to Initiate a New Way of Caring for People with Addictions in Rehabilitation Settings   Tadashi NAKAMURA   6

    Actual Status and Future of the Therapeutic Justice in Japan: Thoughts Regarding the Japanese Style of Rehabilitation-Oriented Criminal Justice   Makoto IBUSUKI   14

    Collaboration between Criminal Justice and Human Services: Issues Raised from International Comparison and Community-based Recovery Support Perspectives   Masahiko MIZUTO   21

    "Therapeutic" relationship in the judiciary: a therapeutic judicial view from the viewpoint of clinical psychology   Mayumi MORI   29

Workshops at the Eighteenth Congress of JSLP

    Current situation and issues for measures against stalking: The development of forensic clinical psychology (part V)   Ryoichi HIROI, Masako SHINOZAKI, Yasuhiko KOIKE & Katsushi NISHIDA   34

    The expansion of the forensic interview: Application for foreign residents   Yoshiko HABUCHI, Aki AKAMINE, Jakub E. MARSZALENKO, Ai UEMIYA, Tomoyoshi INOUE & Makiko MIZUNO   41

    On the relation between "HANJO (the criminal circumstances)" and "IPPAN-JOJO (the general circumstances)"   Osamu TAKEDA, Akira SUTO & Kenji TAKEUCHI   49

    Psychological contribution to multidisciplinary team approach in justice: Psychological assessment of a foreign defendant   Aki AKAMINE, Shuko TANAKA, Akiko TANAKA, Katsuyuki SHIBATA, Yurika OZAKI & Makiko NAKA   56

    Public Awareness of Human Rights and Three Issues Requiring Reform: Possibilities of Research and Educational Approaches   Saki YAMADA, Yuko YAMASAKI, Ikuo AIZAWA, Sungeun KIM, Shuhei NINOMIYA & Hiroshi HANAMOTO   63

Articles

    Camera perspective bias and screen display: Establishing standards for video-recorded police interviews   Yuki Inoue NAKATA, Kosuke WAKABAYASHI & Tatsuya SATO   70

Development of Attitudes towards Criminal Justice Scale　　Tomoya MUKAI & Kyoko FUJINO　86

How does psychological distance from a criminal case affect verdict? From the perspective of timing of the incident
　　Yuri TANIGUCHI & Tomoko IKEGAMI　99

Short Reports

Case Report: Psychological evaluation of a defendant accused of inflicting injury that caused death: What were the relationships among three people living together?
　　Tokushi OKURA, Hiroshi WAKINAKA, Masato INOUE & Hideki HISAOKA　117

Relationship between Subjective Characteristics and Objective Evaluations of Copyright Violation and Support for Sanctioning Copyright Vioration　　Tomoya MUKAI & Kai NISHIKAWA　123

Book Review

Yuki WATANABE　129

Foreign Conference Report

East Asian Association of Psychology and Law 2017 in Taiwan　　Rumi TOKUNAGA　132

Information

Yasushi OHASHI　134

特集 「治療的司法・正義」の実践と理論
企画趣旨[1]
企画：中村　正[2]

　D・ウェクスラー（David B. Wexler）らによって「治療法学(Therapeutic Jurisprudence)」の考え方が提唱され、広がりをみせている。これを具現化した司法制度を「治療的司法(Therapeutic Justice)」といい、それを支える臨床・治療と支援の実践を「治療的コミュニティ(Therapeutic Community)」という。法と心理・福祉の連携による問題解決型裁判が機能し、社会に実装された仕組みとして効果を発揮している。これらは触法行為とは何か、更生はいかにあるべきかについて再考を迫る考え方や制度といえる。被害の救済やケアはもちろんのこと、さらに逸脱行動や問題行動を処罰するだけではなく、地域社会の安全のためにも、当事者の問題解決に資する法の展開が要請されている。

　2015年（ウィーン）と2017年（プラハ）で開催された「法とメンタルヘルス国際学会」で、報告者らは日本での現状を発表した。薬物依存、暴力行動、非行問題、盗癖問題の事例について発表した。これらの報告を受けウェクスラーは日本の現在について、「古いボトルに新しいワインを注いでいる」と評価をした。報告者らのプロジェクトでは、触法行為の背後にある多様な形態のアディクション行動、触法障がい者の逸脱行動や問題行動、性問題行動や対人暴力・虐待等を対象にして、治療的司法のように事実上、機能してきた非行問題の領域と知見にも学びなながら、「治療的司法・正義」の事例を集め、法実践を積み重ね、理論化を試みている。

　2017年9月1日には日本の犯罪学関係の5学会が合同大会を開催し、ウェクスラーを招聘し、基調講演「治療法学からの日本への提言」を企画、その後関係者による「アディクションからの回復支援のネットワークの可能性‐司法と福祉、理論と実践は、分かりあえるのか‐」と題したシンポジウムを開催することができた。

　ここで想定している「治療」や回復は、狭義の再犯・再発防止にとどまらず、問題行動からの離脱、非犯罪的なニーズの充足、よりよい生の実現というスペクトラムを描き、それらの実現を可能にする公私にわたる支援制度の再編が必要となること、つまり、単なる当事者の「社会復帰」だけではなく、「寛容と包摂」による統合を可能にする社会的条件の整備を必要とすることを含意している。当面は、認知行動療法を主流とする心理‐社会が連携した治療複合体が構成され、そのもとで合理的に行動する回復主体の構築が目指され、適切なコントロールをとおした地域生活支援が展開されることを目標に、「期待される生の実現」を目指すことが更生とされるだろう。しかしそれが過度な「定着と自立」の志向となっていくことを戒めつつ、情状として示された問題それ自体の解決を志向するなかで、自己責任の強調ではない「関係性の再組成」に向かう契機として「治療的司法・正義」があることを議論していきたい。

　まず、「新しいワイン」として取り出すことのできる事例や実践について山田、中村が報告する。さらにこれらを支える概念、なかでも「治療」と回復概念の詳細な検討（何を「治療」するのか、回復とは何か）、刑事法学における治療的司法・正義の意義、心理と福祉に関わる既存の臨床・支援概念の刷新の必要性、情状弁護のその

---

[1] この企画は、以下のセンターやプロジェクトの協力を得ている。成城大学治療的司法研究センター、立命館グローバル・イノベーション研究機構「修復的司法観による少子高齢化社会に寄り添う法・社会システムの再構築」プロジェクト、社会技術研究開発センター（RISTEX）「安全な暮らしをつくる新しい公／私領域の構築」研究開発領域プロジェクト「多様化する嗜癖・嗜虐行動からの回復を支援するネットワークの構築」。

[2] 立命館大学大学院人間科学研究科・産業社会学部・教授・社会病理学

先に必要なこと等について中村報告でも触れ、主には指宿が問題提起をおこなう。水藤はオーストラリアでの司法と支援の連携の現状や地域での回復支援に関わる観点から、毛利は北欧の刑務所調査や島根あさひ社会復帰センターでの心理臨床の実践を踏まえた観点から日本における「治療的司法・正義」の展開のために必要な課題提起を含めて討論する。さらに修復的司法・正義との関連、公共政策としてのハームリダクションの検討、更生過程の研究としてのデジスタンス（離脱過程）などにも視野を広げ、日本における「治療的司法・正義」の体系化を模索する機会としたい。

On Therapeutic Jurisprudence in Japan
Tadashi NAKAMURA (Ritsumeikan University)

In September 2017, we invited Prof. David Wexler in Tokyo to hold the symposium on Therapeutic Jurisprudence, who is the pioneer in this area of study. We tried to build on the Japanese system of therapeutic justice. We discussed ways to create therapies for new offenders. After some consideration of the program and therapy for domestic violence, child abuse, drug addiction, and theft by people with intellectual disabilities, we examined the potential and direction for creating a new way to study interpersonal violence in family and criminal behavior by combining therapeutic justice with restorative justice and clinical work in the context of recovery. In this symposium, we would like to develop this method under the title of "From Punishment-based intervention to Harm-Reduction-based treatment."

Key words Addiction, Recovery, Therapeutic Justice, DV, Abuse

特集 「治療的司法・正義」の実践と理論

障害のある人の刑事弁護
―― 事例報告を中心に

山田恵太[1]

近年、障害のある人、特に知的障害、発達障害、精神障害等のある人が、刑事手続における被疑者・被告人になっている事案について、注目が集まっている。刑務所に障害のある人や高齢の人が多くいるという問題が明らかとなったことを発端として、そのような人たちを刑事裁判の段階から支える「入口支援」にも目が向けられているのである。そして、その1つとして、弁護士と社会福祉士等のソーシャルワーカーが連携し、ソーシャルワーカーに「更生支援計画」と呼ばれる支援計画を作成してもらった上で、これを捜査や公判の場面で被疑者・被告人に有利な証拠として扱う活動が行われている。本報告では、このような更生支援計画を作成する活動の紹介に加え、実際に更生支援計画を作成してもらい、公判において立証し、これが量刑上有利に斟酌された事例について報告した。あわせて、福祉的支援を考える上で、身体拘束中の被疑者被告人に対する意思決定支援のあり方の問題が存在することなど、今後の課題についても報告した。

キーワード 障害のある人の刑事弁護、入口支援、更生支援計画、東京TSネット、意思決定支援

本報告では、弁護士の立場から、特に「障害のある人の刑事弁護」の事例について、報告を行った。以下、報告の内容をまとめる。ただし、事例については、個人情報保護の観点から、概要を述べるにとどめる。

被疑者・被告人に障害がある場合の弁護活動

近年、障害のある人（ここでは特に知的障害、発達障害、精神障害を中心とする）が、刑事手続における被疑者・被告人となっているケースに注目が集まっている。また、刑務所入所時の検査結果等[2]から、その人数も非常に多いのではないかと指摘されているところである。

実際、著者自身が2017年9月末時点までに受任した刑事事件においては、およそ4割を超える方に、（事件前後を問わず）知的障害・発達障害・精神障害等の確定診断が出ている。多くの障害のある人が刑事手続にのせられていることは明らかだろう。

では、なぜ障害のある人が多いのか。障害があること自体が、犯罪行為を誘発する直接的要因となっているわけではない。つまり、障害がある人が犯罪を犯しやすいということでは決してない。それでも、前記のような状況になっているのは、①取調べにおいて自白をとられやすいなど、刑事手続において有効な防御をする機会が奪われている、②障害があることゆえの生きづらさを抱え、犯罪行為に至らざるをえないような心理的・環境的な要因がある、という2つがあるのではないかと考えられる。そして、この2点については、いずれも弁護人がフォローできるし、フォローすべき点である。弁護人としては、①障害があっても本人の防御権が十

---

[1] アリエ法律事務所・弁護士

[2] 懲役刑を科された場合、刑務所内では作業をすることが義務づけられる。その際、作業の種類を決定し、また、その他の処遇上の参考とするため、刑務所に収容された人に対してはCAPAS (Correctional Association Psychological Assessment Series) という集団式の能力検査が実施される。集団式で実施され、IQに類似する能力検査値が統計的に算出される。2016年矯正年報においては、この能力検査値が「49以下」「50～59」「60～69」とされた人の数は、新受刑者20,467人のうち、4,246人であり、その割合は約20％になる。

分に保障されるように活動し、②仮に事件を起こしてしまっている場合には、その要因を探り、そこに変化を与えられるように動いていくことになる。

②の点について、刑事事件で被疑者・被告人となってしまう障害のある人には、従前、十分な支援が届いていなかった例が多い。著者の受任したケースで、障害があると分かった人のうち、事件の発生時点において、従前に診断を受けて福祉サービスも受けていたという人は約13％、診断があるが福祉サービスを利用していなかった人は約35％、診断がなく福祉サービスも利用していなかった人は約52％となっている。このように、福祉サービス等を利用することができていなかった人が大半なのである。もちろん、障害があるからといって、福祉サービスを必ず利用しなければならないわけではない。しかし、本人たちの生活をみれば、生活に困窮していたり、困りごとがあっても相談できる人がいない環境で暮らしていた人がほとんどである。そこには、福祉サービスを利用するか否かという選択肢すら与えられず、最終的に犯罪に至るまでに追い込まれてしまったという実態がある。

そこで、このような障害のある人に対して、捜査・公判の段階から、本人と話をして、様々な支援に繋げていく活動が広がっている。このような活動は、福祉的支援を必要とする被疑者・被告人に対する支援、いわゆる「入口支援」の1つとして、全国的に広がりつつある。

東京TSネットの活動

このような障害のある被疑者・被告人に対して、適切な支援を準備する活動の1つとして、著者も運営に携わっている東京TSネットの取り組みがある。

東京TSネットの活動の柱となっているのが、「更生支援コーディネート」である。この活動においては、福祉的支援が必要と思われる被疑者・被告人について、弁護士からの依頼に基づき、担当支援員（更生支援コーディネーター）が派遣され、留置場・拘置所での面会、関係機関との調整、更生支援計画の作成、裁判で情状証人として出廷などを行っている。

更生支援計画は、「被疑者・被告人となった障害のある方の障害特性を踏まえた上で、その方が同じ行為を繰り返さないために望ましいと考えられる生活環境や関係性、必要な支援内容について具体的に提案するもの」であり、現在、様々な地域でその作成が積極的に進められている。そして、このような具体的な計画が作成されることで、刑事手続きの後、さまざま支援に結びつき、安心した生活を送ることができる人が増えてきている。

また、弁護人としても、更生支援計画書を立証の1つとして活かすことができる。更生支援計画は、刑事裁判の量刑を決めるにあたって、2つの意味を有する。まず、更生支援計画のうち、障害の存在、障害特性、生活上の困難等の事件の背景の分析を行っている部分については、行為責任に関する事情として量刑上有利に扱うことができるということである。特に、行為責任が重視される現在の量刑判断の中では、この部分は重要となる。また、一方で、本人のよりよい生活のための今後の福祉的支援に関しては、再犯可能性にかかる一般情状として有利に扱うことができる。特に執行猶予か否かの判断が分かれるようなケースでは、この点の立証が重要となってくるだろう。

このように、弁護人としても、更生支援計画は、量刑上非常に重要な証拠としてみることとなる。

事例報告

本報告においては、2つの事例を報告した。いずれも、障害のある被告人について、更生支援計画を作成し、その後の支援に結びついた事例である。

1つ目は、40代男性のケースである。罪名は窃盗であった。裁判を通じて、知的障害があることが判明し、更生支援コーディネーターによって、就労支援を中心とした具体的な支援を考えていただいた。ご本人も、最初は障害があるといわれたことを受け入れることができていなかったが、コーディネーターと面談を重ねたこ

とで、支援を受けることに前向きになっていった。結果として、この男性は執行猶予判決を受け、計画で決めていた事業所と繋がり、現在もそこに通って安定した生活を送っている。

　2つ目は、80代女性のケースである。罪名は現住建造物等放火で、家族からの身体的虐待、経済的虐待を受けており、自殺目的で火を付けたというものであった。ご本人は、もともと双極性障害の診断を受けていたが、福祉サービスの利用はしていなかった。逮捕されたことを期に、行政の担当部署にも虐待ということで介入していただくことができた。その後は、コーディネーターが間に入って調整をしていただき、更生支援計画を作成していただいた。刑事裁判の結果は、執行猶予となった。現在は家族と分離された環境で、落ち着いて生活をされている。

　報告した2事例は、いずれも、福祉的支援が入ることでご本人の生活が非常に大きく変化し、なおかついずれも刑事裁判において、その支援があることが量刑を決めるにあたっても重視されていた。

まとめ

　このように、情状弁護を通して、本人に必要な支援・今後の生活を考える活動が広がってきている。ただ、このような活動を行うにあたっては、弁護人の一方的な押しつけになりがちであることには注意が必要である。あくまでも生活をしていくのは本人であり、弁護人はそれをサポートする存在にすぎない。中心にいるのは、本人である。このことをしっかり意識するためにも、弁護人1人ではなく、専門家と連携していくことが不可欠であると考える。

　また、障害のある人の刑事弁護・支援には課題も多い。1つ目は、受入先が少ないということである。このことは、特に罪名が性犯罪や放火罪のケースについては、この傾向が顕著である。この点については、理解を求めていく必要があるだろう。2つ目は、障害に気付くことの難しさである。弁護士は障害について専門的な知識を有しているわけではなく、ともすると目の前にいる被疑者・被告人の障害を見逃しがちである。弁護士会内部での研修を継続的に行うなどの取り組みが必要である。3つ目は、刑事司法という特殊な場面における意思決定支援の難しさである。弁護人と本人も決して対等な関係とはいえず、その中で本人の本当の希望を探ることは難しい。この点についても、今後考察をしていきたい。

On the legal defense for the person with the disability
Keita YAMADA (Allié Law Office)

An increasing number of people with disabilities and older persons are being accommodated in the prison. With regard to this serious situation, this study aimed to explain the author's practice of defense in the criminal trial for these people. The important point is providing care not punishment. It is the matter connected with the decision-making support to the suspect defendant person with mental retardation, developmental disability, and mental illness. Author's activities for these people involved trying to establish welfare system through legal procedures. The author concludes that these practices in the process of criminal trial represent advocacy for creating therapeutic justice in Japan and it is important for social workers to prepare a rehabilitation plan in collaboration with lawyers by seeking corroboration for the needs of welfare support to obtain a second chance in life.

Key words　Detective defense for disabilities, Diversion support, Rehabilitation plan, Tokyo TS Net, Decision making support

特集 「治療的司法・正義」の実践と理論

「治療的司法・正義」の議論のために
―― ケアとジャスティスの統合をとおした問題解決のための理論・実践・制度

中村　正[(1)]

　生活することに特別なニーズや課題を抱えたひとたちがいる。なんらかの障害、老いに伴うままならない事態、病気による諸困難、多数の人とは異なる特性をもつ人たち等は生きづらさに直面しやすい脆弱性をもつ。このなかからさらに問題行動、逸脱行動、触法行動へと至ることもある。筆者は、司法の理念である正義の実現（ジャスティス）はこうした要支援ニーズをもつひとたちに対して回復ややり直し（ケア）を接ぎ木するべきであると考え、そのための臨床をDVと虐待の加害者に試みている。その考えをさしあたり「治療的司法」と呼ぶことにして、社会はそのための機会と資源を開発、提供すべきであるということを検討したい。さらに法は家庭に入らずということで親密な関係性における暴力は長く放置されてきた。保護命令や接近禁止命令の一環として多様な行動変容の機会を提供すべきであることもこの視野に入れておきたい。被害者のケアと加害者の更生の統合、自己流の問題解決行動としての嗜癖的な行動を解決する司法が求められている。

キーワード　治療的司法と正義、ケア、逸脱行動、社会的統合、問題解決型司法

はじめに

　筆者は、治療的司法の見地から、DVの加害男性、虐待する父親や母親、体罰を行使した教師、ハラスメントで処分された教師、性犯罪者等を対象にした再犯防止のための臨床に関係してきた。この臨床実践の成果とそれを支える理論的な背景について検討をくわえる。特に、法と心理の観点から、今後の議論や政策・制度構築に資するためのいくつかの課題について考察することとした。論点は、治療的司法という場合の「治療」の内容の確定である。本稿はケアとジャスティスの統合を可能にする、法律、心理、福祉、教育の諸制度を検討する。筆者の事例紹介も含めて検討したい。

治療的司法・正義という概念や制度が欠如しているなかで何を扱い、対象とするのか－課題の確認

　触法行為、逸脱行動、問題行動から離脱する支援に関して、治療的司法・正義が提起され、主に北米や欧州で展開されてきた。具体的には、まず特別裁判所が開設された。処罰だけを科してもその行為は止まないと考え、当事者がかかえる本来の問題解決を指示するための司法とそれに連動した資源の接続をめざす総体としての取り組みのための司法の創出である。司法とともに、当人の触法行為の背景にある問題を解決する福祉、心理、教育、就労支援等を連携させ、自らが問題を解決するように支援するプログラムがそこに接続されてきた。

　特別裁判所は、DV、ドラッグ、アルコール、子ども虐待、メンタルヘルス（何らの障害のある人）、少年と若者、少数民族の触法行為を対象にして処罰中心から回復中心へと司法を切り変えていくための仕組みである。処罰ではなく、処罰に代えて、処罰と並行して、修復、回復、

[(1)] 立命館大学大学院人間科学研究科／産業社会学部・教授・社会病理学

治療等、必要な命令や指示がなされる。その際、回復とは何かの定義が定められ、そこに向かう手続きについて十分な合意が求められる。

次に、治療的司法が機能するためには「治療」の部分を支える臨床的支援の実践、つまり治療的コミュニティあるいは治療的実践が不可欠である。法と心理・福祉の連携による問題解決型裁判が機能し、社会に実装された仕組みとして効果を発揮する。被害の救済やケアはもちろんのこと、さらに逸脱行動や問題行動を処罰するだけではなく、地域社会の安全のためにも、当事者の問題解決に資する司法の展開となっている。

治療的司法としての統一した概念・制度がない日本では事実上、個別の事案に即した取り組みとならざるをえない。たとえば非行問題や医療観察の具体的領域、性犯罪の再犯防止プログラムという具合に個別の取り組みがあるだけである。また、刑事事件における情状弁護は事実上の「治療的要素」の必要性を強調しているが、具体的な治療に結びつくようにはなっておらず量刑として参照されるだけである。さらに本来は広い意味での行動修正や意識変革が必要な対人暴力（性問題、ストーキング、DV、子ども虐待、体罰等）への対応が欠落していることを照らし出したいこともこの概念を使用する意味である。個別的な領域での取り組み、情状を考慮して実践すべき領域、本来的に対象とすべき領域がそれぞれ未整備であることがこの言葉を使うことで可視化される。

ここで想定している「治療」は、狭義の再犯・再発防止にとどまらず、問題行動からの離脱、非犯罪的なニーズの充足、よりよい生の実現という諸相を対象にして、それらの実現を可能にする公私にわたる社会資源や支援制度が開発され、そこに司法からつないでいくという意味である。つまり、当事者の行動修正や意識改革をもとにした個人の「努力」による「社会復帰」だけではなく、「寛容と包摂」による統合を可能にする、つまり復帰を可能にする社会的条件の整備が不可欠であることを含意している。そもそも復帰の前提として、逸脱行動へと排除された結果が犯罪であるという面を視野に収める必要があるからだ。

これらを総合すると、何らかの統一した取り組みをまとめる概念や理念が要請されているといえる。それを諸外国では「治療的司法」と包括してきた。日本では医療・心理の領域で使用されることの多いtherapeuticという言葉であるが、それを「治療」と訳するかどうかの検討の必要がある。

本稿では、第1に、「回復」という言葉を用いて上記の意味（すでに個別的には「治療的な取り組み」があること、そして本来は「治療対象化」すべき問題があること）を検討する。刑事法学における治療的司法・正義の意義、心理と福祉に関わる既存の臨床・支援概念の刷新の必要性、情状弁護のその先に必要なことについて検討する。「治療的司法・正義」の展開のために必要な課題提起を含めている。第2に、さらに修復的司法・正義との関連、公共政策としてのハームリダクションの検討、更生過程の研究としてのデジスタンス（離脱過程）等の諸課題との連関にも視野を広げ、日本における「治療的司法・正義」の体系化を模索する。

こうした治療的司法論が関心を持たれる背景は犯罪の動態である（法務省, 2017；法務省再犯防止推進計画等検討会, 2012）。刑事事件としての根拠は再犯者が増加していることへの対応をどうすればよいのかという点にある（長崎新聞社, 2012「累犯障害者問題取材班」；西日本新聞社社会部, 2014）。もちろん治療的司法は制度・政策を基軸にして展開されるが、理念は治療的正義である。therapeuticの意味は、ケアに近いと考える。厳密にいえば「治療」は適訳ではない。しかし触法行為や逸脱行為があるので、ケアとジャスティス（正義・責任）のバランスが鍵となることを主張したい。

ケアとジャスティスの統合のための治療的司法

総括的にいえば、ケアとジャスティスの統合をもとにして、問題行動からの離脱の契機もしくは動機形成を促す司法のあり方、それに連動した福祉や心理、就労支援等の対人援助の接合

をとおして、当事者との協働した社会的自立と包摂をめざす取り組みを治療的司法と考えている。

　これは一連の過程として組織されるべきであり、その内実は問題にとらわれた状態からの回復（リカバリー）である。治療は、その人が直面している人生や生活の課題と折り合いをつけ、自分なりに対処し、他者への危害や人権侵害がある場合はそれを止め（脱暴力）、再犯しない自己をめざし、さらに依存問題があればそれをなくす、時間のかかる、持続的な実践となる。回復の取り組みは、その人の問題解決となっている習慣的な行動の変容を対象にし、生き方や生きる術のようになっていることに対処するので息の長い過程となる。

　こうした治療的司法は、なかなか折り合いのつけにくい社会的な三つの課題、①社会や地域の安全、②被害者ケア（被害者のない犯罪にあっても二次的な被害があることは視野にいれる）、③加害者更生のそれぞれの課題が統合されていくことでもある。ケアとジャスティスの統合にもとづく変化の環として当人の回復（リカバリー）とそれをささえる諸制度や臨床について考えてみる。

　繰り返すが、治療的司法にとって重要なことは回復である。ここで参照しているのはEnabling Recoveryという考え方である（Roberts & Wolfson, 2004）。精神科医のグレン・ロバートらが提唱する概念である（末尾のTable 1を参照）。それは「人間的な回復モデル」と特徴づけられている。病とともに生きていく過程を重視している。右側のリストにある「医学的な介入モデル」は問題を取り除くことに主眼があり、人間としての患者に注目するというよりもリスクに注目している。左側は回復の諸相を対比して描いている。広く問題行動からの回復としても位置づけている。当該個人の病や困難への意味づけを重視し、その問題とともに生きていく力の形成をめざす。

　「Enablerイネイブラー」は共依存や世話焼きと訳され、対人援助の領域で関係性を表現する言葉のなかでは批判的な意味で使用されてきた経過がある。しかしこの回復の概念においては肯定的な意味で使われている。つまり二者関係に閉じることなく、他律的に、誰かに世話をやいてもらいながら生きていくことのできる関係性をめざすという意味である。依存先を増やすこと、問題や病への対処の仕方についてのエキスパートになることを重視する。それは主体性を意味する言葉となっている。

いくつかの実践からの考察と日本での展開可能性 − 「古いボトルに新しいワインをいれること」

　日本で治療的司法のように機能しているいくつかの場面は、厳罰化の歴史ともいえる少年法、強制的な治療への誘導に関わり論争となっている医療観察法に関わる領域である。これら以外においても、徐々に、処罰を科すだけではなくその触法行為、逸脱行動、問題行動の背景にあることを変容させる問題解決型の実践こそが重要であるという理解は個別的にはすすんでいる（丸山, 2015、石塚, 2013、松本他, 2017）。刑事事件で一般的となっている情状弁護をすればするほど、その情状部分の解決をどうすればよいのかが問われ、課題が浮上するはずである。

　日本では治療的司法をささえる問題解決型裁判所は設置されていないが、治療的コミュニティは民間ベースで動いている。再犯防止が社会的に課題となっていることはこの点の整備が急務であることの証左である。例示すれば、薬物依存のリハビリテーションをすすめる施設であるダルク（ダルク研究会他, 2014、上岡他, 2010；2012）、少年院をでた後の立ち直り支援（当事者グループや職親の取り組み）、嗜癖としての盗癖問題の背後にある摂食障害の治療を施す医療（河村・竹村, 2013）、情状弁護の実践から執行猶予や保護観察となった事例等である。

　治療的司法は少年非行、医療観察、そして触法障がい者の地域生活の定着にかかわる領域ですでに取り組みがあることは指摘した。それら以外にも、①高齢者虐待にかかわる養護者支援、②子ども虐待にかかわる家族再統合支援、③薬物にかかわる回復の機会創出、④DV加害者で保護命令を受けた加害者への脱暴力プログラム、

⑤ストーキング行為で接近禁止命令を受けた加害者への支援的対応、⑥情状弁護の進展による改善の機会提供、⑦性犯罪者への再犯防止プログラムの出所後の継続的フォロー（藤岡，2006）、⑧暴力が理由の離婚の調停や面会交流の設定にかかわる親教育準備、⑨環境型ハラスメントの類型化による環境改善指導、ハラスメント行為者の職場復帰指導、⑩体罰をして処分された教員の復帰指導、⑪いじめへの対応（いじめ対策基本法）、⑫暴力性を伴う交通事犯への教育等の諸課題があり、対応としては治療的司法のように機能させるべき課題が浮上している。これを束ねていくことでボトムアップとなるが、やはり治療的正義の理念の確立が急務となっている。

触法行為、加害・逸脱行動、問題行動の側にある人たちに対して、再び同じことを繰り返さないようにする取り組みは、加害者更生、リハビリテーション、贖罪教育、再発防止教育、矯正等として取り組まれているがその前兆となる問題行動としてその裾野は広い。対象を拡大するということは「ネットワイド化（監視の網の目の拡大）」なので手続きの慎重さがいるし、予防という名の下にリスク管理だけが前景化すると社会防衛重視となっていく。

治療的司法のように解決すべき事例

1 薬物依存で刑の一部猶予のための情状弁護をした事例

筆者が既存の制度の枠内で実践している治療的司法のように機能させている事例を報告しておく。

子どもの時に虐待された経験と成長してからの薬物使用の関係について、民間のリハビリテーション施設で生活する本人（以下、Zさん）に面談をおこない、これまでの薬物使用の履歴（今回で7回目の裁判）と重ねて情状弁護という方法で治療と回復が必要なことを裁判で述べた筆者も関係した事例がある。妻と暮らす37歳になる男性の生活史に即して治療と回復に向かう機会となるように刑の一部執行猶予制度の有用性を述べた。

① 父からの暴力、実母による見捨てられ、継母からの冷遇は虐待であること

父からの直接の暴力を受けたこと、実母が家をでたことによる見捨てられ経験、継母による冷淡な養育はZさんへの虐待といえる。虐待のある家族のなかを生き抜くために身につけた習性は、Zさん自身を苦しめてきた。小学から中学にかけて父の家業に強制的に従事させられ、学業もおろそかになっていた。児童労働の強制である。心理的には暴力的な父への服従といえる。言いたいことをきちんといえない対人関係のぎこちなさはこれまでの家族関係の繰り返しといえる。特にストレス耐性の弱さは、なんとも自分ではできなかった環境に由来している。

Zさんの生育歴をみると、思春期青年期をとおして「発達の被害」を受けたといえる。この被害の影響は多様なかたちをとるが、問題行動として表面化することがある。発達は、単に個体が成長していくだけではなく、「関係発達」という面を有している。愛着関係がその典型である。本来、通例は親である重要な他者との相互的・相補的関係をとおして安心感や信頼感など、健康的な対人関係を形成する。

② 偽りの問題解決行動としての薬物使用

思春期青年期の虐待経験は、満たされない子ども時代をつくりだし、問題行動の背景要因となる。本来は、人とつながること、他者と親しみを感じること、注目して欲しいことを含み、自己肯定的な仲間関係を欲するのが思春期青年期の特性である。しかし虐待にさらされると、荒んだ環境のなかを生きることになる。Zさんは、子ども時代の甘えや依存を含めて人間的なニーズを満たす体験が希薄である。安定した対人関係が十分に育まれることの少ない子ども時代は孤独だったといえる。するとますます対人関係が悪化する。孤立が強化されていく。その孤立に対処しようとし安易な問題解決行動が選択される。これを「偽りの問題解決行動」という。

当人からすると精一杯の選択であり、自己決定でもあり、解決力のない状態での唯一可能な行動を選ぶことだといえる。虐待体験は脱出できない事態の連続なので、無力感、虚脱感、喪

失感を増幅させていく。これらの自己治療行動は、逆境のなかでなんとかしてコントロール感を保ち、自己を維持するための行動という意味がある。対人関係のもととなる関係発達が阻害されているので、周囲には健康的に問題を解決する行動上のモデルが不在で、他者に相談するという発想が少ない。

こうしたなかで、①それらの偽問題解決行動に耽溺している間の忘我の至福感、②悪いとされる行動をやりとげていく達成感や満足感、③生きづらさへの対処方法としてより容易に行動できる選択肢を身につけていく。こうした過程で自律的感覚などの「情動的充実感」が薬物使用をとおして得られる快楽へと置き換えられていく。長く続くとそれは嗜癖的行動となる。Zさんにとっての薬物使用は多様な虐待の結果の生きづらさへの対応として構成されている面がある。

③　一部執行猶予が有用であること

より適切な問題解決へと誘導していくことが再犯防止と更生に役立つ。刑罰の他に更生の機会を与えることがZさんには大切である。具体的には、第1に、孤立を解消すること（ひとりにしないこと）、第2に、関係発達の回復の機会を与えること、第3に、人間的な関わり合いのニーズを満たすこと、第4に、断薬への意志を強く持てと指導する指示的な自省・反省だけではなく、再使用しないことへの内発性を養うために同じような課題をもった更生途上の仲間にであうことが重要となる。

薬物からの離脱のためには、暴力、放置、隷属で身につけた対人関係の歪みを回復するための人間関係の場に参加することが効果的である。親密な関係性のなかにおいて人間への信頼を回復していくこと、生活を営みながら相互に励まし合う関係のなかで子ども時代には体験できなかったことの再体験や追体験こそが再使用の防止につながる。孤独への自己治癒活動としての薬物使用の根本からの脱出のために、一部執行猶予制度のもとで再犯防止・再使用防止と更生をめざすための、生活をまるごと抱える治療的なリハビリテーションプログラムやカウンセリングの場に参加し、社会のなかで更生する機会を享受することが有用だと考える。

こうした情状証人としての立論は治療的司法やそれをささえる治療的コミュニティや治療的プログラムへの参加が保証されてこそ実現できるものとなる。数回目の再使用の後に自首をしており、いままでこうした治療的コミュニティにつながることはなかったので新しい回復の条件ができたといえることを強調した。

2　子ども虐待で介入された後の父親の脱暴力の事例

本来は治療的司法の課題の一環を成す課題が虐待する親への対応である。薬物依存等の第一義的な被害者が自分である場合とは異なり被害者が存在しているにもかかわらず適切に犯罪化されておらず、だからこそ適切な脱暴力化の政策もない領域である。

子ども相談センター（児童相談所）により、子ども虐待として介入された45歳の男性の事例である。当時、娘は小学4年生だった。父子生活をしていた子育てへの負荷が高じて虐待となっていた。とくに子どもの発達上の課題があり、全体としてマイペースに生きている子どもの時間感覚や行動上の特性との折り合いが悪く、しつけのための苛立ちが暴力的な指導を誘発していた。「愚図だ、遅い、できない奴だ」ときつい言葉とともに手がでて指導をしていた。

とくに語っていたことは、「最近子どもが嘘をつくようになってきた。うそをつかない子どもになって欲しくて、ついついきつくあたり、しまいには手がでて殴ってしまった」という子育てに即した内容である。何事につけ過敏で神経質な父親の、細かいことに気がつく性格が災いとなっていたともいえる。父子家庭の父としての気負った子育ての結果であるといえるだろう。

嘘をつかない子どもに育てるという厳しいルールがあると、子どもは「嘘をついていないという嘘をつく」ことを強いられるようになる。嘘をついたから厳しくしつけるという父親のルールは「だから暴力を用いてしつけるのだ」という彼の信念を強化するルールとして機能してい

ることになる。暴力を正当化するだけの認知の仕方になっている。そして、「殴らせるようなお前にこそ問題がある」という他者非難の図式になっている。虐待する者の特性としての「他罰性」である。これが前景化していることになる。この点を認知の再構成の対象とした。

筆者は、現在、「男親塾」と名付けて治療的なコミュニティを運営している（中村，2014；2016a；2016b；2017a）。この父親のように児童相談所から参加を促された男性たちが参加している。彼はそのなかでも熱心な参加者である。子どもが保護された児童養護施設から帰った後、つまり家族再統合の後も持続的に参加している。保護されたのが小学4年、家族再統合したのが小学6年生の2学期の終わり、現在、中学2年となっている。この間、児童相談所のすすめもあり、もちろん介入されたことへの不満はもちつつも、自主的にこの男親塾に通っている。

「男親塾」への参加は刑事司法ではなく親子分離という行政上の措置の一画にあり、制度化されてもいない自主的なものであるが、明確に治療的コミュニティとして意味づけている。グループワークなので個別のカウンセリングではないにしろ、自らの課題を整理し、通い続けることで問題の理解を深めていく機会になっている。月に二回のグループワークの参加であるが持続的な参加者は変化をしていく。

親密な関係性における暴力への対応と治療的司法

治療的司法を機能させるには治療的コミュニティの存在が欠かせない。これらの事例では民間リハビリテーション機関（ダルク等）と「男親塾」がそれである。後者は大阪府内全域での取り組みであるが、2000年に入る頃から矢継ぎ早に制定された関係性に宿る暴力を対象にした諸法の不備を補完するものとして展開してきた。子ども虐待については、「児童虐待の防止等に関する法律」（2000年）に根拠を求めている。同法第4条は「児童虐待を行った保護者に対する親子の再統合の促進への配慮」を求めている。第11条は、「児童虐待を行った保護者につい*て・・親子の再統合への配慮その他の児童虐待を受けた児童が良好な家庭的環境で生活するために必要な配慮の下に適切に行われなければならない。」としている。虐待の被害者へのケアと加害者の更生の両者の課題を指摘している。

同じように、「ストーカー行為等の規制等に関する法律」（2000年）は「調査研究の推進」として第10条に「ストーカー行為等をした者を更生させるための方法、ストーカー行為等の相手方の心身の健康を回復させるための方法等に関する調査研究の推進に努めなければならない。」と定めている。

虐待と重なり存在することの多いDVについては、「配偶者からの暴力の防止及び被害者の保護等に関する法律」（2001年）の第25条で「国及び地方公共団体は、配偶者からの暴力の防止及び被害者の保護に資するため、加害者の更生のための指導の方法、被害者の心身の健康を回復させるための方法等に関する調査研究の推進並びに被害者の保護に係る人材の養成及び資質の向上に努めるものとする。」とある（中村，2001）。

続いて制定された「高齢者虐待の防止、高齢者の養護者に対する支援等に関する法律」（2005年）は特別な主旨となっている。主要には家族介護者を想定し、その者を支援することをとおして高齢者への虐待を防止し、保護することとしている。第1条は「養護者に対する支援」を虐待防止のための措置としている。介護という負荷のかかる現実を前提にし、虐待する者への処罰ではなく養護者支援をとおした虐待防止の理念がうたわれている。

これらには共通点がある。それは虐待や暴力が生成する関係性への着目である。具体的には親密な関係性における対人暴力の特性に鑑み、親子分離、保護命令、接近禁止命令、養護者支援等の、刑事罰ではない対応を広く展開することとしたのである。しかし保護命令等の期間を利用して可能となる加害者へのプログラム受講命令制度は構築されていない。民事上、行政上の処分に応じて行動と意識の変容を自主的に促す広い意味でのリハビリテーションや回復の取り組みが接ぎ木されるべきである。治療的司法

の未開拓な分野を成していると考える。同じ論理は、いじめ加害、体罰問題、ハラスメント加害者への対応が考えられる。上記の各種命令に含めた行動改善命令としての何らかの治療コミュニティへの参加や受講を促す遵守事項を接ぎ木できないものだろうか。

社会問題でもあることの是正とともに－社会臨床という面もあること

　治療的司法でいう「治療」とは、社会のもつ問題の改善をも指摘する。これを社会臨床論（中村，2016a；2016c；2017b）として表現している。とくに「社会復帰」という言葉が本人の努力と責任だけを意味し、当事者に断薬や脱暴力の自助的負荷をかけると、彼や彼女を犯罪や逸脱へと追いやった排除的な社会、生育した家族での被虐待体験、暴力におけるジェンダー問題等が浮上してこない。犯罪や逸脱の過程での「関係性の貧困」（中村，2016c；2017c）があるので、それを解消しようとする、たとえば本稿では紹介できないがカナダやイギリスで取り組まれている性犯罪者の出所後支援である「サークル」が回復のための社会的条件として参考にされるべきだろう。社会的孤立と感情的寂しさが再犯のリスク要因だとされているのでそれを防ぐことを目的とした出所者支援のための「輪」をつくる取り組みである。

　対人暴力は社会のなかに満ちている。社会もまた回復に責任をもつ必要があると考える。また、アディクションは日常化している。アルコール、薬物、暴力、性産業、ギャンブル、ネット、ゲーム等、いまや社会はそれ無しには存立できない。こうしたなかでの回復は長い過程となり、人の生の営みに関与している。それらの刺激や誘因から自由な人は少ないはずである。回復・離脱することは生き方の変容を浮上させる。司法はそれに比べれば小さな位置づけでしかないが、せめてそれくらいのことはしてもよいだろう。治療的司法はささやかなものである。

参照文献

ダルク研究会・南保輔・平井秀幸（2014）．ダルクの日々――薬物依存者たちの生活と人生（ライフ）知玄舎．

法務省（2017）．犯罪白書〈平成29年版〉更生を支援する地域のネットワーク　法務省．

法務省再犯防止推進計画等検討会（2012）．再犯防止推進計画（案）　法務省．

藤岡淳子（2006）．性暴力の理解と治療教育　誠信書房．

石塚伸一編集（2013）．薬物政策への新たなる挑戦：日本版ドラッグ・コートを越えて龍谷大学矯正・保護総合センター叢書12

上岡陽江・ダルク女性ハウス（2012）．生きのびるための犯罪（よりみちパン！セ）　イースト・プレス．

上岡陽江・大嶋栄子（2010）．その後の不自由――「嵐」のあとを生きる人たち（シリーズ ケアをひらく）　医学書院．

河村重実・竹村道夫監修（2013）．彼女たちはなぜ万引きがやめられないのか？　飛鳥新社．

松本俊彦・古藤吾郎・上岡陽江（2017）．ハームリダクションとは何か――薬物問題に対するあるひとつの社会的選択――　中外医学社．

丸山泰弘（2015）．刑事司法における薬物依存治療プログラムの意義――「回復」をめぐる権利と義務――　日本評論社．

長崎新聞社「累犯障害者問題取材班」（2012）．居場所を探して――累犯障害者たち　長崎新聞社

中村正（2001）．ドメスティック・バイオレンスと家族の病理　作品社．

中村正（2014）．子どもと別居親の『交流』の意味――良い離婚にするために――　二宮・渡辺（編）離婚紛争の合意による解決支援と子どもの意思の尊重（pp. 120-147）日本加除出版．

中村正（2016a）．暴力臨床論の展開のために――暴力の実践を導く暗黙理論への着目――　立命館文学，646，立命館大学人文学会．

中村正（2016b）．暴力臨床の実践と理論-男性・父親の暴力をなくす男親塾の取り組み　季刊刑事弁護，87，74-77．

中村正（2016c）．社会問題研究における社会構築主義と批判的実在論　立命館産業社会論集，51，191-211．

中村正（2016d）．孤立する関係性とドメスティック・バイオレンス：三重の沈黙化作用（サイレンシング），青少年問題（秋季号），665，青少年問題研究会，10-17．

中村正（2017a）．子どもを虐待する父親のグループ

ワーク　精神療法, *43*, 71-75.
中村正（2017b）．関係性の暴力と加害者対応──男性加害者との対話、そして責任の召喚・行動変容に向かう暴力臨床, 指宿信他編『犯罪被害者と刑事司法』（シリーズ刑事司法を考える第4巻），(pp. 254-275)岩波書店.
中村正（2017c）．不安定な男性性と暴力　立命館産業社会論集, *52*, 1-17.
西日本新聞社会部（2014）．ルポ・罪と更生　法律文化社.
Roberts, G & Wolfson, P (2004). The rediscovery of recovery : open to all. Advances in *Psychiatric Treatment*, *10*, 37-49.

Table 1. 回復モデルの概念（Roberts & Wolfson, 2004）

回復・支援モデル	医療・介入モデル
負荷のかかった経験	精神病理学
自伝的な歴史	病気の歴史
その人を中心にした関心	病気を中心にした関心
健康志向	反病気
強さに関心	処遇を中心
経験のエキスパート	医師と患者関係
パーソナルな意味	診断
理解	承認
価値を基軸に	価値は無関心
人間的	科学的
成長と発見	処遇
選択	法令遵守
ヒーローモデル	メタ分析による補強
ナラティブを導く	無作為統制群実験
変容	ノーマルに戻る
セルフマネジメント	専門家ケアによる統制
パーソナルな責任	専門家の説明責任
社会内の状況に依拠	脱コンテクスト化

Some Considerations of Therapeutic Jurisprudence in Japan : How to Initiate a New Way of Caring for People with Addictions in Rehabilitation Settings
Tadashi NAKAMURA (Ritsumeikan University)

This article examined the clinical practice for offenders with special needs for clinical supports. The author will describe a new initiative that is being promoted as the theory of therapy for offenders and judicial clinical practice in the context of therapeutic justice. Currently, the author is involved in clinical practice that focuses on overcoming violence in intimate relationships within three types of group work : group work for male DV offenders, family reintegration group work for abusive fathers, and a program for sexual offenders to prevent re-offense. The argument was based on the author's experience of these practices concerning the development of the therapeutic justice system.

Key words　therapeutic jurisprudence, caring, deviant behavior, social integration, problem-solving justice

特集 「治療的司法・正義」の実践と理論

「治療的司法」の今とこれから
——日本における更生支援型刑事司法を考える

指宿 信[1]

　本稿は、犯罪者の再犯防止に向けて刑罰効果よりも抱えている問題を解決することによって目的を達成しようとする新しい司法哲学である「治療法学(therapeutic jurisprudence)」の理念の成り立ちから、この理念に基づいた司法のあり方を示す「治療的司法」概念を説明、その上に構築される具体的制度である「問題解決型裁判所」を説明するとともに、米国を中心に世界に広がる様々な裁判所～ドラッグ・コート、DVコートなど～の機能を紹介する。そしてわが国において再犯防止に取り組む近年の刑事司法アクターの動きを紹介し、政府レベルや学術の世界で治療的司法と通底する多様な動きが出てきたことに触れ、再犯防止、刑務所再入率を低下させるためには現状の施策では不十分であることを指摘し、起訴猶予制度や出所後の支援といった現行制度を前提にした取り組みから、問題解決型裁判所の導入によって刑事司法過程そのものを再犯防止に向けた形に変革するよう改革することを説く。

キーワード 治療的司法、治療法学、ドラッグ・コート、再犯防止、問題解決型裁判所

はじめに

　2010（平成22）年頃から我が国の検察庁トップから、従来の厳罰志向とは異なる発言や政策指針が示されることが増えてきた。2010年には、「研修」誌において、「刑事司法に携わる者として、犯罪者の更生を願う国民の声を真摯に受け止め、犯罪の防止に正面から取り組んでいく必要がある」との樋渡利秋検事総長年頭挨拶が掲載され、刑罰中心主義から犯罪者の更生を見据えた検察のあり方が提示されるようになった。また2012年には、小津博司検事総長が累犯障害者の社会復帰を支援する長崎モデルの開始に合わせて、「検察官も"被告人にとってどんな社会内処遇がふさわしいか"と責任を持って判断しなければならなくな」ったとして更生支援を含む検察へと転換を進める姿勢がアピールされた。2013年からは東京地方検察庁に「社会復帰支援室」が設置されたのを皮切りに全国の地検レベルで被疑者段階での不起訴決定時に福祉的支援を試みる取り組みが始まっている。他方、刑事弁護の世界でも「被疑者被告人の更生支援」型弁護活動が取り組まれてきており、社会福祉士と連携して不起訴処分の受け皿を作って検察官に働きかける情状弁護を実践する弁護活動が注目を集めているところである[2]。

　こうした検察・弁護の双方による更生支援への移行は、伝統的な当事者対立（弾劾主義）型の訴訟観では説明がつかないだろう。刑事訴訟法の教科書では、検察側は刑罰の必要性を判断し必要と考えれば起訴して実刑を求め、弁護側は起訴猶予を獲得することが捜査弁護の第一目標で起訴後は無罪や実刑回避を目指すと説明される。しかし、裁判所は量刑場面で執行猶予の選択しかなく特別予防的見地に立った更生支援策が乏しかった（2016年に一部執行猶予制度が導入され、代替ルートが生まれた）。

---

[1] 成城大学法学部・教授・刑事訴訟法

[2] 弁護士サイドから、「座談会 障害のある被疑者・被告人に対して弁護士は何ができるか」季刊刑事弁護85号63頁（2016）等、福祉サイドから、中村秀郷「刑事司法における入口支援（被疑者・被告人への福祉的支援）の現状と課題：更生緊急保護と入口支援に関する一考察」社会福祉士22号21頁（2015）等参照。

Table 1. 当事者主義と治療的司法における司法観の比較

当事者主義における司法観	治療的司法における司法観
紛争解決	問題解決により紛争回避
法的結論を求める	治療的結果を求める
弾劾的訴訟	協調的訴訟
事件志向的	市民志向的
権利ベース	利益ベースないし必要性ベース
訴訟の強調	訴訟後や代替的処理の強調
法の解釈と適用を重視	科学の適用を重視
中立的な裁判官	コーチとしての裁判官
過去志向	未来志向
先例重視	計画重視
少ない参加者とステークホルダー	広い範囲の参加者とステークホルダー
個人主義的	相互主義的
リーガリスティック	コモン・センス
形式主義	非形式主義
効率性重視	効果重視
コンプライアンスによる評価	改善や矯正による評価

　このように、更生支援の観点は伝統的には矯正保護の段階の使命とされ、刑事司法過程にその機能を求めようとしても旧来の理論では十分に説明ができない。1980年代に生まれた新しい司法哲学である治療法学(therapeutic jurisprudence：以下TJと略す)ならびに、同理論に基づいた、オルタナティブな司法手続きを目指す治療的司法(therapeutic court/justice：以下TCと略す)という司法手続モデルが最も説得的で、かつ理論的にも妥当するように思われるのでその視点から検討を進めることとする。

　諸外国では脱・刑罰至上主義の理論的旗手としてTJに基づくTCとその具体的な法廷である「問題解決型裁判所(problem solving court：以下PSCと略す)」が急速に普及しており、本報告で見るように、刑罰志向的でなく、また当事者対立型の訴訟過程でもなく、社会復帰を促進し、依存・嗜癖等からの回復を支援する新しい刑事司法制度が広がりつつある。

　本報告では、こうしたTJ/TC論の観点から我が国における被疑者被告人の社会復帰や再犯防止に向けた今日の動向について検討を進め、更生支援を刑事司法制度で実践・展開する理論的基盤としてTJ/TCアプローチの有用性を確認したい。

「治療法学／治療的司法」理論とその普及

　治療法学(TJ)という司法理論・司法哲学が生まれたきっかけは、1970年代にアリゾナ大学にいたデビッド・ウェクスラー(David B. Wexler)教授と、マイアミ大学のブルース・ウィニック(Bruce Winick)教授という2人の精神衛生法の専門家の出会いであった[3]。彼らは、治療的な視点を法制度、とりわけ精神障害者をめぐる法制度へと取り込むことに合意し、これが後に世界中の刑事司法のあり方に抜本的な変革を迫る理論的支柱となるTJの端緒となった[4]。

　我が国を含めて英米法圏で用いられる刑事司

---

(3) Constance Backhouse, *An Introduction to David Wexler, the Person Behind Therapeutic Jurisprudence*, 1 International Journal of Therapeutic Jurisprudence, 2016, (Forthcoming).

(4) 最初期の文献として、例えば、David Wexler, THERAPEUTIC JURISPRUDENCE: THE LAW AS A THERAPEUTIC AGENT (Carolina Academic Press, US, 1990). TJの理論研究や実践報告の舞台となっているのは、2年に一度開催されるInternational Congress of Law and Mental Healthの世界大会におけるTJトラックである。およそ100本に上るTJ関連の報告が集まる。

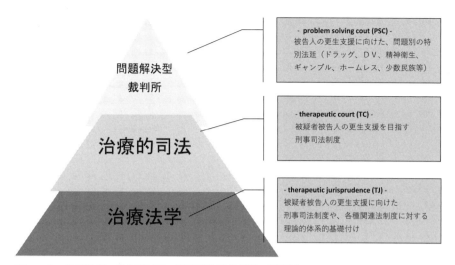

Figure 1. 治療法学・治療的司法・問題解決型裁判所の関係図

法制度は当事者主義に立つ。裁判所は、検察官の主張（犯罪事実）について証拠に照らして法的判断を与える。こうした当事者対立型の刑事司法制度では、検察官が過去に起きた犯罪事実に対する国家による処罰を主張するため、過去志向性が強い（Table 1参照）。

ところが、TJ的な司法観では当事者主義のような対立的思考を採らない。関係当事者は被告人の更生という同じ目的に向かって協働することが期待される。そのため、被告人の抱える問題（犯罪発生要因や更生阻害要因）の発見と、それらの要因に対する適切な問題解決手段の提供を目指すこととなり、将来志向性が強い。

TJ的アプローチは被告人の治療回復という「必要性」があってはじめて稼働しうるが、反対に当事者主義的司法は検察官が公訴権という「権利」を発動してはじめて稼働する。回復支援なのか刑罰実現なのか、2つの司法観の目的は大きく異なる。また、当事者主義司法でのエビデンスは犯罪立証のために収集されるが、TJ的アプローチでは、エビデンスは回復の経過や治療目標到達を測定するために集められる。

このように、2つの司法観は訴訟や手続の契機についても異なる見方に立ち、手続の目的そのものについても異なる価値を持ち、時間的スケールについてもまったく逆方向を見ている（Table 1参照）。一目して理解されるように、TJ/TC的な司法観は被疑者被告人の更生を支援する仕組みとして刑事司法を言わば再定義しようとしていると言えるだろう。

問題解決型裁判所の登場と概要

こうしたTJ/TC理論に呼応するような刑事司法の実践が1980年代の米国各地で始まった。それは、薬物事犯者が繰り返し法廷に戻ってくることに業を煮やした裁判官たちが、刑罰による威嚇では効果がないことや薬物離脱を促す治療や環境整備を行う刑事司法制度の必要に目覚めた結果始めた「ドラッグ・コート」と呼ばれる専門法廷である。その後、次々と生まれてくる「問題解決型裁判所（PSC）」の代表的取り組みである。

もともとTJはこうした実践とは無関係に生まれた刑事司法観だが、その後、幅広い視点から刑事被告人の抱える諸問題を解決することで再犯を防止しようとする刑事司法制度の脱構築を促す理論的基盤を提供することとなる[5]。今日、TJ/TCを取り入れた実践的な裁判所（PSC）が世界各地で営まれている（治療法学、治療的司法そして、PSCの関係性を示したのがFigure 1で

---

(5) 例えば、小林寿一「治療的法学（therapeutic jurisprudence）の発展と刑事司法への応用」犯罪社会学研究29号（2004）128頁、渡辺千原「治療法学（Therapeutic Jurisprudence）：治療法学と問題解決型裁判所」アメリカ法2004(1) 76頁等参照。

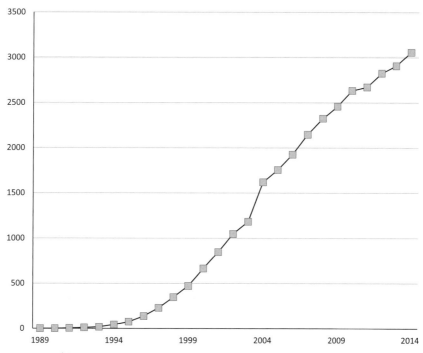

Figure 2. 米国ドラッグ・コートの総数推移

ある）。

　PSCの例としてたとえば、ニューヨーク州では現在公式に7つのプログラムが用意されている。年長少年法廷、コミュニティ・コート、ドラッグ・コート（薬物専門法定）、人身売買法廷、精神障害者法廷、性犯罪者法廷、退役軍人法廷である[6]。カナダのトロントでも複数のプログラムが運営され[7]、様々な問題原因を抱えて犯罪に至った被告人のケアを念頭に置いた司法過程が実現している。

　中でも薬物依存者を対象にしたドラッグ・コートはPSCの代表的存在であり、米国だけでも3000か所以上のドラッグ・コートが開かれていて、米国のみならず全世界に広がっている。ドラッグ・コートの手続きには様々なバリエーションがあるが、概ね以下のとおりである。裁判所は被告人への実刑処分の代替措置として集中的な薬物治療プログラムを提示する。本人の同意があればプログラムが開始される。対象者に暴力前科や性犯罪前科がないことが条件とされることが多い。対象者が課されたリハビリ・プログラムに参加しなかったり条件を遵守しなかったりすると、対象者はプログラム提示の際に設定された量刑に服するため収容施設に移されることになる[8]。

---

(6) https://www.nycourts.gov/COURTS/problem_solving/index.shtml 参照。

(7) Maryka Omatsu（指宿・吉井訳）「トロントにおける問題解決型裁判所の概要〜『治療的司法』概念に基づく取り組み」立命館法學 2007（4）（通号 314）（2007）参照。

(8) ドラッグ・コートについて例えば、石塚伸一編著『日本版ドラッグ・コート 処罰から治療へ』（日本評論社、2007）、藤本哲也「ドラッグ・コートを知っていますか」戸籍時報 672 号（2011）137〜144 頁、「特集 龍谷プログラム 2011：日本版ドラッグ・コート構想」矯正講座 32 号（2012）など参照。また、実践例については、平野哲郎「ドラッグ・コート—アメリカ合衆国におけるリハビリテーション・ジャスティス（社会復帰的司法）の試み」判例時報 1674 号（1999）27 頁、上野薫「AUSTRALIA NSW 州のドラッグコートと治療的司法」法曹 774 号（2015）38 頁、奥田達生「アメリカ合衆国ジョージア州における治療的法学の試み：ドラッグコートを傍聴して」法曹 786 号（2016）28-34 頁参照。研究書として、丸山泰弘『刑事司法における薬物依存治療プログラムの意義「回復」をめぐる権利と義務』（日本評論社、2015）参照。

ドラッグ・コート類似の新しいタイプのPSCとしては、少年向けドラッグ・コート、DUIコート（飲酒・問題運転）、退役軍人コート、ホームレス・コート、ギャンブリング・コート、DVコート、など多様である。

ホームレス・コートは米国サンディエゴ市で1989年に設けられた。ホームレスとなった退役軍人支援の一環として軽罪を犯した退役軍人の被告人を対象としていたが[9]、現在ではホームレス全般に拡大されて全米に広がっている。ギャンブリング・コートは米国ニューヨーク州のファレル判事らによって2001年に設けられたもので、ドラッグ・コートをモデルに非暴力犯罪を犯した被告人を対象として立ち上げられた[10]。ギャンブリング・コートでも、ギャンブル中毒がドラッグやアルコールと同じ依存症であると捉えられ、被告人は司法過程の中で依存症専門家の治療を受けて更生を目指す。

PSCはこのように全米に広がっていて、ドラッグ・コート以外に200以上の専門法廷が創設されている。ホームレス・コートやギャンブリング・コートなどを入れると500以上の各種専門法廷が展開されている[11]。既に全米で46州にドラッグ・コートの州内調整官が置かれていて、13州にPSC調整官が任命されているという。

また、単体のPSCを超えて被告人のニーズに応じた治療や支援を行って問題解決を図ろうとする、いわばハイブリッドなPSCがコミュニティ・コートと呼ばれる形態である。例えば、2000年に創設されたニューヨーク市ブルックリンに設立されたThe Red Hook Community Justice Centerは、ドラッグ・コート、DVコート、精神障害者法廷などの様々なPSCの機能を兼ね備えている[12]。毎年4000件ほどの軽罪を中心に審理があり、被告人のみならず被害者のニーズにも配慮した問題解決や治療や改善のための諸種のプログラムを用意している[13]。この法廷で扱われた被告人の再犯率は、通常手続きに比較して少年で20％、成人で10％低かったと報告されている[14]。

治療的司法論から見た「入り口」支援

1　刑事弁護

最近、弁護士層において、治療回復や更生支援を担う民間セクターを活用した情状弁護の取り組みが出てきた[15]。従来型の単なる起訴猶予や執行猶予狙いの情状弁護ではなく、被疑者被告人の「更生」を念頭に置いた新しい刑事弁護のスタイル[16]の登場である。具体的には民間の薬物等の依存症治療施設や治療共同体などと連携して回復・治療の機会を確保したり、情状鑑定を専門家に依頼して回復・治療の可能性や具体的方法を裁判所に訴えるなど、エビデンスに基づいた刑罰回避が更生に有効有用であるとして情状弁護を行っている[17]。

---

[9] http://www.homelesscourtprogram.com/ 参照。

[10] http://www.gamblingcourt.org/ 参照。

[11] A National Compendium of Domestic Violence Courts. New York, NY : Center for Court Innovation (2009). https://www.courtinnovation.org/sites/default/files/national_portrait.pdf

[12] 詳細については、Cynthia G. Lee, Fred L. Cheesman II, David Rottman, Rachel Swaner, Suvi Hynynen Lambson, Michael Rempel and Ric Curtis, A Community Court Grows in Brooklyn : A Comprehensive Evaluation of the Red Hook Community Justice Center（Full Report）参照。

[13] http://www.courtinnovation.org/project/red-hook-community-justice-center

[14] http://www.courtinnovation.org/sites/default/files/documents/RH_Eval_Summary%20PDF_0.pdf

[15] 例えば、季刊刑事弁護第64号（2011）の「特集・『治療的司法』への道：再犯を防ぐ弁護活動と取組み」や同87号（2016）の「特集・各地で息づく『治療的司法』の実践」所収の弁護実践報告を参照。

[16] 拙稿「『更生に資する弁護』から『治療的司法』へ」奈良県弁護士会編『更生に資する弁護　高野嘉雄弁護士追悼集』（現代人文社、2012）；「治療的司法」廣井亮一編著『加害者臨床』（日本評論社、2012）等。

[17] 拙監修・治療的司法研究会編『治療的司法の実践』（第一法規、2018）を参照。

2　検察庁

検察と福祉との連携で始まった出所者に対する社会復帰支援の取り組みも、我が国におけるTJ的思想の普及と可能性を感じさせる。具体的には2012年度から始まった、厚労省社会福祉推進事業「罪に問われた高齢者・障害者等の社会内処遇を支える支援体制の構築について」がその典型であり、長崎モデルなどと呼ばれ、いわゆる「出口支援」と位置付けられている。

他方で、刑事施設に収容させない取り組みが「入り口支援」と呼ばれるものである。例えば、長崎県で始められた「障がい者審査委員会」制度は、知的障がいがある被疑者被告人について、福祉の専門家らが障害の程度や福祉的な支援の必要性などが審議される。新長崎モデルとも呼ばれるこの制度は、主として障がいを抱える被疑者被告人に焦点を当てたプログラムであり、審査委員会の結果が「審査結果報告書」として検察や弁護士に報告される。福祉支援の必要性を指摘した報告書を基に、不起訴処分や執行猶予判決となった場合には、南高愛隣会の更生保護施設や社会訓練事業所などで対象者を受け入れるという流れになっている。

また、東京地方検察庁で導入された「社会復帰支援室」は、起訴前段階で検察官が不起訴処分にする上で福祉の対応が不可欠と考えた場合に社会福祉士(非常勤)を中心とした支援室の協力を仰ぎ、社会福祉との連携で社会復帰を進め環境を整備し再犯防止を目指す動きで、東京モデルなどと呼ばれる。

時代の変化

1　公的セクター

日本は世界でも名高い犯罪発生率の低い国である。他方で、刑務所の再入率は高止まりし、近年では高齢者の再入が著しい。そこで、2010年に犯罪対策閣僚会議に「再犯防止対策ワーキングチーム」が設けられ、2012年には同会議が「再犯防止に向けた総合対策」を定めた。初めて数値目標として刑務所再入率を20%以上削減することがうたわれ、2016年に同会議は薬物依存者と高齢犯罪者を対象にした再犯防止緊急対策をまとめるに至る。更に同年末には、国会で「再犯防止推進法」が制定され、2017年12月には「再犯防止推進計画」がまとめられ、7つの分野で115もの具体的項目が設定され、省庁横断でこのミッションを遂行することが決められた[18]。

2　学術サイド

2017年春、成城大学に国内でも初となる再犯防止を刑事司法過程で実現する「治療的司法」の考え方を研究する「治療的司法研究センター」が設立された[19]。同年6月にはセンター設立記念講演会が成城大学で催され、村木厚子・元厚生労働省事務次官が招待講演者として地域で犯罪者を受容し犯罪を犯さない環境・条件を整えていく必要性が論じられた[20]。

続いて、2017年9月には犯罪関連5学会合同シンポジウムにおいて、TJの提唱者であるウェクスラー教授が初来日し「治療法学からの日本への提言」と題して講演、400名以上の参加があり各界から熱い視線がTJに注がれることとなった。

おわりに

2017年12月に政府から出された「再犯防止推進計画」はあくまで既存の行政機関が担うミッションとして計画内容が策定されている。もちろん、従来型の「犯罪予防」型の施策に比べると行政サイドの取り組みとして大きくイメージチェンジを図ろうという意図が伺えるし、また、民間との連携協力や地方自治体の取り組みを促している点も従来のものと大きく変わっている。

しかしながら、諸外国で先行しているTJ的な制度設計と比較すると、司法制度を用いた再犯防止の観点が欠けている。まだ問題解決型裁

---

[18] http://www.moj.go.jp/content/001242753.pdf

[19] http://www.seijo.ac.jp/research/rctj/

[20] 「「司法や福祉の連携を」再犯防止へ研究拠点設立」日本経済新聞 2017年6月11日付

判所の創設提言には至っておらず、刑罰から治療への流れが明確に示されたとは言い難い。

今後、少年年齢が引き下げられれば現在の年長少年が成人裁判所に大量に流れ込むことになるだろうし、超高齢化社会の到来は認知症を抱えた被告人を多数法廷に見出すこととなるだろう。そうした近い将来の日本において、問題解決型裁判所の導入は不可避であり、行政機関内の連携のみならず司法機関との連携を伴った新たなプラットフォームが用意されるべきだと考える。

とりわけ、量的に多い覚せい剤事犯と窃盗症に起因する窃盗犯について、まず問題解決型裁判所による特別手続を導入することが再犯防止に最も効果的であろう。我が国の刑罰制度、刑事司法制度に大きな転換が求められている。

Actual Status and Future of the Therapeutic Justice in Japan : Thoughts Regarding the Japanese Style of Rehabilitation-Oriented Criminal Justice
Makoto IBUSUKI (Seijo University)

The purpose of this article was to explain a novel idea for criminal justice, "therapeutic jurisprudence," implementing the rehabilitation process in the criminal procedure. For this purpose, the article introduces therapeutic justice based on therapeutic jurisprudence as the new concept for designing criminal justice and the problem-solving courts that are developing in the world. The second purpose of this article was to suggest the renovation of the Japanese criminal justice system based on therapeutic justice in order to stop repeat offence by the former defendants. Although there are several projects in the governmental sectors for reducing recidivism, this article argues that the decreasing of recidivism in Japan will be achieved not by these projects currently promoted by the public sectors but by the development of problem-solving court system targeting drug addictions and repeated thefts such as kleptomania.

Key words Therapeutic Justice, Therapeutic Jurisprudence, Drug Court, Rehabilitation, Problem Solving Court

特集 「治療的司法・正義」の実践と理論
司法と支援の連携
──国際比較と地域での回復支援の観点から

水藤昌彦[1]

　本稿は、シンポジウム報告を受けて、日本における「治療的司法・正義」に関わる実践、特に司法と支援の連携についての課題の一端を提起することを試みたものである。オーストラリアにおける司法と支援の連携の現状との比較として、(1)更生支援と問題解決型裁判所、(2)強制的介入にあたっての権利擁護、(3)矯正保護の分野における障がい者政策、(4)専門領域の形成と専門職養成、(5)社会状況との関係、について概観し、今後の実践にとって参考にできると思われる点を示した。また、地域における回復支援に関わる支援機関の課題として、目的整理、支援機関による犯罪行為者への支援経験の少なさと罪名によるラベリング、支援機関の権力性、利用可能な社会資源の各問題を指摘した。今後、社会安全のための統制や監視の手段として支援機関が利用されることなく、支援者としての役割を適切に果たしながら連携を推進していくためには、シンポジウムで提起した「治療的司法・正義の実践が、専門職支配による新たな社会統制の仕組みとならないためには何が求められるのか」という点に加えて、ここに示した事項を含めた、広範な課題について更なる議論を重ねていくことが必要である。

キーワード 治療的司法・正義、刑事司法、支援、連携、オーストラリア

はじめに

　本稿では、公開シンポジウム「治療的司法・正義の実践」において筆者が行った指定討論をもとに、日本での「治療的司法・正義」に関わる実践、特に司法と支援の連携についての課題の一端を提起することを試みる。検討にあたっては、(1)オーストラリアにおける司法と支援の連携の現状との比較、(2)地域における回復支援に関わる支援機関の課題、という2つの論点を挙げた。以下、近年の日本における犯罪行為者に対する司法と支援の連携による対応状況を確認したうえで、これら2点について順に述べる。

日本における司法と支援の連携状況

　日本における司法と支援の関係についてみてみると、少年司法や更生保護領域では、刑事司法機関に所属する専門職が非行・犯罪をした者を処遇するなかで、従前から支援的な関わりもなされてきた。具体的には、家庭裁判所調査官による調査活動を通じた少年との教育的・福祉的な関わり、保護観察官や保護司による保護観察における補導援護などである。これらの支援の実施主体は、刑事司法機関に所属する者であり、それらが司法的機能とともに支援の機能を果たしてきた。刑事司法機関内部における福祉的機能の在り方を問題としたのが司法福祉の原点であったといえる。

　近年、刑事司法機関が外部の支援機関との積極的な連携を模索することによって、上記のような伝統的な司法と支援の関係は変化してきている。この動きの嚆矢となったのは、高齢または障がいがあって矯正施設に収容され釈放後に支援を必要とする者を福祉サービスやその他の社会資源の利用へと誘導する試みであった。具体的には、2000年代後半から更生保護施設の一部に社会福祉専門職が配置されたのをはじめ、刑務所等に社会福祉士・精神保健福祉士が配置されたほか、保護観察所に担当官が置かれた。

---
[1] 山口県立大学社会福祉学部・教授・司法福祉学

特に各都道府県に地域生活定着支援センター（以下、定着支援センターという）が開設されたことは、司法と支援の連携を促進するうえで大きな影響を与えた。

定着支援センターは、都道府県による「地域生活定着促進事業」を実施するための機関である。同事業では、高齢または障がいがあり、矯正施設からの釈放後に帰住地・身元引受人がない矯正施設被収容者が支援を受けることを希望する場合、保護観察所による依頼にもとづいて帰住予定地での福祉サービス利用に向けたアセスメント・調整などを行う。また、定着支援センターは、支援対象者が矯正施設から釈放された後も、地域の医療や福祉サービス利用等の支援を一定期間継続する[2]。何らかの支援が必要であると思われる矯正施設からの釈放者は、高齢者・障がい者に限定されるものではないが、刑事政策上、高齢あるいは障がいのある受刑者の累犯の問題が注目されたこと[3]、ならびに高齢者と障がい者に対しては、これらの属性に対応する福祉サービス制度が現に存在していることから、支援体制の整備が進みやすかったのであろう。

2010年代に入ってからは、被疑者・被告人段階にある人に対する介入や支援も活発化してきている。主なものとして、弁護士と社会福祉士等の連携による更生支援、勾留中の被疑者のうちで起訴猶予処分による釈放が見込まれる者を主な対象とした検察庁による介入・支援の2つがある[4]。これら被疑者・被告人段階の取り組みでは、対象者は高齢者や障がい者に限定されていない。

矯正施設からの釈放時支援、被疑者・被告人段階の支援のいずれにおいても、何らかの支援を必要とする犯罪行為者に対して、刑事司法機関との接触をきっかけとして社会福祉サービスやその他社会資源の利用を促そうとするメカニズムは共通している。

山田報告[5]において紹介された事例では、特別支援学校への通学歴があったが、卒業後は継続的な支援等にはつながっていなかった人が、犯罪に当たる行為をしたことで刑事司法手続の過程のなかで弁護人や検察官によって支援の必要性が発見され、援助への導入が図られている。このように、それまで見逃されてきた対人援助上の支援ニーズが刑事司法手続を通じて顕在化し、司法から支援へとつながる流れが形作られてきたことは、新たな治療的司法・正義の実践の場の登場であると評価できるだろう。

なお、中村報告[6]では、刑事司法機関と接触した人に限らず、家族間暴力、虐待をした人に対して、処罰を越え、支援ニーズへ対応しようとする試みが紹介されている。これは、必ずしも刑事司法との接触を契機とはしておらず、被疑者・被告人段階における福祉による支援との連携に比べると、さらに広範囲な対象への治療的司法・正義の実践だといえる。

オーストラリアにおける司法と支援の連携の現状との比較

日本での司法と支援の連携の今後を考えるために、海外の状況を確認する。ここでは、オーストラリア・ビクトリア州における現状を題材

---

[2] 定着支援センターによる支援の詳細については、森久智江ほか「地域生活定着支援センター全国調査結果について」刑事立法研究会編『「司法と福祉の連携」の展開と課題』（現代人文社、2018年）433-477頁。

[3] 2008年に策定された『犯罪に強い社会の実現のための行動計画2008』では、高齢・障害のある刑務所出所者に対して、福祉と連携して対応するという施策が初めて登場し、2012年から2014年にかけて政府が策定した各種の犯罪対策では、高齢・障害のある累犯者の問題が常に言及されている。

[4] この点についての詳細は、水藤昌彦「障害者福祉と刑事司法の連携―障害のある犯罪行為者への地域生活支援の国際比較―」社会保障研究2巻4号（2018年）525頁以下を参照されたい。

[5] 山田恵太「障害のある人の刑事弁護―事例報告を中心に」法と心理18巻1号（2018年）3-5頁。

[6] 中村正「「治療的司法・正義」の議論のために―ケアとジャスティスの統合をとおした問題解決のための理論・実践・制度―」法と心理18巻1号（2018年）6-13頁。

として、参考になると思われる点についての比較を試みる。

更生支援と問題解決型裁判所

ビクトリア州においては、更生支援計画はJustice Planという名称で量刑法に規定されている[7]。裁判官が量刑を決定するにあたって、被告人に知的障害があり、社会内矯正命令の言渡しを検討している場合、裁判所は州政府の障害サービス部局に対して被告人の再犯の防止に資すると考えられる福祉サービスの利用計画を提出するように命じることができる[8]。計画の作成にあたっては、被告人および家族等の関係者に聞き取り調査が行われ、その他の記録類も合わせて検討したうえで、本人が犯罪行為に至るまでの経緯、障害と犯罪行為の関係、障害福祉をはじめとするサービスのこれまでの利用状況などのアセスメントが行なわれる。アセスメントの結果は文書化され、Justice Planに添付される。

被告人に社会内矯正命令を宣告することを裁判官が選択し、なおかつ提出されたJustice Planの内容を適切であると認めれば、計画書の記載事項が社会内矯正命令の遵守事項の一部とされる。そして、命令の期間が終了するまでのあいだ、保護観察官が社会内矯正命令の執行状況全般を監督し、並行して州政府障害サービス部局の担当職員がJustice Planの実施を通じて対象者を支援する。保護観察所と州政府障害サービス部局の両者は必要に応じて連絡を取り合い、Justice Planが適切に実施されていない、支援者との連絡が途絶えたなどの状況があれば、保護観察官によって裁判所に遵守事項違反による命令取消の申立がなされる。

Justice Planは、知的障がいのある被告人に対象が限定された、裁判後に判決の一部として実施される司法と支援の連携である。これ以外にも、ビクトリア州ではさまざまな属性、犯罪種を対象者とした問題解決型裁判所が設置されている。被告人の属性としては、先住民族の出身者、精神保健上のニーズがある者、犯罪の種類としては、薬物事犯、家族間暴力事犯に特化した裁判所等が設置されてきている。これらの裁判所では、それぞれの対象者属性や犯罪種特性に配慮した裁判が行われているほか、刑事手続からのダイバージョンにも積極的である。これに加えて、近年では「近隣司法センター」Neighbourhood Justice Centre（NJC）とよばれる、コミュニティにおける修復的司法実践を推進する裁判所も運用されている[9]。これら各種の問題解決型裁判所は、指宿報告[10]において紹介された治療的司法・正義概念のオーストラリアにおける実践の具体的な姿であるといえる。

山田報告では、弁護士と社会福祉士等の連携による更生支援計画の作成、刑事裁判での証拠としての活用の実際、およびこうした実践の判決への影響が紹介されている。これと類似した形態の活動は2000年代に入ってから一部の社会福祉士、弁護士等によって実践されてきており[11]、この動きは徐々に全国的に広がりはじめている[12]。これらの活動は「更生支援」と呼ばれる場合もある。日本における更生支援計画の作成や裁判への活用は、あくまでも弁護活動の一部として任意に行われているものであり、法的な根拠を持たない。そのため、更生支援計画書が作成されるか否かは弁護人がその必要を認識するかどうかに依拠しており、計画書が作成されたとしても、それが裁判で証拠として採用されるためには検察官による同意、そして何よりも裁判官による決定が必要となる。そのた

---

(7) Justice Planについての詳細は、水藤昌彦「犯罪行為者処遇における刑事司法と福祉の連携のあり方についての国際比較―オーストラリアとの比較において―」犯罪社会学研究39号（2014年）38頁以下を参照。

(8) 被告人に知的障害があるのではないかと疑われるが、正式な障害認定がなされていない場合には、更生支援計画の作成に先立って裁判所は障害の有無のアセスメントを州政府に命じる。

(9) NJCについては、森久智江「報告4 犯罪からの社会復帰に必要なものを考える：オーストラリアの場合」インクルーシブ社会研究17号（2017年）51頁以下に詳細な現地調査報告と分析がなされている。

(10) 指宿 信「「治療的司法」の今とこれから―日本における更生支援型刑事司法を考える―」法と心理18巻1号（2018年）14-20頁。

め、更生支援が実施されるかどうかは、まさにケースバイケースの状況にある。

その点、更生支援が法定化されているビクトリア州においては、ある程度の一貫性をもって支援が実施されている。ただし、ここでも裁判所が必要を認識しなければ手続は開始されないため、最初の段階で被告人の支援ニーズを認識する役割を弁護人が負うのか、それとも裁判官が負うのかという違いがあるとはいえ、支援対象者をどのようにして発見するのかという問題は共通して存在している。対人援助の専門家ではない法曹が、被告人の障がいや支援ニーズをどの程度まで正確に把握できるかについては疑問の余地があり、これは今後の日本における実践を考えるうえでも更に検討すべき課題である。なお、Justice Planの対象は知的障がい者に限定されているため、発達障がい、後天性脳損傷などといったその他の障がいへの対応が十分ではないことも指摘されているが、その意味では、日本の更生支援は自発的な活動であるがゆえに対象者の限定がないという利点も存在する。

強制的介入にあたっての権利擁護

上記のJustice Plan、あるいは各種の問題解決型裁判所を通じた司法と支援の連携では、前者であれば遵守事項違反による命令の取消、後者であれば通常の刑事司法手続に戻されるというかたちでの不利益処分を威嚇として、支援を受けることへの強制性がある。そこで、対象者の権利を擁護するための仕組が整備されている。

ここでは、Justice Planに関連するものだけを簡単に述べると、①障害福祉サービス全般の提供内容についての不服申立制度、②拘束的・強制的な支援内容についての不服申立制度の二つがある。特に②に関連しては、拘束や強制を伴う介入を最小限にとどめ、これらの実施状況を監督するための専門部署が州政府障害サービス部局内に設置され、事業者を支援するとともに監督している。そして、①②ともに州政府障害サービス部局内での決定に不服がある場合は、独立した州行政審判所に対して審査申立をすることができる。Justice Planによる支援も通常の障害福祉サービスと同様、これらの監督や不服申立、第三者機関による審査の対象である。

支援の内容の適切性を確保するためには、上記の現行制度のみで足りるものではないであろう。しかし、少なくとも独立した第三者によるチェック機能を含めて、支援の適切性を確認し、必要に応じて是正する仕組みは、その確保に向けた検討が日本における更生支援でも求められているのではないか。

矯正・保護の分野における障がい者政策

矯正施設の被収容者および保護観察対象者に障がいがある場合、どのように処遇されるべきであるかを示したDisability Frameworkという指針が存在する。2007年、3年間にわたっての指針が初めて策定され、その後も2010年、2013年と3年ごとに更新され、現在は2016年から2019年まで4年間の指針が運用されている。

最新版の内容をみると、障がいのある被収容者や保護観察対象者には独自の複雑化した支援ニーズが存在していることを認め、矯正・保護制度内では障がいのない者と同等なアクセス権の保障と権利擁護が図られなければならないと明示している[13]。そのうえで、4つの中心原則として、①対象者の個別ニーズに応じた処遇、②関係機関との連携強化、③職員による処遇能力の向上、④多様性の保護・促進と差別禁止を

---

(11) この詳細については、内田扶喜子・谷村慎介・原田和明・水藤昌彦『罪を犯した知的障がいのある人の弁護と支援』（現代人文社、2011年）、および一般社団法人東京TSネット編・堀江まゆみ・水藤昌彦監修『更正支援計画をつくる―罪に問われた障害のある人への支援』（現代人文社、2016年）を参照されたい。

(12) 例えば、更生支援活動を目的として、東京都に一般社団法人東京TSネットがある https://tokyo-ts.net/（最終アクセス日2018年2月1日）ほか、山口県では一般社団法人触法高齢者・障害者支援センターが2016年に設立され、活動している。これらの他にも、社会福祉士と弁護士が個別事案で連携したり、一部の地域生活定着支援センターが弁護士会と連携したりしているほか、社団法人日本社会福祉士会によるモデル推進事業なども実施されている。社団法人日本社会福祉士会『平成25年度セーフティネット支援対策等事業費補助金社会福祉推進事業 被疑者・被告人への福祉的支援に関する弁護士・社会福祉士の連携モデル推進事業報告書』（2014年）。

掲げ、また、到達目標を示し、処遇内容、職員教育、連携の各領域での具体的な計画を定めている[14]。

近年の日本における司法と支援の連携は、矯正施設、保護観察所、検察庁、弁護士といったように、矯正施設からの釈放時支援、被疑者・被告人段階の支援のいずれにおいても、刑事司法に関わる者から支援者に対して関与が依頼されるという形が中心であり、いわば刑事司法機関の主導による[15]。しかし、刑事司法機関による対応・処遇に関連して、援助が必要であると考えられる者との関わりにあたってどのような原則に依拠するのかは必ずしも明確にされてはいない。再犯防止という目的は述べられるが、障がい者への合理的配慮や権利擁護の視点から、刑事司法機関による対応・処遇をどう考えるかという議論も今後はより必要になるだろう。

専門領域の形成と専門職養成

日本と比較すれば、オーストラリアでは司法と支援の連携に関する制度が、ある程度まで整備されてきている状況にある。そして、支援に必要とされる知見を蓄積し、専門職の養成に資するような研究や教育がなされるようになっている。例えば、障がいのある犯罪行為者の支援については、Forensic Disabilityという名称で専門領域化を進める動きがある。また、大学院において知的障がいと犯罪行為に特化した講義科目が開設されている[16]ほか、支援の理論化も試みられている[17]。それに加えて、法と対人援助に関連する知識や技能を併せ持った人材養成の必要性も認識されるようになり、最近ではソーシャルワークと法学の2つの学位を同時に取得する課程も開設されている[18]。

日本では司法と支援が交差する領域で働く専門職の養成につながるような教育研究は、それほど盛んであるとはいえない。単発の研修会が中心であり、大学等では系統立てた教育は行われていない。その意味で、「法と心理学会」の存在は大変貴重であるが、今後、より広い対人援助領域と法の連携に関する研究を進めることが必要だろう。現に矯正施設、保護観察所、検察庁、定着支援センターなどに勤務する対人援助専門職が急増してきている現状を考えると、専門職養成は急務の課題となっている。

特にソーシャルワーク領域における教育は立ち遅れている。2009年に社会福祉士養成課程のカリキュラムが改正され、国家試験受験資格取得のための指定科目として新たに「更生保護制度」が加えられた。しかし、想定される教育内容は制度紹介が中心となっており、しかも更生保護に内容が偏重しているため、司法と支援の連携の理論、具体的な支援方法などについて学べるようなものになっていない。また、こうした教育を支えるための研究も蓄積されているとは言い難い。従って、日本における研究教育の今後の方向性を検討するにあたっては、諸外国における状況は大いに参考になるだろう[19]。

社会状況

最後に社会の状況に目を向けると、オースト

---

(13) Department of Justice & Regulation (2015) Corrections Victoria Disability Framework 2016-2019. at p.3.

(14) Ibid., pp.6-10.

(15) すでに支援者が関わっている人が刑事司法の対象となり、その支援者が関与を継続した場合には、支援から司法へアプローチするという方向性もあり得る。しかし、これらは数としては多くない。

(16) メルボルン大学には大学院において Introduction to Forensic Disability が開講されている。https://handbook.unimelb.edu.au/2018/subjects/crim90012（最終アクセス2018年5月1日）。

(17) 一例として、C・マシュー・フライズ（水藤昌彦訳）「知的障害のある犯罪行為者のための『相乗モデル』による更生支援」生島浩編著『触法障害者の地域生活支援―その実践と課題』（金剛出版、2017年）198-222頁。

(18) ソーシャルワークと法学のダブルディグリー・プログラムは北米圏が先進しており、数多くの高等教育機関が提供している。

(19) 法学領域における、支援との連携の在り方に関する教育研究の問題もあるが、ここではその点については触れない。

Table 1. 関与にあたっての考え方の相違

	犯罪を中心とした考え方	本人を中心とした考え方
中心となる関心事	社会：再犯防止による防衛	本人：支援による福利の追求・権利擁護
問題の捉え方の基準	事案主義＝犯罪への対応	当事者中心主義＝生活上の困難への援助
関与にあたっての方法	制裁・コントロール	ニーズの充足
期限設定の仕方	有期限	無期限
行動の原理	他律的な強制	自律的な自己決定
着目する点	リスク管理への着目	長所・つよみへの着目

（筆者作成）

ラリア全体では個人の安全に対する懸念の高まりがみられ、社会秩序の維持を目的とした再犯防止が強調されてきている。ビクトリア州でも、近年、仮釈放者による重大再犯が発生し、仮釈放制度全体に対する大規模な再評価が実施された結果、運用の厳格化がみられる。また、大規模な刑事施設の建設も続いており、人口10万人あたりの被拘禁者率は1977年以降一貫して増加傾向にある[20]。このように、厳罰化が進行し、拘禁刑が多用されている一方で、司法と支援の連携を推進する各種の制度が整備され、それを支えるための教育研究が進められてきているという状況がある[21]。

地域における回復支援の課題

地域における回復支援に関わっている支援機関からみた課題として、以下の4点が指摘できる。

第1に回復支援の目的整理の問題がある。先述したように、近年の日本における司法と支援の連携の特徴は、刑事司法制度の外部に存在する福祉などの支援機関が活発に関与するようになった点にある。支援機関は、利用者や患者の福利の向上を目的として活動している。一方、刑事政策には、犯罪行為者本人に対する処遇だけではなく、社会の安全を確保するという目的が存在する。したがって、支援機関による犯罪行為者への回復支援の目的を考えるにあたっては、支援を受ける本人の福利の向上という従来からの目的に対して、刑事政策が求める社会防衛の目的をどう捉えるかが問題となる。

支援を受ける本人の福利の向上と、社会防衛という目的の違いは、関与にあたって、本人を中心に置くのか、犯罪を中心に置くのかという考え方の相違を生む。Table 1は、両者の違いを整理したものである。中心となる関心事が社会であるのか、あるいは本人であるのかによって、問題の捉え方の基準、関与にあたっての方法、期限設定の仕方、行動の原理、着目する点に違いがある。

ただし、刑事司法機関は常に犯罪を中心とした考え方をとり、支援機関は本人を中心とした考え方のみをとるというように両者が明確に二分されている訳ではない。犯罪行為者への「支援」では、支援者は葛藤しながら両者のあいだを揺れ動いている。なぜなら、支援機関も社会のなかで活動している以上、社会が中心的な関心事となる「犯罪を中心とした考え方」を無視することはできないからである。

第2に支援機関による犯罪行為者への支援経験の少なさと罪名によるラベリングの問題がある。司法と支援の連携が実際に行われるようになってから一定の時間が経過しているとはいえ、犯罪行為者と関わった経験がある支援機関はまだまだ少ない。相談支援事業所を対象とした2012年の調査では、矯正施設から釈放された人

---

[20] Sentencing Advisory Council (2018) Victoria's Imprisonment Rates. https://www.sentencingcouncil.vic.gov.au/statistics/sentencing-statistics/victoria-imprisonment-rates（最終アクセス2018年5月1日）。

[21] 近時のオーストラリアの刑事政策について、前田忠弘「オーストラリアにおける新しい刑事司法政策のアプローチ Justice Reinvestment Approach」刑事立法研究会編『「司法と福祉の連携」の展開と課題』（現代人文社、2018年）326頁以下。

への支援について新規の相談を受理した経験があると回答したのは全体の約23％にとどまり、新規相談に対応したことがある事業所のうち約7割までが対応件数は1件に留まっていた[22]。また、支援機関は犯罪行為者に関わることに戸惑いを感じており、必ずしも積極的に支援しようとするとは限らない。先行研究によれば、支援者は再犯の危険性を支援上の困難として強く意識しており[23]、サービス提供にあたっての課題として、再犯等の不安があると認識していることが示されている[24]。

このように実際に犯罪行為者に関わる機会が少ないにもかかわらず、支援機関が再犯を強く意識し、支援に積極的ではない場合があることの一因として、罪名によるラベリングが生じさせる負の効果があるだろう。刑事司法機関が公式に関与すれば、罪名が付与される。いったん罪名が付けられると、「窃盗をした人」「放火をした人」というように罪名がその人の全部であるかのように誤解されてしまいやすい。そうすると犯罪行為者としての負のイメージ、危険性が前面に押し出され、犯罪をするに至った個々の事情のみならず、その人がそれまでどのような生活を送り、何を大切にして生きてきたのかといった個別性が失われ、再発の可能性の有無に注目が集まってしまう。

第3に支援機関の権力性の問題がある。支援対象者の多くは社会的に孤立した状態にあり、家族や友人などの本人の権利を代弁する者がいない。また、社会的に非難されるような行動歴があり、一方でリスクを回避したいという支援機関からの要求がある。これらの要因は、支援が住居、行動や活動の制限に偏る危険性を生じさせる。支援にはそもそもパターナリズムが内在しているという点を考えると、支援機関と支援者には、自らの権力性を自覚し、支援という名の下での権利侵害をいかにして回避するかを問い続けることが求められている[25]。

第4に利用可能な社会資源について、以下の2つの問題がある。まず、①対応困難だと考えられ、従来の支援の対象外、あるいはごく限定的にしか取り扱われてこなかった事象に対応するための社会資源の不足である。これらに対応する資源は徐々に出現し、広がり始めているとはいえ、数が少なく、一部地域に偏在しているなど、まだまだ十分と言えない。性加害行為や放火といった重大な対人被害を生じさせるような行為、依存症、粗暴行為の繰り返しなどに対して、現行の福祉や医療が何をどの程度まで行うことが適切であり、また、可能なのかについて更に検討する必要がある。

それに加えて、②対応の困難度はそれほどでもないが、現行の福祉制度では想定されていないニーズに対応するための資源も不足している。例えば、身体介護を特に必要としない元気な高齢者が社会的に脆弱な関係性しか持ち得なかったとき、いったいどのような関わりが可能なのかについて、多くの定着支援センターが苦慮している[26]。後者の問題は、そもそも公的な仕組みの整備というよりは、市民同士のつながりをどう作っていくのかという視点から考えるべきではないかという議論にもつながる。

---

[22] 大村美保・木下大生・志賀利一・相馬大祐「矯正施設を退所した障害者の地域生活支援―相談支援事業所に対する実態調査及び事例調査から―」国立重度知的障害者総合施設のぞみの園紀要6号（2013年）25-37頁。

[23] 小野隆一・木下大生・水藤昌彦「福祉の支援を必要とする矯正施設等を退所した知的障害者等の地域生活移行を支援する職員のための研修プログラム開発に関する調査研究（その1）」国立重度知的障害者総合施設のぞみの園紀要4号（2011年）1-14頁。

[24] 木下大生・水藤昌彦・小野隆一・五味洋一「矯正施設を退所した知的障害者を先駆的に受け入れた障害者支援施設に関する実態調査(2)」国立重度知的障害者総合施設のぞみの園紀要5号（2012年）28-34頁。

[25] 支援と権力性の問題、特にその発生の機序について、木下大生「司法と福祉の連携による福祉の司法化のリスクファクターとその影響に関する検討」刑事立法研究会編『「司法と福祉の連携」の展開と課題』（現代人文社、2018年）115頁以下を参照。

[26] 森久ほか・前掲注(2) 448頁。

おわりに

　以上、近年の日本における犯罪行為者に対する司法と支援の連携による対応状況を確認したうえで、オーストラリアにおける連携の現状との比較、地域における回復支援に関わる支援機関の課題について述べた。シンポジウムでは、時間の関係から「治療的司法・正義の実践が、専門職支配による新たな社会統制の仕組みとならないためには何が求められるのか」という点のみを提起した。これは前述した、回復支援の目的整理、支援機関による犯罪行為者への支援経験の少なさと罪名によるラベリング、支援機関の権力性という問題に特に密接に関係した問いである。この点以外にも、日本における「治療的司法・正義」に関わる実践については、多岐にわたる課題が存在しているのは本稿で述べた通りである。今後、刑事司法機関による社会安全のための統制や監視の手段として支援機関が利用されることなく、支援者としての役割を適切に果たしながら連携を推進していくためには、ここに挙げた事項を含めた、広範な課題について更なる議論を重ねていくことが必要である。

Collaboration between Criminal Justice and Human Services : Issues Raised from International Comparison and Community-based Recovery Support Perspectives
Masahiko MIZUTO (Yamaguchi Prefectural University)

This article pointed out issues concerning practice related to therapeutic justice in Japan and in particular, collaboration between criminal justice and human service professionals. The author made a comparison between Japan with Victoria, Australia by examining the following points : (1) rehabilitation support and problem-solving courts, (2) compulsory treatment and advocacy, (3) correction in Victoria's Disability Framework, (4) development of specific service sector & professional training, and (5) public attitude. Additionally, problems faced by community-based recovery support organizations in Japan were considered. These included an aim of the organizations' services, the support organizations and workers' power over the clients, and limited service availability in the community. In order for the support organizations to not be utilized as a means of social control and surveillance by the criminal justice agencies and to serve an appropriate support function in the course of further development of the collaboration, it is necessary to explore a wide range of issues including the ones examined in this article in addition to the question raised by the author at the symposium : "What do we need to do for therapeutic justice to not become a new mechanism of social control through professionals' dominance?"

Key words　Therapeutic Justice, Criminal Justice, Support, Collaboration, Australia

特集 「治療的司法・正義」の実践と理論

司法における「治療的な」関係とは
――臨床心理の視点から見た治療的司法

毛利真弓[1]

　本稿では、「治療的司法・正義」を実践するために重要な要素の一つである、「治療的な関係性」について、以下の3つの点から論じた。①専門家がパワーを乱用せず、また犯罪者もパワーを持っていることを自覚した「治療的矯正関係」を意識することが必要であること、②ノルウェーの実践から学べるように、実践者と犯罪者が本当の意味で「対話」し、人間同士として出会うことの重要性、③筆者が実施した日本の刑務所出所者へのインタビュー調査からは、受刑者が人として尊重されることが肝要であることが理解できること、の3点である。治療的司法を実践するための法的整備等と同時に、実践家が役割や一定のパワーを行使しつつも、犯罪者と「人と人として」出会う場と時間をどう作り維持するか、それをどう研修していくかも考慮すべきことであると考えた。

キーワード 治療的司法、治療的矯正関係、対話

はじめに

　臨床心理の視点から「治療法学」・「治療的司法・正義」という言葉を聞くと、筆者はまず「治療的(Therapeutic)」の言葉に反応する。司法関係者が日頃犯罪者と出会っている「出会い方」や「関係性の持ち方」は、そのまま「治療的司法・正義」の実践に適用できるのであろうか？それともまったく異なる態度を求められるものなのだろうか？

　「治療」は治療する者とされる者の存在とその関係によって成り立つ言葉である。医療分野や臨床心理一般の領域においては、「セラピスト」と「クライエント」として、または「専門家」と「援助や変化を求める人」との関係として「治療的関係」は成立する。しかし司法領域においては、「実践家(専門家)」と「犯罪者」の関係になり、意識するかしないかにかかわらず「パワーを持つもの」と「持たざる者」との関係となる。さらに更生や行動変化にかかわろうとすれば、「他者を変えようとする者」と、「できれば構われたくない者」との関係性も加わるかもしれない。犯罪者との「協働」や「本人の意見を取り入れる」と単純に言うことはできても現実には難しいことも多い。

　司法領域において、実践家と犯罪者の「治療的」な関係性は存在しうるのだろうか？存在するとしたら、どのように実現できるのだろうか？

　なお、本稿では、様々な領域で呼ばれ方が異なることを考慮し、文脈上別の言葉を使う必要がない限り、司法にかかわる専門家を総称して「実践家」と呼び、加害者、出所者、支援対象者等のことを「犯罪者」と呼ぶ。

治療的矯正関係 (Therapeutic Correctional Relationships：TCR)

　Lewis (2016) は、「犯罪の瞬間から加害者・被害者・コミュニティの関係性は切断されており、関係性を修復し保護することは犯罪者自身のためだけでなく、司法にかかわる人たちやコミュニティの中など広いレベルで重要である」と述べ、行動変化を促進する治療的な関係を「治療的矯正関係(TCR)」と呼んだ。そして理論面からだけではなく、17人の実践家のフォーカ

---
[1] 広島国際大学心理臨床センター・特任助教・臨床心理学

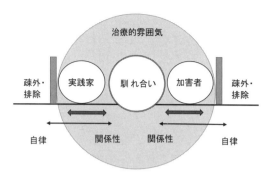

Figure 1. 治療的矯正関係（Lewis, 2016 の図を毛利が修正）

スグループと、18人の犯罪者へのインタビュー調査を通して、治療的関係性の作り方、深め方、阻害要因等をも研究した[2]。

TCRはどのように形成されるのか。そもそも犯罪者は、「あれしろこれしろと指示する保護観察官は校長を思い出させる」といったように、過去の権威とのかかわりで目の前の権威ある立場の人を理解する。特に、「警察や裁判官にやられたみたいに、あのスタッフにも裁かれた」というように、「一方的に経験させられた」と思うものについては、時間を超えてイメージは発展する。プレイヤーの1人である犯罪者は、自律性を作ろうとして、関係性を持とうとしたり離れたりしながら関係性の線上を揺れ動く。近づきすぎると「馴れ合い」になり、遠すぎると、「阻害・排除」となる。その間で互いに揺れ動きながら、一定の「治療的雰囲気」の中に互いが入ることで治療的関係性が作られる。

治療的関係性において押さえておかなければいけないのは、パワーの問題である。犯罪者は、国家による処罰として自分のコントロールできる範囲を狭められていることがほとんどであり、できればこれ以上パワーによって選択肢を奪われたくないと思っている。この状態の中で、もし実践家がパワーを乱用する形で関係を作り上げようとすれば、物理的に逃げてしまうか、体

---

(2) Lewisの関心の中心は保護観察の実践家と犯罪者との関係にあり、ここでいう「矯正」は矯正領域のことではなく、実践家と犯罪者との間で行動変容を促すという性質を指している。

は実践家の前にあっても、正直に話さない等、心理的に逃げる。しかし実践家がパワーを「正当に」、「犯罪者の利益のために」使っていると知覚すれば、犯罪者は自らパワーに従い治療的関係性の中に自ら入ってくる。つまり実践家は、公平で誠実に振る舞うことが必要になるのである。しかし実践は容易ではない。例えば警察で弁護士と面会した際、その犯罪者が、「この人は弁護士さんという偉い人なんだろうけれどそれを感じさせず普通の人と同じように接してくれたな」と思うか、「変に笑顔で下手で接してくる胡散臭い人だな」と思うか、「なんとなく説教じみていて見下されているな」と思うかは、瞬間的で、感覚的で、受け取り方の要素もあるからである。つまり、治療的矯正関係で重要なのは、犯罪者が「どう知覚するか」であり、パワーの「見え方」をコントロールすることが求められる（Lewis, 2016）。実践家には、自分がパワーを持っていることとその特性を熟知していること、役割としてパワーをとらえ、上手に「脱ぎ着」できること、そして権威や立場に関係ない個人としての威信をしっかり持って犯罪者と向き合えるかどうかが問われるだろう。

パワーの視点でもう一つ重要なのは、犯罪者が持っているパワーを意識することである。犯罪者は、一見治療的雰囲気の中にいるように見せかけながら、表面的な関係性を維持したり意図的に虚偽を申告したりして心理的には自律性を保つことができる。実践家はこれを意識していないと、犯罪者が当然治療的関係に入ってくるものと期待し、裏切られて勝手に傷ついたり怒ったりする羽目になる。

治療的関係性を壊すものとしてLewis（2016）は、①境界線（を明確にしないこと）と二枚舌、②不必要な権威の行使（境界線の侵害）、③パワーゲームの3つを挙げた。いずれも互いを尊重せず思い通りにしようとすることで起きることである。犯罪者の行動は最終的に犯罪者自身が決め、コントロールする。我々は犯罪者を動かすことはできず、できるとしたら影響を与えることだけである。関係性だけが効果を上げるわけではないが、関係性によって方向付けが可能になり、成長と成長の場を提供できるのである

(Lewis, 2016)。

北欧の刑務所における実践家・加害者の関係性変化の試み

　2017年9月、北欧に渡航し「リフレクティング」の手法を用いた処遇を行っている複数の刑務所視察の機会を得た(ノルウェー3か所、デンマーク1か所)。リフレクティングとは、ノルウェーの精神科医トム・アンデルセンによって提唱され、展開された家族療法の手法である。1人の専門家と家族数名が話している様子を専門家がワンウェイミラーの向こうで聞いて指示していた方式を変え、専門家側の部屋を家族から見えるようにし、「専門家が家族の会話について会話する」様子を聞いてもらったところ、その後家族の会話が大きく変化したことに始まる。観察されていた者が観察者側になって聴く体験から新たな洞察を得るとともに、クライエントとセラピストという関係に潜在するパワーの差をなくし、一人の人として聴かれ、聴く「治療的な関係」が成立する。

　ノルウェー中部に位置する第3の都市トロンハイムにあるトロンハイム刑務所では、受刑者と刑務官、セラピストの三者によるリフレクティングが行われていた。まず受刑者がセラピストと、自分が話したいことについて会話する。それが終わると今度はそれを聴いていた刑務官とセラピストが、受刑者が話していたことを聞いて感じたことや考えたことを話す。次に再び受刑者とセラピストが、また話したいことを話すという方法である。刑務官は自ら希望して勤務時間以外にリフレクティングに参加し、受刑者は会話したい刑務官を選ぶことができる。刑務所でのリフレクティング(トーク)の効果についてWagner (2009)は、「リフレクティングトークは自分自身の内的なリフレクションと他者との外的なリフレクションの時間と空間を作ることで、自分と異なる視点について探究する時間を作り、古い行動に対して新しい考え方をもたらして代替行動を起こさせる影響がある」。また、「そこにいるすべての人が会話から影響を受け、刑務官にとって受刑者の社会復帰を理解する重要な方法にもなる」と述べている。

　刑務所にいる受刑者たちにリフレクティングを体験した感想を尋ねると、「自分をわかってもらえた実感があるし、自分に帰ってくるものがある、安心して満足して落ち着くし、刑務官に人間として助けてもらっているような感じがする」と答えてくれた。本来業務をこなしている刑務官の姿とのギャップに混乱しないか複数の受刑者に尋ねたが、「役割でやってるのがわかってるから別に(気にしていない)」と返ってきた。人としてつながれているからこそ、役割でパワーを使っていることも理解できるのだということがその言葉からうかがえた。トロンハイム刑務所でも、その後訪れたデンマークの刑務所でも、処遇困難と言われている受刑者がリフレクティングに参加することによって刑務官との関係性が非常に良好になったとセラピストたちが述べていた。

　刑務官の感想も好意的だった。「対等につながれている感じがして、普通の人として普通に話せる良い面がある」こと、そして「職員としてではなくリラックスして仮面を外して話せること」などをメリットとして挙げてくれた。通常業務にプラスアルファでリフレクティングをすることは負担ではないかと尋ねたところ、「やりがいがあるし、信頼や経緯や、深まっている体験を実感できるのでよい」という回答が返ってきており、余分な仕事というより、リフレクティングのプロセスの中で刑務官としても得るものがあるということが理解できた。

　リフレクティングについては、帰国後、支援者向けの講演等でミニワークとして複数回取り入れたが、いずれの場所においても非常に反響が大きかった。自分の話を本当に聴いてもらったと思う体験を経て、いかに自分が支援の対象者の話を聴いていなかったかを実感するのである。

　極端な言い方をすれば、自分が話したことについて相手が話していることを聴くだけで、治療的関係性が出来上がる。そこでは、実践家は不要なパワーをふるう必要がなく、パワーをふるうときも「役割」として、正当なパワーとして認識されるのである。治療的関係性に必要なも

のは、「人と人とが本当に出会うこと」なのかもしれない。

日本の刑務所出所者へのインタビュー調査より

2017年1月から3月にかけて、とある刑務所で特定のプログラムを受講した経験のある男性出所者18名に対してインタビュー調査を行った。結果報告が本題ではないため概要を述べるにとどめるが、彼らが実践家に対して期待するのは、公平性や専門家としての技術（能力）というよりは、人として自分に向き合ってくれているかどうかという視点がほとんどであった。

具体的に、刑務官に対しては、
① 尊重される、人間扱いされた上での厳しさがあること
② 平等で公平な扱いと感じること、一定の距離感を保ってくれること
③ 見ていてくれて気持ちをわかってくれていると感じること
④ 前向きな気持ちになれる声かけをしてくれること
⑤ 現状のままで良い（色々な人がいてよい）
という5つに分類できた。またプログラムを担当する民間職員に対しては、
① 熱意があって伝わってくるものがある
② 普通に接し、尊重してくれる
③ 適切なサポートや介入がある
④ 適度な距離感（親しくなりすぎても依存してしまう）
⑤ 現状のままで良い（色々な人がいてよい）
という5つに分類された。

その他、出所後の支援をする専門家への期待についても、具体的なサポートが必要だという意見とともに、①事務的な感じではなくフラットに付き合ってほしい、②話を聴いてほしいという語りが見られた。

共通しているのは、人としての尊重された扱いを受けることと、自分のことを見て、聴いてくれ、考えてくれているとわかること、しかし必要以上に距離感を詰めて侵害してこないこと（一定の距離感）である。これはまさしく、治療的矯正関係とリフレクティングの要素と共通する。

名称やアプローチは違っても、人として出会い、支えてくれる人（実践家）が前にいながらも、感じ考えて変わる（行動する）のは自分であるという自律性は尊重された場と空間があれば、実践家と犯罪者の治療的な関係性は存在しうると言えるだろう。そして、治療的関係性を結ぶにあたりこれまでの在り方をより変えなければいけないのは、実践家のほうかもしれない。

最後に

本特集の主旨は、「単なる当事者の社会復帰だけでなく、寛容と包摂による統合を可能にする社会的条件の整備を必要とすること」、「自己責任の強調ではない関係性の再組成に向かう契機として治療的司法・正義がある」と述べられていた。

事例として報告された山田弁護士の実践（山田、2018）は、実践家と犯罪者が何度も出会う中で治療的な関係を結び、自己責任（家族だけの責任を含む）に帰すだけでもなければ過剰すぎる介入をするわけでもなく、本人の準備が整うのを待ち、実践家が変化を支えた事例だったと感じた。また、中村教授の大阪での試みも、家族や地域社会とのもともとのつながりを生かす形で実践家がそこに入り、サポートと監督の両方を提供する治療的な関係性を形成し、それによってコミュニティ自体の寛容や包摂の姿勢をも促進してもいたように思われた。

司法における加害者の更生・回復支援には、パラダイムのジレンマが多く存在する。犯罪を中心ととらえるか、本人を中心ととらえるのか。回復・支援モデルか医療・介入モデルか。拘禁と罰による処遇か、社会復帰の支援か。これらのパラダイムは、どちらかだけを選択してしまうと偏りを生じることになる。このパラダイムを両立させうるのは、適切で治療的な実践家と犯罪者の関係にあるのではないか。もう少し広げて言えば、適切で治療的な実践家と犯罪者の関係から、加害行為によって損なわれたものの修復が始まり、犯罪によって断絶されたコミュ

ニティや被害者との関係性を、可能な範囲で修復していけるのではないだろうか。

どの国で、どの仕組みの中で、どのような呼ばれ方をしようと、司法における実践家と加害者の誠実で治療的な関係性は、制度や枠組みの触媒となり、魂となる。「当事者のニーズを聴く」、「ケースをマネジメントする」という一方向の関係性を超えて、実践家と犯罪者とが、人と人、として出会う場と時間を作ることが真髄であり、どのような制度を作るかということと並行してもっと意識化されていく価値があると筆者は考えている。

引用文献

Lewis, S.（2016）. *Therapeutic Correctional Relationships —— Theory, research, and practice* —— London：Routledge.

山田恵太（2017）. 障害のある人の刑事弁護——事例報告を中心に——，法と心理, *18*, 3-5.

Wagner, J.（2009）. Reflections on Reflecting Processes in a Sweden Prison. *International Journal of Collaborative Practices, 1*, 18-39.

"Therapeutic" relationship in the judiciary : a therapeutic judicial view from the viewpoint of clinical psychology
Mayumi MORI (Hiroshima International University)

In this article, We discussed "therapeutic relationship", which is one of the important factors for practicing "therapeutic justice", based on the following three points. (1) It is necessary to be conscious of "therapeutic correctional relationship" in which experts do not abuse power and also know that criminals have power. (2) As you can learn from Norway's practice, it is important that practitioners and criminals "engage in dialogue" in the real sense and interact in a humane way. (3) Baed on the interview survey conducted by the author with Japanese ex-inmates, it is essential for an inmate to be respected as a person. What is important for practicing therapeutic justice is that practitioners learn how to create and maintain places and times to meet criminals as "people" while exercising their roles and certain power. We believe that training to develop therapeutic relationships is as essential as legal development.

Key words therapeutic justice, therapeutic correctional relationships, dialogue

法と心理学会第18回大会　ワークショップ
ストーカー対応の現状と課題
――司法臨床の展開(第五報)

企画・司会・話題提供：廣井亮一[1]
話題提供：篠崎真佐子[2]・小池安彦[3]・西田勝志[4]・廣井亮一

企画趣旨
〈廣井亮一〉

　警察庁(2017)の調べでは、2016年に全国の警察が認知したストーカー事案は22,737件で13年以降4年連続2万件を超えている。2000年に施行したストーカー規制法も法改正を重ね、SNSメッセージの連続送信等の規制、罰則の見直し、禁止命令等の制度の見直し等を行っているが、相次ぐストーカーによる重大事件を見るにつけ、ストーカーに対する現在の対策が果たして適切なのか、そうでないとすればどのような対策が必要なのか検討する。

　そのために、警察によるストーカー対策の体制と具体的な施策を説明し、その現状と問題点等について警察庁から報告する。その上で、大阪府7警察署で16年に受理したストーカー事案から無作為に100ケースを取り上げて質的分析を行った結果と、京都府警によるストーカーに対する意識調査の結果などをもとに、警察のストーカー対策の課題、さらにストーカーの怨恨の感情への対応に焦点をあててストーカーに対する法と臨床の協働=「司法臨床」について議論する。

――――――――――――――――――
[1] 立命館大学総合心理学部、教授、司法臨床
[2] 警察庁、警察庁警視、生活安全局生活安全企画課課長補佐
[3] 大阪府警察本部、警視、ストーカー・DV対策総括・情報担当管理官
[4] 京都府警察本部、警視、生活安全対策課子どもと女性を守る対策室長（現・京都府川端警察署副署長）

話題提供1　警察におけるストーカー事案への対応について
〈篠崎真佐子〉

1　はじめに
　近年、刑法犯認知件数が減少する一方で、ストーカー事案の相談等件数は高水準となっている。また、最近のスマートフォンの急速な普及やSNS利用の広がり等から、事案の態様が多様化しており、警察においてこれらの事案を認知した場合に、如何に対応していくかが課題となっている。このような中で、昨年12月、改正ストーカー規制法が成立し、SNSメッセージを連続して送信する行為が新たに規制の対象とされるなどの改正が行われた。警察においては、これらの状況を踏まえ、関係機関等との連携を図りつつ、ストーカー事案への対応を強化している。

2　ストーカー事案の相談等状況
　平成28年中に警察に寄せられたストーカー事案の相談等件数は22,737件であり、近年は高水準で推移している。これらの相談等について、被害者の性別は、男性が約1割、女性が約9割となっている。また、被害者と加害者の関係は、交際相手及び配偶者が過半数を占める一方で、加害者と面識がない、又は加害者が不明であるケースも約1割に上っている。

3　警察における対策
① 人身安全関連事案としての組織的な対処
　ストーカー事案等は、認知した段階では被害者等に危害が加えられる危険性やその切迫性を正確に判断することが困難である一方、事態が急展開して重大事件に発展するおそれがある。

警察では、これらの事案を「人身安全関連事案」と位置付け、体制を確立の上、事案の認知の段階から対処に至るまで、警察本部が確実に関与して対応するとともに、被害者の保護措置や加害者に対する検挙等の措置を積極的に執っている。

② 被害者の安全確保

警察においてストーカー事案の被害者からの相談等を受理した際には、警察や関係機関等が執り得る措置等を説明した上で、被害者の意思決定を支援している。また、被害者の状況に応じて、一時的な避難を促すほか、その身辺を警戒したり、緊急通報装置等の資機材を貸与したりするなど、その安全確保を図っている。

③ 加害者への対応

a 検挙措置等

ストーカー事案の加害者に対しては、被害者等に危害が加えられる危険性等に応じ、第一義的に検挙措置等による加害行為の防止を図ることとしている。また、刑事事件として立件することが困難と認められる場合であっても、被害者等に危害が及ぶおそれがある事案については、加害者に対する事情聴取や指導・警告を行うこととしているほか、ストーカー規制法に基づく警告や禁止命令等の対象となる者については、これらの措置を行うことについても積極的に検討を行っている。

b ストーカー加害者に対する精神医学的・心理学的アプローチ

ストーカー加害者の中には、検挙等されたにもかかわらず、その後もつきまとい等を繰り返す者が存在するため、平成28年度以降、ストーカー加害者への具体的な対応方法や治療・カウンセリング等の必要性の判断について、地域の精神科医療等関係者から助言を受けるための経費の一部を警察庁から都道府県に補助し、都道府県警察における地域精神科医療等との連携を促進している。

④ 改正ストーカー規制法への適切な対応

昨年12月に成立した改正ストーカー規制法に係る改正内容は、規制対象行為の拡大、禁止命令等の制度の見直し、ストーカー行為等に係る情報提供の禁止、罰則の見直し等、多岐にわたっているが、特に実務への影響が大きい改正内容は次の2点である。

a 規制対象行為の拡大

ストーカー規制法の規制対象行為である「つきまとい等」について、被害者の住居等の付近をみだりにうろつく行為や、SNSのメッセージ、ブログ等の個人のページにコメント等を連続送信する行為が追加された。

b 禁止命令等の制度の見直し

被害者への危害を防止するため、迅速かつ効果的に禁止命令等を発出できるようにするとの観点から、警告を経ずに禁止命令等を行うことができることとされた。

また、緊急の場合には、禁止命令等の事前手続として必要な聴聞を事後化し、禁止命令等を行った後で意見の聴取を行うことができることとされた。

⑤ 関係機関等との連携

ストーカー事案等への適切な対応のためには、被害者等の支援、加害者への対応ともに関係機関間の連携が不可欠である。関係省庁の連携に係る施策は、平成27年3月、ストーカー総合対策関係省庁会議において取りまとめられた「ストーカー総合対策」(平成29年4月、改正ストーカー規制法を踏まえ改訂)や、平成27年12月25日に閣議決定された「第4次男女共同参画基本計画」等に基づき推進されている。

4 おわりに

ストーカー事案は、国民の日常生活を通じて身近なところで発生する事案であり、また、最近の情報通信手段の発達等による新しい手口も見られているところである。警察に対しては、これらの事案に対し、被害者の安全確保を最優先とした対応により、重大事案に発展することを未然に防ぐ役割を担うことが期待されているところ、引き続き、関係機関等とも連携しつつ、ストーカー対策の一層の推進に努めていくこととしたい。

話題提供2　大阪府警における ストーカー事案の現状について

〈小池安彦〉

　ストーカー事案は、相談初期の段階では、その危険性や切迫性を正確に判断することが困難にも関わらず、事態が急展開して重大事件に発展するおそれのある現在進行形の事案といわれている。

　大阪府警察においては、ここ数年、年間1,400件前後のストーカー事案を取り扱っており、複雑多岐にわたる対応に漏れが無いよう、相談を受理すれば、まずは被害者の安全確保を第一に考え、被害者への防犯指導（例えば「家族や親しい人への相談を勧める」「防犯ブザーの携帯」「個人情報の管理」等につき指導すること）や避難措置などの被害者対策、加害者への指導警告、禁止命令、検挙措置等を相談内容に応じて実施している。

　相談受理後の被害者への対応としては、継続的に被害者の安全確認を行い、加害者からのつきまとい等の有無とそれに対する被害者の意向を確認しながら、事態が収束するまで全庁体制で被害者等の安全確保を最優先に対応しているところである。

　大阪府警察の主な体制は、この種事案を全件掌握し警察署と警察本部が連携して対応できるよう、平成26年に大阪府警察本部に「ストーカー・DV対策室」を設置し、平成27年4月から、府下のストーカー・DV相談等に特化したデータ入力システムを導入し、警察本部と警察署がタイムリーに情報共有することを可能とした。

　また、ストーカーやDV事案の約7割が夜間、休日の取扱いであるという現状から、平成28年4月から、ストーカー・DV対策室に警察署に対する支援業務を目的とした交替制勤務による初動支援班を新設し、警察署に対する積極的な支援を実施し、被害者等の保護措置の徹底や積極的な事件化を図っている。

　このように体制を強化し、警察署と警察本部が連携して対応しているが、ストーカー事案については、「行為者の被害者に対する執着心や支配意識が非常に大きい」「行為者に犯罪であるという意識が薄い」「強い殺意を抱いている場合、検挙されることを考慮せずに大胆な犯行に及ぶことがある」「被害者自身が危険性を過小評価していることがある」という特性があり、警察が認知した時点においては、暴行、脅迫等外形上は比較的軽微な罪状しか認められない場合であっても、人質立てこもり事件や誘拐事件と同様に、まさに現在進行形の事件であり、事態が急展開し重大事件に発展するおそれが極めて大きいという特徴がある。

　我々警察としては、いかに早い段階で、その危険性や切迫性を正確に判断し、被害者にとって最善の方法で的確に対応していくかが一番の課題であるが、前述の特性により、この判断が非常に難しくなっている。

　この問題を解決するため、危険性切迫性の早期判断や加害者対応に心理学を活用できないかと考え、平成28年10月より、立命館大学総合心理学部の廣井教授に「加害者心理」の研究を依頼したところ快諾をいただいたことから、無作為に抽出した100件のストーカー事案の情報を提供し、8ヶ月間の分析を経て平成29年7月に中間報告がまとめられた。

　この中間報告から、警察への早めの相談と警察が行う初期対応が効果的であること、ストーカー規制法に基づかない任意の指導警告等が事案の収束に非常に有効であることが判明した。

　研究では、相談の約5割が、被害者への防犯指導や適切な助言を行う、あるいは助言に加え警察から加害者への指導警告により事態が収束しており、中には警察が被害者に防犯指導をし、適切な助言を行うことで収束したケースもあったことから、警察の初期対応が効果的であることが研究により裏付けられる結果となった。

　また加害者の行為を止めるための手段として被害者等がストーカー規制法第4条に基づく書面警告ではなく、より迅速に対応可能な任意の指導警告を選択したとしても、指導警告を受けた加害者が、早い段階で自分の行動を見つめ直し、行為がエスカレートする前に自ら行為を止めるという効果が認められた。

　このように、早めの相談と警察の初期対応が効果的であることが研究から明らかとなったこ

とから、今後は被害者となり得る層への広報啓発活動を推進し、周知徹底を図る必要を認めた。

平成28年1月に全国で実施された「安全・安心な社会づくりのためのアンケート」をまとめた調査結果（日工組社会安全研究財団『ストーカー事案の被害実態等に関する調査研究報告書』2017）によると、若年者の方が相対的にストーカー被害に対応する制度に関する知識が少ない傾向にあり、若年層向けの教育プログラムや啓発活動の必要性が示唆された。

昨年の大阪府警察におけるストーカー被害者は、10歳代、20歳代が全体の約5割を占めており、先に示された若年層向けの広報啓発活動の必要性からも、この若年層に対し相談窓口や相談後の警察が執りうる対応を広く知らしめ周知を図ることが重要である。

被害者が不安を覚えた時に相談出来る窓口や、相談後にどのような対応がなされるのかを知ることは被害者に安心感を与え、早期の警察相談につながり、ひいてはつきまとい等がエスカレートする前に事態を収束することができると考えられる。

どのような広報啓発活動が有効かは今後検討が必要であるが、若年層がよく利用するSNSのうち、大阪府警察の広報ツールとして使用している「twitter」や「安まちメール」、「府警ホームページ」等によりタイムリーな広報活動をすることも効果的と思われる。

大阪府警察では、学校関係者や行政の相談窓口担当者等を対象とした防犯教室の実施など、警察が直接若年層に広報啓発するだけではなく、若年層が相談しやすい身近な人々に対して広報啓発活動を実施することも必要と考え、実施の幅を広げているところである。

話題提供3　ストーカー事案再発防止研究会の設立と京都府警察の取組みについて

〈西田勝志〉

1　ストーカー事案再発防止研究会の設置

京都府警察では、高水準で推移するストーカー事案の現状及び全国で発生している凶悪なストーカー事件の発生を受け、平成28年8月、全国でも例のない大学教授や臨床心理士等の有識者、検察庁・保護観察所・弁護士会の司法、京都府・京都市の行政、教育委員会及び企業（女子プロ野球球団代表）の担当者等を構成員（15機関25名、会長～京都府警察本部生活安全部長、事務局～同本部生活安全対策課）とした多機関連携の「ストーカー事案再発防止研究会」を設置し、ストーカー事案の再発防止及び未然防止に向けた諸対策を研究することとした。

本研究会では、京都府内で発生したストーカー事案の発生要因や書面警告の効果などについて分析を行ったほか、関係機関それぞれの特徴を活かした連携のあり方、若者によるストーカー事案の実態について調査（大学生へのアンケート）を実施した。

2　発生要因及び書面警告の効果

①　過去のストーカー事案について調査した結果、ストーカー事案の行為者による被害者に対する強い執着心と支配意識が発生要因と分析された。

②　書面警告の効果について本研究会では、動静をたどるため、相談から一定期間が経過している平成26年中のストーカー相談について調査することとした。

③　平成26年中に京都府警察が認知したストーカー事案は、460件であり、うち、228件は被害者に対する防犯指導（110番通報システムへの登録、不審者発見時の通報要領、相手に対して拒否の姿勢を示すなど曖昧な関係にならない、個人情報の管理、外出時の備え、記録化、避難の措置や携帯電話の変更等）のみの対応であった。

加害者に何らかの形で警察が接触したのは、232件（50.4％）で、このうち、口頭注意で終結したケースが144件（62.1％）、ストーカー規制法に基づく書面警告を実施したケースが44件（19.0％）、事件検挙したケースが44件（19.0％）であった。

書面警告した44件のうち、書面警告後、行為が収まっていると認められたのは39件（88.6％）、行為が収まらず検挙された事例は4件（9.1％）で、禁止命令に至った事例が1件（2.3％）であった。書面警告後、行為が収まらず検挙された4件の

うち、禁止命令書を発出したのは2件で、うち1件は再度検挙(禁止命令違反)された。

④　一方、検挙した44件のうち、検挙後に行為が収まったのは11件(25％)で、検挙後に書面警告したのが33件(75％)であった。書面警告後に行為が収まったと認められるのは31件(93.9％)であった。

⑤　このように、書面警告を実施したことにより9割は行為が収まっていたことが明らかとなり、書面警告による一定の効果が確認できたものの、警告されたにも関わらず検挙されることを顧みることなく更なるストーカー行為をする者も散見された。

3　大学生を対象にしたアンケートの結果

本研究会の研究の一環として、京都府内7大学に協力を求め、大学生約2千人を対象にストーカーに関するアンケート調査を実施した。これによると、

①　ストーカーに関する知識が浅い(ストーカー被害者が避難するシェルターの存在を知らない約8割、ストーカーに関する講義の受講経験がない約6割、ストーカー規制法の存在を知らない約2割)

②　交際関係において相手を束縛する意識が強い(GPSアプリのインストール許容238人(12％)、暴言許容131人(7％)、暴力許容105人(5％))

③　警察への相談をためらう傾向がある(相談先～友人・知人1,619人(82％)、親・兄弟379人(19％)、警察71人(4％)、)

④　つきまとい被害に遭っている学生が多い(暗数が多い)(被害を受けた経験を訴えた学生は339人(17％)、女性全体の23％、男性全体の13％が被害経験ありと答えた。女性の方が多いが、警察統計では8割の被害者が女性であることを考えると実際は男性被害者も多いと推認できる。)、などの実態が明らかとなった。

4　研究結果

これまでの研究会(アンケート結果を含む)及びシンポジウムにおける議論では、

①　ストーカーに特化した相談窓口設置の必要性(相談しやすいストーカーに特化した窓口の設置)

②　多機関連携によるストーカーの被害者にも加害者にもならない施策の必要性

③　ストーカー加害者に対する精神医学的・心理学的アプローチの必要性

を課題として掲げ、これらを総合的に対策するセンターの立ち上げについて財政当局と検討を続けた結果、ストーカーの被害相談から加害の再発防止に至るまで関係機関と連携した切れ目のない対策を行うワンストップ型のセンターを設置することとなった。

5　京都ストーカー相談支援センターの設置

これまでの研究結果を受け、京都府警察では、ストーカーに特化した専門相談窓口を設置し、事件性の有無に関わらず幅広い対象から早期に相談を受理して、重大事件への発展を未然に防止することとした。

センターは、平成29年11月24日に運用を開始したもので、被害者、加害者及びその家族等を対象にしたストーカー専門相談(電話相談、面接相談及びカウンセリング)を行うほか、既存の研究会での連携を活かした関係機関等との連携調整機能、被害者にも加害者にもならないための各種広報啓発活動を実施するものである。

また、京都府警察では、ストーカー加害者の精神医学的・心理学的アプローチのため、加害者カウンセリングに係る公費負担制度等の取組についても推進することとしている。

6　まとめ

京都府警察では、全国に先駆けた研究会を設置し、諸対策について研究してきたものであるが、その研究成果としてこの度、全国で初めてストーカーに特化した専用相談窓口を開設するに至ったものである。今後とも、関係機関との連携機能を活かし、ストーカー事案の未然防止はもとより、早期解決を行い、重大事件への発展を防止していくものである。

話題提供4　大阪府警の100ケースの質的分析結果：怨恨の感情をもとに

〈廣井亮一〉

1　質的分析結果―その1

100ケースの警察対応の内訳は、被害者連絡(警察が加害者に直接対応せず、被害者へのアドバイス等によるもの)だけによる対応が17ケース、1回だけの口頭注意(電話や面接による注意)による対応が30ケース、口頭注意複数回だけによる対応が16ケース、口頭注意と逮捕による対応が5ケース、警告を含む対応が20ケース、被害者の転居、転職等で他府県警察に引き継いだケースが4ケース、その他(相談のみ、DV法による対応、ストーカー事案と明らかに違うもの)が8ケースであった。

警察法による口頭注意と被害者連絡で収束した63ケースの内、被害者連絡だけの対応(17ケース)と口頭注意1回だけの対応(30ケース)の合計が47ケースで、警察法による対応の約74.6%になる。執拗なストーカー行為を続けていた加害者が警察の電話による口頭注意で即座に行為をやめた事案や、加害者のなかには自分の行為が普通の恋愛のアピールであると思い込んでおり、警察に指摘されて初めてストーカー行為であることを知ってやめた者も多い。

したがって、ストーカー被害者はまずは警察に相談のうえ初期対応を行うことが効果的であると言える。

2　質的分析結果―その2

質的分析の結果、ストーカーの怨恨と恋愛感情について、「怨型」、「怨恨型」、「恨型」、「歪んだ恋愛感情型」、「一方的恋愛感情型」、の5カテゴリーを抽出した。なお、山野(1989)によれば、「恨み」は「相手への甘えや一体感欲求が拒否されて生じた受動的な敵意」、「怨み」は「恨みが解消せず、その苦しさに耐え切れず害意を抱くようになったときの感情」である。

①　「怨型」(5ケース)

「怨み」は、被害者が加害者の甘えや一体感の回復欲求を完全に拒絶したため(警察の対応等も通して)、その苦しさに耐えきれず情緒的混乱に陥り被害者に害意を抱くようになっているか、また警察の介入ごとに攻撃性を悪化させているかどうかが判断の要点である。

これらのケースのほとんどが、面接による口頭注意を複数回したり(4回の口頭注意を受けているケースなど)、誓約書や書面警告、検挙をしてようやく収束している。そうした警察対応中の加害者の言動として「油に火をそそぐな」とか「しつこいなおまえら」などと警察に反発したり、警察対応の間に被害者に暴行をしたりしている。また、その攻撃性の高まりによって、加害者は別件で検挙、収監されたりしているケースもある。被害者が別れ話しをもちだすと「殺すぞ」と脅したり、被害者の店のガラスをぶち破ったり、被害者の携帯電話を叩き壊したりするなどの明らかに害意のある行動をしている。被害者はそうした加害者の逆恨みを怖れて転職や転居をしている。

総じて「怨」ケースでは、規制法2条の加害者の行為のうち、一号のつきまとい、自宅等への押しかけの行動化があり、四号の著しく粗野、乱暴な言動、五号のメール等の大量送信、連続電話などもあり、暴力など直接的攻撃に及ぶ可能性、攻撃性が極めて高い。

②　「怨恨型」(7ケース)

「怨恨型」は、前述の「怨型」と後述の「恨型」の中間的状態に位置づけられるものである。すなわち後述の「恨型」のように未だ相手(被害者)に好意や未練があるため激しい行動化には至っていないが、過激な言葉をつかったり何回も面会を要求するなど相手(被害者)へのしがみつき方が極めて執拗で執念深さがある。対応によっては情緒的混乱を起こし「怨型」に移行する危険性をはらんだ状態にある。

たとえば加害者の言動に、「引っ越してもやくざを使ってしらべる」、離婚の際に「実家を燃やす」「お前の親を潰す」、復縁や交際を迫るために被害者宅に押しかけ「ナイフを持っている」、被害者の自宅に押し掛け「出てこなかったら何をするかわからないぞ」と過激な言葉で脅すケースなどである。

ただし怨型との違いは、加害者は過激な言葉

を使うが過激な行動はあまりせず、警察の対応にはそれなりに応じる。逮捕の可能性を示唆されるとストーカー行為を一旦止めたりするが、再びストーカー行為をしたり別の被害者にストーカーに及ぶことがある。また、「怨恨型」では加害者は被害者に未練があり、やり直したい別れたくない、という気持ちが強い。

以上、「怨型」と「怨恨型」など怨恨の感情が加害者に明らかにみられる時はその動向に注意し、特に怨み化している時は要注意である。「怨型」は法的対応を強化すればするほど、加害者は攻撃性を高め行動化するため、重大事件につながる可能性も高い要注意ケースである。「怨型」と「怨恨型」は、後述のように、法的対応と同時に臨床的対応、すなわち司法臨床による対応が必要になる。

③ 「恨型」(20ケース)

怨恨の大半を占める「恨型」は、甘えとアンビバレンスな状態が強いため、相手を本当に倒しては元も子もないと感じて、攻撃しても決定的なダメージを与えない。ただし相手への甘えと未練が強いことが特徴である。

怨みでは相手との関係を完全に断たれたことに絶望して報復の攻撃をするのに対して、恨みでは未だ相手が振り向いてくれることに望みがあるため直接的な報復は抑えている。したがって、「怨型」や「怨恨型」のように過激な言動はせず、抑制された攻撃性(受動攻撃性)で陰湿な行為をすることが多い。

「恨型」の多くが口頭注意等警察の1回の対応で収束することが特徴である。これは「甘え—攻撃」とも言われる受動攻撃性を示す者に対しては、権威や権力を背後効果にした受容的な対応が有効だからである。ただし、ただ単に権力的に対応したり威嚇するような対応は、加害者がふてくされた態度になったり、加害者が表面的な反省の態度を示すだけで「怨恨型」に転じてしまうことになりかねない。

「恨型」は収束するまでにやや時間を要するが、執拗なつきまといや過激な暴言・暴力などの行動化は起こすことはまれである。ただし被害者の精神的負担が大きいため被害者へのサポートが求められる。

④ 「歪んだ恋愛感情型」(29ケース)

「歪んだ恋愛感情」には、怨恨の感情はないが、つきまとい、押しかけによる面会の要求、電話やメール等の繰り返しによる好意感情の伝え方が極めて歪んでおり執拗、粘着である。そのためストーカー行為が長期間に及ぶこともある。「恨型」と違って警察対応があまり効を奏さず口頭注意が数回に及び解決までに長期化することがある。

「歪んだ恋愛感情型」の29ケース内、8ケースが女性加害者である。攻撃性は高くないが、長期間にわたる執拗な行為が続くため被害者に与える精神的ダメージが大きい。なお、女性加害者には被害者意識がみられることも特徴である。総じて、「歪んだ恋愛感情型」への対応は解決が困難で長期間を要するので、このストーカー加害者に対する臨床的対応と同時に被害者のケアが必要になる。

⑤ 「一方的恋愛感情型」(27ケース)

被害者が拒否、嫌悪しても、加害者は恋愛、好意感情等を一方的に伝え続けたり交際を要求するケース。このケースのほとんどは、加害者は自分の行為がストーカーにあたることを理解していないため、ストーカーの意味と規制法について分かりやすく説明することで終結することが多い。

引用文献

山野保 (1989). 「うらみ」の心理——その洞察と解消のために 創元社.

法と心理学会第18回大会　ワークショップ
司法面接の新展開
――外国人を対象とした司法面接の取り組み

企画：羽渕由子[(1)]、赤嶺亜紀[(2)]

司会：羽渕由子

話題提供：羽渕由子、ヤコブ・E・マルシャレンコ[(3)]、上宮　愛[(4)]

指定討論：井上智義[(5)]、水野真木子[(6)]

企画趣旨

〈羽渕由子〉

　司法面接とは、forensic interviewsの訳で、"法的な判断のために使用することのできる精度の高い情報を、被面接者の心理的負担に配慮しつつ得るための面接法"と定義される（仲, 2016）。この面接法の典型的な対象は子どもであるが、これまでに、知的障害者、高齢者などの供述弱者と呼ばれる成人を対象とした聴取にも活用されてきた。また、司法の場で用いる情報収集のための面接法という観点から、被疑者への接見や取調べ、事情聴取や法廷での尋問なども司法面接の範疇に含まれている。2015年10月に警察庁・検察庁・厚生労働省から、子どもの心理的負担等に配慮して警察・検察・児童相談所が更に連携するように通達が出され、各機関が互いの専門性を発揮しながら連携をおこなうシステムは徐々に浸透しつつある。本ワークショップでは、子どもへの司法面接での連携を活かし、さらに言語的、社会的に弱い立場に置かれている在留外国人を対象とした司法面接について検討することを目的とし、約238万人いるとされる在留外国人の（法務省入国管理局, 2017）、日本語によるコミュニケーションの現状、法廷における課題、子どもを対象とした司法面接との違いについて取り上げ、議論をおこなった。

話題提供1：外国人の日本語能力および母語と非母語による供述の特徴

〈羽渕由子〉

　近年、虐待やドメスティックバイオレンス、知人による加害など、親密な関係性の中での加害をいかに早期に発見して対応するか、またその原因を解明していかに予防に役立てるかが社会的な課題となっている。外国人家庭の場合、日本人の家庭以上に脆弱な経済基盤、不確かな滞在予定、地域からの孤立などのリスク要因によって、虐待やドメスティックバイオレンスなどの問題を抱え込みやすく、ことばの問題によって支援も難しいことが指摘されている（花崎, 2017）。

　"外国人"と聞くと、多くの人は英語を話す欧米出身の人を想像するかもしれない。しかし、日本で生活する外国人は上位4位までアジア圏の出身者である（①中国：29.2％、②韓国：19.0％、③フィリピン：10.2％、④ベトナム：8.4％、⑤ブラジル：7.6％；法務省入国管理局, 2017）。一方で、アジア圏のことばを理解できる日本人は少なく、日本でおこなわれる聴取や取調べに際しては、日本語で調書が作成され、裁判でも日本語が用

---

(1) 徳山大学福祉情報学部・教授・言語心理学

(2) 名古屋学芸大学ヒューマンケア学部・教授・認知心理学

(3) 名古屋外国語大学国際交流部・留学プログラムコーディネーター・司法通訳翻訳学

(4) 立命館大学OIC総合研究機構・専門研究員・認知心理学

(5) 同志社大学・名誉教授・言語心理学

(6) 金城学院大学文学研究科・教授・通訳翻訳学

いられることになっている（裁判所法第74条）。しかし、捜査・裁判で協力できる通訳人の数、レベルともに不足しているのが現状である（岡部, 2015）。

他方、日本で暮らす外国人の日本語能力については、日常生活で起こる課題を日本語でどれくらい解決できるのかについて調査した研究（文化庁, 2010）によると、自分が話したいことを"十分に話せる"と回答した人は総数の2割弱で、学習期間が1年未満の場合は10.0％、2年以上で45.0％であることが報告されている。事件や事故などの出来事について報告できる日本語能力のレベルは、過去と現在の時制の使い分けができ、段落レベルで叙述や描写をすることができるレベル、すなわち上級レベルであり、このレベルに達するには1700～2400時間の学習が必要とされている（牧野 他, 2001）。さらに、事件や事故に遭ったような時には、感情が高ぶり、普段よりも緊張して、話の前後関係、語彙選択や文法の誤りなどにも注意が払えなくなり、言いたいことがうまく言えなくなったりする。言語的マイノリティに対する司法面接の先行事例（例えば、Fontes, & Tishelman, 2016）では、非母語話者に面接をするときには、いかに面接前に支障なく話せる言語レベルであっても、バイリンガルの面接者か、通訳人を介して面接をおこなうことが推奨されている。しかし、日本の現状では海外の推奨事項をそのまま導入することは難しい。このため、少しずつ全体の問題解決を図りながら日本に合う形で"よりよい落としどころ"を見つけながら改善していくことが今後の課題となるだろう。

話題提供2：リンガフランカとしての英語を伴う課題：要通訳刑事裁判を例に

〈ヤコブ・E・マルシャレンコ〉

日本に限らず世界各地の刑事手続きにおいて、英語などの"リンガフランカ"が通訳言語として使用されている。また、"リンガフランカ"の役割を果たす言語は、国や地域によって異なることもある。ところが、日本の刑事手続きでは、リンガフランカとしての英語は他の言語よりも特殊な役割を果たしていると言えよう。

通訳言語としての英語の使用率は、2009年から2015までの期間に終結した第一審刑事裁判において、4.5％～7.9％程度であるため（最高裁判所, 2011-2017）、年々30％の使用率を占める中国語と比べて決して"メジャー"な通訳言語だとは言えない。ところが、"死刑または無期の懲役・禁固に問われる事件や、故意の犯罪によって被害者が死亡した事件"を対象とする裁判員裁判では、英語は（中国語を除く）他の言語の使用頻度を超え、第1位（その使用率は2009年～2016年で22.7％となっている）を占めている（最高裁判所, 2011-2016）。

捜査段階及び刑事裁判において通訳言語としての英語は、米国や英国などのようないわゆる"英語圏"の出身者である被疑者・被告人のみならず、様々な言語的・文化的バックグラウンドを持つ対象者に対して使われる。

カチュル（Kachru, 1990）は、英語を使用する国や地域を三つのカテゴリーに分類する。それらのカテゴリーはすなわち、内部圏（Inner Circle）、外部圏（Outer Circle）、拡張圏（Expanding Circle）である。内部圏は、米国や英国などのように英語が主に第一言語として位置づけられる国や地域を指す。一方、外部圏に属する国や地域は、かつて英国や米国に植民地化され、今日でも教育や司法制度などにおいて英語は重要な役割を果たすが、多くの国民にとって第一言語ではない（その例として、インドやナイジェリアが挙げられる）。また、拡張圏においては、英語があくまでも外国語の役割を果たしており、その中には日本も属している。

本発表では、筆者が実施した研究の成果をもとに、主に外部圏及び拡張圏を出身とする被疑者・被告人に焦点を当てる。なぜならば、非常に重要な手続きの対象となっているにも関わらず、彼（女）らの第一言語でない英語の通訳サービスを受けているため、その理解において、様々な困難に直面しうるからである。また、日本で行われる司法通訳翻訳をめぐる研究では、上記のようなリンガフランカの役割を果たす英語を通訳言語として選択するという問題は、これまであまり議論されてこなかった。さらに、

多様な国籍の被疑者・被告人に対して英語が使われることは、数少ない研究(Tsuda, 2002；毛利, 2006；津田 他, 2016)を除いて、ほとんど問題視されてこなかった。

英語通訳を付けてもらうそれらの被疑者・被告人がどのような問題に直面するかを調べるため、英語を担当する現役法廷通訳人の協力を得て、調査を二段階に分けて実施した。第一段階として、実際の裁判員裁判で宣告された判決文の抜粋を12名の通訳人に英語へ翻訳してもらった。まず、"フレッシュテスト(Flesch Test)"を使用し、その英訳における"読みやすさ(readability)"の点数を測定した。その結果、判決文抜粋の英訳は、英語を第一言語とする被告人にとってすら理解困難なものになっていることが明らかになった(Marszalenko, 2015)。

さらに、調査の第二段階として、英語を担当する15名の法廷通訳人は、英語の非母語話者の被告人を対象とする刑事事件において、実際にどのような問題や困難に直面しているのかについて、通訳人本人たちの経験をめぐって、半構造型聞取り調査を実施した。その聞取り調査によって、英語の多様性やそのリンガフランカとしての姿が現れると考えられたからである。聞き取り調査実施の際、次のような問題点が浮上した。①被告人にとって第一言語ではない言葉(英語)が通訳言語として使用されている、②法廷通訳で使われる"書き言葉"(審理中に朗読される起訴状、冒頭陳述、論告、弁論、判決などを含む法律文書)及び"話し言葉"(主に被告人質問や証人尋問におけるディスコース)の双方に対する被告人の不十分な理解、③法曹三者(裁判所、検察官、弁護人)による通訳翻訳業務に対する不十分な理解、④"直訳"という非現実的な要求や通訳人を"導管"として捉えがちであるという問題、⑤法廷における通訳人の脆弱な立場及び通訳人と法曹三者との関係や相互理解における改善の必要性、⑥ユーザー教育(法曹三者を含む法律関係者に対する通訳翻訳業務に対する理解を向上する教育)の必要性。

本発表の最後には、英語通訳を介した刑事裁判を中心に刑事司法手続きを対象とした研究成果から、司法面接に起こりうる問題や課題について述べた。筆者の法廷通訳人及び研究者の経験から特に次のような課題を検討する必要があると考えらえる。①面接の際、被面接者に文書(とその訳文)を提示する必要があるのか、あるとしたらどのような形で提示するか、②被面接者が英語の非母語話者の場合、その運用能力をどのように評価したら良いのか、③必要に応じて、"プレイン・イングリッシュ(Plain English)"の使用が可能か、④通訳人にはどのぐらいの"裁量"を与えるのか(つまり、通訳人の役割や"直訳"をめぐる課題に対する検討)、⑤面接官と通訳人の間の最良かつ効果的な連携・協働・協力をどのように確保できるのか。

日本では、通訳人を介した司法面接を対象とする研究は、比較的新しい研究分野である。刑事事件における通訳の研究とは大きく異なることがあるかもしれないが、同じ司法界において言葉を対象とし、かつ比較的先に発展した司法通訳翻訳研究は、司法面接の研究に大いに役立ち、貢献できるのではないだろうか。

話題提供3：通訳人を介した子どもへの司法面接での課題

〈上宮　愛〉

近年、外国人児童の増加やハーグ条約の適用事例の増加に伴い、児童への客観的聴取において通訳人の立会いのニーズが高まりつつある。被疑者への取調べについては、通訳人を介して聴取を行うことの効果や問題に関する研究が、欧米諸国でも少しずつ進められてきている。その一方で、非母語話者である子どもへの聴取において、通訳人を介した聴き取りを行うことの効果を検討した研究はほとんど存在しない。司法面接法の研究が進んでいる欧米諸国であっても、医療通訳や被疑者取調べに関する研究知見を参考に、子どもを対象とした聴取に通訳人が立ち会う際には、どのようにすればよいのかを手探りで模索しながら進めている状況であるといわれている。

児童虐待や子どもへの性犯罪での外国人児童を対象とした聴き取りにおける問題は、単に言語の違いという点にとどまらない。一つ目に、しつけ、そして、性の問題はその国の文化に大

きく依存する。そのため、これらのケースでは、対象となる児童の文化的背景も含めた検討が必要となる。二つ目には、録音・録画の問題があげられる。通常の通訳はその現場で問題が解決される。しかし司法面接では、その面接内容は録音・録画され、様々な専門家（裁判員、裁判官、鑑定人も含む）が一定期間の後にその面接映像を視聴する。つまり、面接室の中でだけ通じればよいということではなく、その面接映像を視聴する全ての人が理解できるように情報を伝達する必要がある。三つ目に、司法面接で用いる質問の独特な言い回しの問題もあげられる。司法面接では、"自由報告"という聴き取り方法を重視する。この自由報告では、"オープン質問"と呼ばれる質問が用いられる。オープン質問は、誘導が少なく、被面接者（話し手）の自発的な報告を引き出すと言われている（仲, 2012）。オープン質問には、以下のようなものがある。1）誘いかけ（〜について話してください）、2）手がかり質問（さっき〜と言っていましたが、その〜について話してください）、3）時間分割質問（Aの時点（例：お風呂に入って）から、Bの時点（例：寝る）までの間について話してください）などである。一方、"クローズ質問"と呼ばれる、誘導性の高い質問は最小限にとどめることが推奨されている。クローズ質問には、4）Yes／No質問（例：その人物はショートカットでしたか？）、5）選択質問（例：色は赤ですか？青ですか？）などがある。さらに、被面接者が報告していないにも関わらず、面接者の方から"叩きましたか？"など特定の内容を示唆するような質問は6）特定質問と呼ばれ、使用が禁じられた誘導質問として分類される。そのため、通常の通訳の正確性の問題に加えて、面接者が用いた質問形式をそのままの形で再現し、同様に、子どもが報告した内容についても言い換えることなく通訳を行う必要性が生じる。以下に、本ワークショップで取り上げた、子どもへの司法面接において通訳人を介する場合の課題について、その一部を示す。

1）日本語がある程度話せるように見受けられる人であっても、高い感情価を伴うような出来事について報告を行う場合には、疲労やワーキングメモリーの問題から考えても、第二言語により報告を求めることは難しい可能性がある。そのため、司法判断に用いるような証言を得る場面では、必ず、通訳人の同席を検討する必要がある。

2）対象者によっては、複数の言語を話す場合もある。この際には、コードスイッチングへの対応について検討を行う必要がある。Fontes（2008）の中では、エクアドル人の子どもへの面接において、スペイン語の通訳を用意したところ、面接の途中から子どもがケチュア語で話しはじめ、通訳が機能しなかった事例について書かれていた。これらのコードスイッチングの問題に加えて、子どもが学校で使っている言語や家庭の中で用いられている言語などについて事前に情報を得ておく必要がある。

3）通訳人のレベルについても検討する必要がある。いわゆる、アドホック通訳と呼ばれる通訳人ではなく、ある程度のトレーニングや経験のある通訳人を探す必要がある。

4）通訳人を介した面接では、当然のごとく、面接時間が2倍になると考えてよい。そのため、面接を複数回に分ける、途中で休憩を取ることなども事前に検討する必要がある。さらに、時間が長くなるほど、通訳の質も低下することを念頭に置き、一人の通訳人が通訳を行う時間は1時間内としてその疲労状況についても注意する必要がある。

5）通訳人の座る位置についても注意が必要である。面接者と子どもの間に座る場合には、面接者と子どもが通訳人の方をみて話をしてしまう可能性が生じる。あくまで、面接者と子どもとのやり取りであることが重要となるため、座る位置については十分検討する必要がある。また、特に少数言語の通訳人の場合には、その文化コミュニティーが狭く、通訳人の保護の観点から、カメラに映る位置に通訳人が座るのかどうかについても検討する必要がある。

6）通訳人には、事前に、不快で、時に恥ずかしい内容についても通訳する可能性があることや、子どもの発話の特性などについて説明しておく必要がある。子どもは、意味が通じないようなこと、矛盾するようなことを話す場合

があり、面接の中で明らかに嘘であると解るようなことを話す場合がある。その場合も、子どもが報告したとおりの内容を通訳してもらうようにお願いしておく。

7）面接の中では、不快に感じるような話題に触れる可能性があり、その際に感情を出さないように通訳人にお願いする必要がある。そして、必ず面接の後に面接者は通訳人と話をする時間を設け、その場で通訳人が感情を表出できるようにすること、そして、通訳人への心理ケアが必要となるかどうかなどについても検討する必要がある。

　上記の他にも、通訳人に課せられる守秘義務、質問の言い回し、子どもの報告内容の訳し方、スタイルやレジスター(7)、ラポール形成など様々な課題が存在する。そして、これらの課題に加え、通訳人を対象とした子どもへの客観的聴取方法に関する研修の実施についても今後検討を進める必要がある。Mulayim, Lai, & Norma（2015）は、オーストラリア、カナダ、UK、そして、アメリカにおいて、警察の取調べモデルや質問方法に関する内容を含んだ、通訳人のための発展的な研修プログラムについて調べているが、該当するような研修プログラムを見つける事はできなかった。日本国内でも、このような研修はほとんど実施されていない。また、日本には日本独自の司法・福祉システムがあり、日本語特有の問題も存在する。そのため、今後、通訳人を介した司法面接の実装に向けて、日本国内においても、その効果を検討した実証研究や研修の実施、そして、ガイドラインの提案が急務であると考えられる。

---

(7) スタイル（style）とは、場面や相手によって話し方や言葉の使い分けの仕方をさす。例えば、かしこまった状況や目上の人物に対して「ご自宅はどちらですか？」と聞くのに対し、親しい人物や子どもが相手の場合では、「お家はどこ？」と尋ねることがある（鹿嶋，2003より例題を引用）。レジスター（register）も同様に、状況に応じて語彙、文法、発音を変えて話す事であり、立場や職種特有の話し方が存在する（例：法律家言葉など）。

言語心理学の観点からのコメント
〈井上智義〉

　話題提供の皆さんからは、大変興味深い、また、社会的にも大きな意味のあるお話を伺った。私のほうは、言語心理学の立場から、異言語間のコミュニケーションについて、とりわけ、バイリンガルの研究の領域からコメントさせていただきたい。

　話題提供のお三方のお話を、私なりにまとめると、①法廷通訳の難しさの問題、そこでの通訳者の技能の問題があること、②子どもの面談などにおいて通訳が必要となる司法面談での課題、③第二言語での出来事の報告を課題にした実験、という内容だったかと思っている。いずれも、注意しないと大きな誤解が生じる可能性、第一言語でない言語でのコミュニケーションの課題などが指摘されたものと認識している。

　ここでは、まず、厳密な意味での翻訳は、多くの場合、不可能に近いことが多いという話を具体的に紹介したいと思う。たとえば、"雪だるま"と"snowman"は、前者が雪のボール二つでできていることが常識であるのに対して、後者は、特に北米では、雪のボール三つで構成されているのが一般的。また、カナダの現地校に通っていた帰国生の話によると、"学校"と"school"の間には、その指し示すものに大きな隔たりがあると言う。とりわけ、二言語を複数の異なる環境で過ごした人たちには、等位型のバイリンガル（coordinate bilingual）の人たちが多く、彼らのなかでは、二言語間の完全な訳語が見つからないことが一般的である。

　また、日本語のある単語が英語の複数の単語のいずれかの意味を示したり、逆に日本語では複数の単語が存在するのに、英語では、どちらの単語も一つの英単語で表現したりするようなケースが少なからず見出せる。前者の例としては、"机"―"table；desk"、"時計"―"watch；clock"、"虫"―"bug；worm"などがあり、後者の例としては、"袋；鞄"―"bag"、"手紙；文字"―"letter"、"田；畑"―"field"などがある。つまり英語と日本語の単語には、少なからず意味範囲の違いが存在する。

もう一つ、中国語と日本語にみられる同形異義語の問題を紹介したい。たとえば、"愛人"は、日本語では配偶者以外の親しい異性を意味するが、同様の漢字熟語は"アイレン"と発音も異なるが、愛するべき配偶者を意味する。同様に"手紙"がトイレットペーパ、"汽車"が自動車、"野菜"が野原に自生している野草を意味することは、中国語をよく知らない日本人にとっても、日本語の漢字は中国語の意味と同じはずだと考える中国人にとっても、大きな誤解の元となりえる。私のゼミの元院生で中国からの留学生が、以前、修士論文の研究で、このような同形異義語を含む会話文を作成して、その会話での誤解の有無や、自然なコミュニケーション感なる指標を用いて、データを収集した。その結果からは、中国で日本語を勉強する人たちにとって、とりわけ、誤解があることにすら気づかれないこと、誤解があるにもかかわらず、自然な会話と認識される可能性が強いことなどが示されている。

少し本題から外れるが、バイリンガルの研究から、あえて、本日のシンポジウムに参加の皆さんに、あえて助言するとなると、以下のようなことが言えるのではないか。すなわち、異言語間のコミュニケーションにおいては、①誤解があることを前提に対話を進める必要性があること、②対話の相手の発言を繰り返して、その意味や発話の意図を確認する必要があること、③抽象的な単語や表現は控えて、具体的なやり取りを多くする必要性などが留意されるべき課題として、まとめることができる。

通訳翻訳学の観点からのコメント
〈水野真木子〉

近年の在留外国人の増加にともない、生活の様々な局面でコミュニケーションの齟齬が問題になるケースが増えてきている。司法の分野では特に、人の生活や人生に影響を与える極めてクリティカルな状況が扱われるので、適切なコミュニケーションの必要性は大きい。

リンガフランカとしての英語使用の問題点について

世界共通語としての英語が法廷等で通訳言語として使用されることがある。現在では、被告人の母語の通訳人が用意されるケースがほとんどだが、中には通訳人が見つからない言語もある。英語を母語としない被告人や証人の場合、発音や語法の問題など、通訳に困難が生じることも多い。また、2011年に起こったソマリア沖商船三井タンカー襲撃事件の犯人であるソマリア人の海賊を被告人とする裁判では、英語を間に挟んだリレー通訳が行われた。通訳はよく言われるような"導管"ではありえず、必ず何らかの変容が起きる。リレー通訳の場合は、二重の変容の可能性が否定できないので、慎重であるべきである。

母語以外の言語による面接の問題点

外国人や移民が、一見、受け入れ社会の主要言語で非常に流暢にコミュニケーションしているように見えても、司法や医療のような分野では通訳をつけないことは危険である。人間は、緊張したり心が弱っているときには第二言語でのコミュニケーションが難しくなる傾向がある。また、語彙が限られていても何とか話すことはできるが、他の人の話す内容が理解できるとは限らないので、通訳を付けて、本人の母語でやり取りするほうが正確にコミュニケーションできることも多い。

司法面接のプロトコルと通訳

司法面接のプロトコルは、その流れが法廷での尋問に似ている。特に誘導を避けるためにオープン・クエスチョンを用いて状況を本人に語らせ、そのあと、5W1Hの質問、イエス・ノーで答える質問に移行する流れは、法廷での、主として本人に語らせる主尋問から質問者が積極的に誘導していく反対尋問への流れと似ている。どちらも質問者が明確な意図を持って臨む場面であるので、通訳の介在によって効果が失われる可能性は極力排除されなければならない。特に、司法面接の場合、通訳による誘導があると、その証拠能力が失われることもあるので、注意

する必要がある。

通訳を介した質問の言語分析

筆者がこれまで行ってきた様々な法廷通訳に関する実験により、通訳の介在が法律家の尋問の流れに影響を及ぼすことが明らかになった。例えば、主尋問で用いられる誘導を避けるための典型的な質問が、通訳を通すことで意味が限定され、一種の誘導になってしまうことがある。"どんな人が来ましたか"の"どんな"は、"誰が"や"どんなルックスの"になることも多い。"何か変わったことはありましたか"の"変わったこと"は、"変な""間違った""異常な"のように通訳者の価値判断を伴った訳出をされることがある。"様子はどうでしたか"は"見た目"なのか"態度"なのか、通訳者によって判断が異なる（水野・寺田・馬，2016）。

反対尋問で相手に肯定させるための戦略として二重否定を用いるケースも多いが、二重否定疑問文にいたっては、通訳者を混乱させ、内容を正確に把握することも難しくなる。37名の通訳者を使った実験では、二重否定疑問文をその通り正確に訳せたのが4名、肯定文に変えて訳したのが7名、否定を一箇所にしてしまった、つまり意味が逆になったのが15名という結果であった（水野，2016）。法律家の言語戦術も、通訳者が入ることで効果を失うことが多い。

司法面接において、上記のような通訳をめぐる様々な問題を克服するには、警察や検察を含めた司法面接に関わる人たちに、通訳を介したやり取りに特有の問題を理解してもらうことが不可欠である。研究上のコラボレーションも重要である。研究成果のシェア、拡散が、適正な要通訳司法手続きの実現に繋がっていくと期待される。

引用文献

文化庁（2001）．日本語に対する在住外国人の意識に関する実態調査　Retrieved from http：//www.bunka.go.jp/tokei_hakusho_shuppan/tokeichosa/nihongokyoiku_jittai/zaiju_gaikokujin.html（平成29年12月23日）．

Fontes, L. A. (2008). *Child Abuse and Culture*: *Working with Diverse Families*. New York：The Guilford Press.

Fontes, L. A., & Tishelman, A. C. (2016). Language competence in forensic interviews for suspected child sexual abuse. *Child Abuse & Neglect, 58*, 51-62.

花崎みさを（2017）．DV被害の母と子ども　荒牧重人・榎井 緑・江原裕美・志水宏吉・南野奈津子・宮島 喬・山野良一（編）外国人の子ども白書：権利・貧困・教育・文化・国籍と共生の視点から（pp. 220-222）明石書店．

法務省入国管理局（2017）．平成28年末現在における在留外国人数について（確定値）平成29年3月17日　Retrieved from http：//www.moj.go.jp/nyuukokukanri/kouhou/nyuukokukanri04_00065.html（2017年9月15日）．

Kachru, B. B. (1990). *The Alchemy of English*：*The Spread, Functions, and Models of Non-native Englishes*, Urbana and Chicago：University of Illinois Press.

鹿嶋 恵（2003）．スタイル（style）小池生夫（編）応用言語学事典（p. 238）研究社．

牧野成一・中島和子・山内博之・荻原稚佳子・池崎美代子・鎌田 修・斉藤真理子・伊藤とく美（2001）．ACTFL・OPI入門──日本語学習者の「話す力」を客観的に測るアルク．

Marszalenko, J. E. (2015). English as a Lingua Franca in Interpreter-Mediated Criminal Proceedings in Japan：The Issue of Readability of Translated Judgment Texts. *Forum, 13*, 45-68.

水野真木子・寺田有美子・馬小菲（2016）．尋問で法律家が用いる言語表現と法廷通訳の問題　法と言語，3, 61-80．

水野真木子（2016）．法廷での尋問の際に使用される二重否定文と通訳の問題　金城学院大学論集社会科学編，12, 1-6．

毛利雅子（2006）．司法通訳における言語等価性維持の可能性──起訴状英訳の試し──　日本大学大学院総合社会情報研究科紀要，7, 391-397．

仲 真紀子（2012）．面接のあり方が目撃した出来事に関する児童の報告と記憶に及ぼす効果　心理学研究，83, 303-313．

仲 真紀子（2016）．子どもへの司法面接──考え方・進め方とトレーニング　有斐閣．

Mulayim, S., Lai, M., & Norma, C. (2015). *Police*

investigative interviews and interpreting: context, challenges, and strategies. FL: CRC Press.

岡部知美 (2015). スタッフコラム：司法通訳の現状を聞いて　裁判員ネット：あなたが変える裁判員制度　Retrieved from http://saibanin.net/updatearea/staffcolumn/archives/2311（2017年12月23日）．

最高裁判所事務総局刑事局 (2011 ～ 2017). ごぞんじですか法廷通訳：あなたも法廷通訳を　平成23 ～ 29年版　最高裁判所事務総局刑事局　Retrieved from http://www.saibanin.courts.go.jp/vcms_lf/h21_siryo1.pdf（2017年12月23日）．

最高裁判所事務総局 (2011 ～ 2016). 平成22年における裁判員裁判の実施状況等に関する資料　最高裁判所事務総局　Retrieved from http://www.saibanin.courts.go.jp/vcms_lf/h22_siryo1.pdf（2017年12月23日）．

Tsuda, M. (2002). Non-Japanese speaking suspects/defendants and the criminal justice system in Japan. *Interpretation Studies, 2*, 1-14.

津田 守・佐野通夫・浅野輝子・額田有美 (2016). 裁判員裁判を経験した法廷通訳人──聞取り調査結果とその考察　水野かほる・津田守（編著）裁判員裁判時代の法廷通訳人（pp. 67-121）大阪大学出版会．

犯情と一般情状のあいだ
──刑事法と心理学との協働の可能性

企画・司会・報告：竹田　収[1]
報告：須藤　明[2]
指定討論：武内謙治[3]

企画趣旨・話題提供1　鑑別と犯情要素

〈竹田　収〉

1　企画趣旨

　近年、裁判員裁判の運用等をとおして被告人の量刑への関心が高まり、これに伴い各種量刑事情の考慮の在り方は、法曹のみならず広く国民に共有されるべき課題となっている。他方、判決前調査を置かない我が国の刑事裁判制度の中で、従来から一部事件について心理学専門家による情状鑑定が、裁判所の量刑判断を補助しようとする試みとして続けられているところ、犯情を中核とする行為責任主義に基づく量刑判断の中で同鑑定の占めるべき位置や果たしうる役割に関する共通認識は、未だ十分とは言えない。

　この認識の明確化に資するべく、犯情と一般情状との関係について、法律的判断と経験科学的判断の役割を整理し、量刑判断における法律家と人間科学専門家の協働の可能性を探索したい。

2　少年審判手続における鑑別

　少年審判における鑑別は、家庭裁判所調査官による社会調査とともに、少年の要保護性調査の一環をなし、心理学等の知識・技術を活用して少年の人格を理解し、置かれた環境の中で非行を発生させた機序を分析した上で、非行から離脱させ、健全な成長に向かわせるための処遇・処分に関する意見を家庭裁判所に提出する作業である。鑑別においては、少年との面接や心理検査、少年鑑別所内での行動観察、保護者・関係機関から得られる情報などをもとに、上記の分析等を行い、少年法上の処遇選択の枠組みに応じた鑑別判定（保護観察、第1種少年院送致など）を行い、これらを「鑑別結果通知書」に記載して家庭裁判所に通知する。

3　鑑別に内包される犯情要素とその評価の二重性

　人格主義に立つ少年審判は、行為責任主義による刑事裁判と立脚点を大きく異にするものの、鑑別においても「本件非行に係る事実関係及び動機」を調査事項に含むことから、「犯情」の問題を潜在的に内包する。また、鑑別においては、非行事実やその動機、態様等「犯情」とされているものについても、これが要保護性をいかに徴表するかの観点から調査を行うのであるが、他方でこれらは、裁判所により非行事実としての法的調査と認定がなされるべきものであることから、これら犯情要素は法的・価値的観点と人間科学的・事実的観点から異質・二重の評価がなされることとなる。それだけに、特に動機といった主観的側面の強い要素について、これら二つの観点から認定・評価する際には、法と人間科学双方の観点・視界の共通性と差異に関する相互理解が必要となる。

---

[1] 東京矯正管区・法務事務官（現・大阪少年鑑別所・法務技官）
[2] 駒沢女子大学人文学部・教授・犯罪心理学
[3] 九州大学法学研究院・教授・刑事政策、少年法

4　少年法平成12年改正における犯情要素

少年法の平成12年改正においては、動機及び態様等が「当該犯罪に密接に関連する重要な事実」として非行事実に含まれることが明示され、上記の二重性が改めて強く意識されることになった。動機を含む「密接関連重要事実」については、改正当時の解説によれば、「少年の資質、性向その他少年の内面に踏み込んで解明されるべき要保護性のみに関連する事実とは異なる」（甲斐, 2002）と慎重な限界設定がなされているものの、その境界は必ずしも鮮明でない。一方で、動機等が非行事実に含まれることが明示されている以上、仮に、鑑別結果を踏まえた家庭裁判所による動機の理解・認定に疑義が生じた場合には、検察官による抗告受理申立ての契機となり得るであろう。このような交錯の可能性があるのだとすると、鑑別における動機の理解においては、従前にもまして、刑事法上の動機の概念、その認定手法・手続をも理解した上で、人間科学的方法との異同を意識して行い、これを法律実務家に向けて説明する準備を整える必要が生じているといえるだろう。

加えて、非行事実の一部である動機、態様は、同法第20条第2項ただし書において、少年の性格、年齢、行状等一般情状に属する事情と並列して規定された。本項の解釈・運用には、学説上、少年審判実務上それぞれに相当の幅が存在するが、その主要な分岐点の一つが犯情と一般情状の位置づけである。鑑別における問題としては、特に、同項の立法趣旨を、類型として保護不適を推定することにあると理解した場合、行為の悪質性等への価値的・規範的判断を加えたり、社会感情等を考慮したりする立場にない鑑別の視点から、この推定を覆すことが論理上可能なのかといった隘路が生じる。人間科学に立脚した観点からは、保護の可能・不能性の程度について判断することはできても、保護の適・不適性について言及することは疑問であり、また、保護の可能性をどれほど主張しても、別次元にある保護不適推定を覆す理由とはならないように思われるからである。ここからすれば、従前から言われるように、社会調査と鑑別は、保護可能・不能性判断に純化し、保護の適・不適性判断は留保すべきとする考え方（武内, 2015）も採り得る。

他方、同項ただし書に含まれる事項のうち、少年の性格、行状等の一般情状に含まれる要素はもとより、犯情要素である動機についても鑑別における調査事項であることに着眼すると、直ちに保護可能・不能性判断に限局化するのではなく、裁判所の犯情評価に資することなどにより、保護の適・不適性判断に人間科学的調査・判断を反映させる方途を検討すべきとも思われる。

5　犯情と一般情状の転化・接合可能性

この時参考になるのが、刑事裁判における犯情と一般情状の関係であろう。裁判員裁判における量刑に関する司法研究においては、「被告人が若年である場合の成育歴など、これまで一般情状事実とされてきた事情であっても、場合によっては動機の形成過程に大きく関わるなど、非難の程度、ひいては最終の量刑に少なからず影響するものもあり、従来の犯情事実・一般情状事実の分類も、量刑の本質という観点からは必ずしも厳密なものではない。」との注記が見られる（司法研修所, 2012）。また、同研究を踏まえつつ、生育環境の不遇さや、それに由来する行為者の性格など一般情状とされてきた事情が、犯罪行為の意思決定に影響を及ぼす限りで、犯情要素にもなり得ることに着眼し、より厚みを持った犯情の調査・理解が要求される場合があることも主張されている（本庄, 2014）。これらは、犯情と一般情状との間の転化・接合の可能性を示す論理であり、翻って少年法第20条第2項事件における調査、鑑別の着眼点や、人間科学の視点を加味した保護不適性判断の在り方にも示唆を与えるものと考えられる。

6　まとめ

犯情と一般情状の概念を一層明確化・理論化する必要性については、刑事法の立場からもかねてから指摘されるところである（城下, 2011）。刑事事件の情状鑑定のみならず、少年事件の調査・鑑別実務においても、犯情と一般情状をめぐる以下のような論点について、法学と人間科

学双方の視点から改めて整理することが必要かつ有益と考えられる。

　① 刑事法学、刑事裁判実務において、犯情と一般情状の概念と関係性はどの程度明確か。

　② 犯情（特に、動機等主観的な要素）について、法律家はどのような手法・証拠により認定し、どの程度の証明を求めるか。人間科学専門家はどうか。

　③ 刑事裁判で犯情として評価すべき動機は、犯罪行為とどの程度直接的に関連する範囲のものか。

　④ 行為の責任（非難）の量の基礎となる犯情について、法律家は人間科学専門家にどのような情報を求めているか。また、求めるべきか。

　⑤ 量刑事情の評価、量刑判断に情状鑑定等の人間科学的判断はどのように活用されているか。また、活用されるべきか。

　⑥ 量刑事情の評価方法の規範化を求めることは妥当か。また、可能か。

　⑦ 「犯情主義」は成人の刑事裁判、少年審判において機能的・合理的か。少年の刑事裁判においてはどうか。

引用文献

甲斐行夫（2002）．少年法等の一部を改正する法律及び少年審判規則等の一部を改正する規則の解説　法曹会.

武内謙治（2015）．少年法講義　日本評論社.

司法研修所編（2012）裁判員裁判における量刑評議の在り方　法曹会.

本庄武（2014）．情状鑑定の活用　発達障害を抱えるケースを手掛かりに　本庄武（著）少年に対する刑事処分　現代人文社.

城下裕二（2011）．裁判員裁判における量刑の動向と課題　犯罪と非行, *170*, 79-80.

話題提供2　情状鑑定と犯情の壁
〈須藤　明〉

1　裁判員裁判と情状鑑定

　情状鑑定を依頼される鑑定人の立場から、情状鑑定の実際、特に犯情評価を巡る現状と課題について報告する。情状鑑定とは、訴因事実以外の情状を対象とし、裁判所が刑の量定すなわち被告人に対する処遇方法を決定するために必要な知識の提供を目的とする鑑定である（兼頭, 1977）。ここでいう情状とは、犯行態様（悪質性、計画性など）、動機、犯行結果、共犯関係といった犯罪行為の違法性と有責性に関する「犯情」と、被告人の年齢や性格、生育歴上の問題、被告人の反省の有無、被害弁償（示談）の有無、更生可能性等といった「一般情状」に大別されている。刑事裁判における量刑は、裁判員裁判制度の導入を契機として、犯情事実により量刑の大枠を決定し、一般情状事実は量刑の微調整要素とされるといった基本的な考え方（司法研修所, 2012）が定着している。情状鑑定は心理鑑定とほぼ同義に使われることが多いが、いわゆる重大事件について情状鑑定をする場合には、法律の専門家でない鑑定人も、このような量刑の基本的考え方を知っておく必要がある。

　私は、これまで10数件の情状鑑定を行ってきたが、そのほとんどは裁判員裁判の事件であった。その4分の3が裁判所からの鑑定命令による本鑑定、4分の1が弁護人依頼の私的鑑定である。一般的な鑑定事項は、①被告人の資質及び性格、②犯行に至る心理過程、③処遇上の参考となる事項に大別できるが、「発達特性と本件の関連」、「知的障害の有無と程度」、「被告人に反省の態度が見られない理由」等、事件ごとに依頼する側の重点は異なっていた。最近では、減軽要素のみならず、将来の社会復帰を見据えた環境調整その他の意見を求める場合も多くなっている感がある。

2　判決文からうかがわれる情状鑑定の貢献

　本報告では私的鑑定2事例を紹介する。最初の事例（強盗致死）は、判決文において、鑑定人が指摘した被告人の家庭環境その他に起因する人格的な未熟さを是認して、「酌むべき事情も認められる。」としながらも、一般情状の評価にとどまるものであった。もう一つの事例（殺人）では、被告人の共感性の欠如や暴力容認の価値観等は生育環境に根差したものであり、責任非難を減少させる事情であるとして、犯情の評価として鑑定結果を採用した。後者の事例に関しては、鑑定人が一般情状事実と犯情事実との関連や程度を十分意識して鑑定結果を説明し、弁

護人も鑑定結果を踏まえた弁論の構成を図ったことで、より説得力を増したのではないかと思われた。

かつて、この2事例も含めた10数例について、判決文で情状鑑定結果がどのように採用されているのか分析したことがあった。犯情評価の面では、当然というべきか、裁判ごとに異なっているのが現状であったが、この点は、鑑定書の説得力という問題ばかりではなく、違法行為を前提としたその意思決定への非難可能性の評価という法の思考との関係性の中で考える必要があると思う。人間行動科学の視点からは、犯罪行為の主体が人である限り、そこには認知、思考、感情、行動選択の過程があり、それらは知的能力やパーソナリティ特性その他が関連するのは当然と考える。さらには、その人を作り上げているのは素質と環境との相互作用に見られる様々な積であるから、一般情状事実と犯情事実との間には少なからずの関連があるとみなすのが一般的であろう。一方、法の考えに基づく犯情評価は、特に意思決定への非難可能性に影響を与えるような一般情状事実との関連が明らかとされない限り、情状鑑定を採用しないという実情がうかがわれる。

3 情状鑑定は犯情の評価にどこまで切り込めるか

ただし、この問題はそう単純ではない。たとえば、意思決定に関係する動機ひとつとっても、どのような視点で何に着目して評価するのか、刑法と人間行動科学とでは、相当異なるのではないかと感じている。法の視点で評価される動機は、客観的主義刑法理論に基づく外形的な事実が重視され、動機形成のプロセスは「原因—結果」の直線的な因果論であり、あいまいさは排除されやすい。そのため、裁判員裁判の対象となる結果が重大な事案では、一般情状事実との関連を認めつつも、「大きく影響したとまでは言えない」などとして犯情の評価にまで反映されないことが多い。一方、人間行動科学から見た動機若しくは動機形成は、必ずしも直線的ではなく、犯行に至る文脈全体(context)を見ていく。そのため、私見にはなるが、そこに至るアプローチとして、面接によって被告人の主観的な流れを追いつつ、外形的な事実との照合を通して、最も妥当でかつ了解可能なストーリーを再構成するのである。さらには、そこに見られたパーソナリティ特性その他と生育歴や家庭環境その他の関連の有無と程度について吟味する作業を加えていく。

松山(2016)から報告のあった祖父母の殺しの事例をとってみると、その対比が明らかになるだろう。この事例は、虐待など過酷な生育環境の中で母に逆らえないような学習性無力感の状況に追い込まれた17歳の男子が、母の「祖父母を殺してでも金を借りてこい」といった指示のもと、祖父母を殺すに至った事件である。控訴審で母の指示について認めたものの、最初祖父母に借金の申し入れをしていることから、その後に殺害をしたのは、「母の指示が決定的な要因になったとまでは言えない。」としたのである。母親の影響と殺害の動機形成をどうとらえるのかという点が争点になったわけだが、犯行に至る経緯の全体的な流れを見ていった場合、果たしてそのように言い切れるのか大いに議論の余地があると思われる。

4 情状鑑定の今後

刑法の基盤的な理解は、人は理性を持ち、思考し、そして行動するといった人間観を前提にしているが、必ずしもそうではない点を責任能力の有無とは別の文脈で光を当てていくのが情状鑑定ではないかと考えている。

そのためには、伝統的な法という世界に人間行動科学が参画し、学際的な交流が図られることが望ましい。実務面に着目すると、私的鑑定が活性化されることが必然的に学際的な取組みを促すことになるのではないだろうか。本鑑定と私的鑑定では、鑑定の本質的な面では何ら変わらないと思ってはいるが、私的鑑定では鑑定結果に基づいた鑑定人と弁護人のカンファレンスを繰り返す中で、鑑定結果が法の枠組みの中にどう取り込まれていくのか、若しくは切り込んでいけるのかを考えていく絶好の機会になり、弁護人、鑑定人双方にとって有益である。米国の公設弁護人事務所では、弁護士、ソーシャル

ワーカー、調査員その他多様な職種によるチーム実践(Interdisciplinary Team Practice)が積み重ねられており、参考となることが多い。日本の現状では、同じようなシステムを作っていくのは難しいかもしれないが、目指すべき方向性にはなると思う。その他、鑑定費用の負担や鑑定の担い手が少ないことなど、いくつかの課題がある。

さいごに、刑事事件の量刑は、応報刑的処罰を基本としてその枠内で犯罪予防を図る相対的応報刑論が主流であるため、情状鑑定をしても思ったほど減軽されないと感じることが少なからずある。ただし、裁判後に弁護人を通じて聞いた被告人の弁から、刑事裁判という場で、外形的な事実だけではなく、被告人の生きてきた歴史や犯罪に至る内的な側面もきちんと取り上げられたという体験は被告人にとって大きな意味があるという実感を持っている。そこには鑑定を通じて被告人自身の自己理解も深まるといったことも同時に起こっているのである。付随的な効果ともいえるが、情状鑑定の効果も判決という"点"ではなく"刑事裁判全体という文脈"の中でとらえていくことも必要ではないだろうか。量刑の結果だけにとらわれすぎてもいけないと思っている。

文献

兼頭吉市(1977).刑の量定と鑑定.上野正吉,兼頭吉市,庭山英雄編著.刑事鑑定の理論と実務,114-128.

松山 馨(2016).強盗殺人事例を念頭においた5ケースセオリーの検討,季刊刑事弁護,88,53-56.

司法研修所編(2012).裁判員裁判における量刑評議の在り方 法曹会.

指定討論

〈武内謙治〉

1 情状鑑定・判決前調査をめぐる議論の評価軸？

人間行動科学の専門的知見を用いた情状鑑定や判決前調査をめぐる議論の意義を探るためには、現在、日本の刑事訴訟手続には判決前調査制度が存在していないこと、そしてそれを導入しようとする動きが立法として挫折したということを、まず確認しておく必要がある。

加えて確認が必要なのは、判決前調査や情状鑑定の問題が語られる際に念頭に置かれていたのは、処分としては売春防止法上の補導処分や執行猶予という刑罰以外の措置、対象となる犯罪としては比較的軽微な類型であったということである。その意味で、判決前調査や情状鑑定は、軽微事案の特別予防に関する判断に資する制度としてとらえられていた。

それでは、判決前調査制度が仮に存在していたとすれば、竹田・須藤両報告が示すような現在の問題は起こらなかったのであろうか。結論からいえば、半分は起こらず、もう半分は起こったと考えるべきであろう。

従前の判決前調査をめぐる立法論で(暗黙裡に)前提とされてきたのは、判決前調査制度は、狭義の犯情よりも一般情状に焦点を合わせて、特別予防に資する措置のあり方を探るためのものであるということであった。同様のことは、運用論でもいえる。1960年代から、実務運用上の工夫として、家庭裁判所調査官への嘱託などを通して行われてきた情状鑑定は、執行猶予か実刑かという事案を念頭に置いていた。実刑か執行猶予か、執行猶予とするとして単純猶予か保護観察つき猶予かを判断する局面において、情状鑑定は威力を発揮してきたといえる。

それにたいして、現在「情状鑑定」や「判決前調査」の必要性は、2つの異なる文脈で語られている。1つは、起訴・不起訴を判断する段階における入口支援や刑の一部執行猶予との関係であり、もう1つは、裁判員裁判における量刑判断である。第1の問題領域で念頭に置かれる対象となる犯罪類型や、鑑定・調査に期待する効果は、従前と大きくは変わらず、(犯情の「ふるい」にかけた後の)一般情状の解明に焦点が合わせられているといえる。その意味で、この段階の問題は、仮に判決前調査制度が存在していれば―少なくとも実体面では―現在それほど大きな問題にならなかった可能性が高いといえそうである。もっとも、調査を行うことが許される手続段階はどこなのか、果たして検察官が起

訴・不起訴の判断を行う時点でこの種の調査を行いうるのかという、手続面での、伝統的な問題には、どちらにしても直面したであろう。それにたいし、第2の問題領域、とりわけ裁判員裁判における死刑求刑事件や少年事件では、一般情状にとどまっておらず、狭義の犯情となる要素間をつなぐメカニズムの解明にまで踏み込むことを期待して、情状鑑定や判決前調査の必要性が主張されている。つまり、将来の再犯の危険性や処遇の効果といった点(だけ)ではなく、動機・計画性、犯行態様、犯行結果、犯行後の情況をつなぐメカニズムを人間行動諸科学の専門的知見を用いて解明するという(行為)責任への踏み込みである。そうであるとすれば、この問題領域では、判決前調査制度が仮に存在していたとしても、実体面で、新たな問題に直面していた可能性が高い。竹田報告と須藤報告が必要性を指摘している「情状鑑定」や「判決前調査」は、対象となる犯罪類型やその役割、狙う効果などの点において、従前の「情状鑑定」や「判決前調査」とは前提が違っていることを自覚しておく必要がある。

2 竹田報告・須藤報告の意義と課題

竹田報告と須藤報告は、結果重大事件を扱う裁判員裁判への人間行動諸科学のかかわりを前提としている。現在の刑事裁判実務では、とりわけ裁判員裁判の量刑のあり方として狭義の犯情を重視すべきことが強調されるようになっている。このことを前提とすれば、竹田報告と須藤報告の問題意識は、狭義の犯情の領域に人間行動諸科学の専門的知見から切り込もうというものである。従前の問題の図式と照らし合わせてみれば、それは「未踏の地」へのチャレンジである。

この「未踏の地」への突破口として両報告が着目しているのは、動機や計画性といった主観的な要素を含む犯情の要素である。動機や計画性が心理的・社会的文脈の中でもつ意味を科学的に明らかにできれば、それは、外形的事実のみから認定した場合の「犯情の悪さ」に疑問を差し挟む可能性をもつものとなる。こうした要素が仮に狭義の犯情のうちの「外縁」に位置するもの

であったとしても、狭義の犯情への切り込みは、中長期的にみれば、いずれ、犯情を過度に重視する犯情主義の妥当性自体に疑問を抱かせ、ついにはその思考方法自体を崩すことにつながるかもしれない。

他方で、量刑にあたり狭義の犯情を中心的な考慮要素とすることが行為責任主義に基づいていることも否定できない。自らが関与した過去の犯罪に見合う刑罰を報いとして甘受させる応報の発想は、平等な量刑を担保している側面をももつ。そうであるとすれば、人間行動諸科学から切り込む際に、どの程度の「深さ」を目指すのか、過度の犯情主義を問題にするとして、個別行為責任や応報刑の発想の切り崩しまで図るのかが問題になる。情状鑑定や判決前調査の意義づけは、「適正な量刑への寄与」ということを抽象的にいうこと以上の具体化を必要とする段階に達したといえるかもしれない。

3 1950年代の2つの「予言」

現在、約60年前の1958年に、判決前調査制度をめぐって2つの「予言」がなされていたことを想起することには、小さからぬ意味があるように思われる。

1つは、森田宗一によるものである。「ことに裁判所というのは、たとえて言えば旧家の家風なりしきたりのつよい雰囲気と似ていると思う。だからプロベーション制度とか、判決前調査制度とかケースワークが入るというのは、町場で育った養子なり嫁が旧家に入るのにたとえられるのです。……理解が高まり、切実なる要望があるというようなことを甘く受取ると、このよめさんは大変苦労すると思います。地方裁判所に仮に調査官といつたものを考えないとうまく成長しないのではないか」(「〔座談会〕判決前調査をめぐって(上)」法律のひろば11巻5号(1958年)23頁)。もう1つは、平野龍一のものである。「起訴猶予がこのままでは刑事政策が伸びない。刑事政策を伸ばすにはジュディシャヤハ、チェフー(司法のチェック—引用者)が必要だ」(同31頁)。

森田の「予言」は、人間行動科学が直面するであろう犯情主義ないしは応報思想のハードルの

高さを示している。そのハードルを越えるためには、運用では限界があり、刑事裁判所に調査機構を創設するなど、「旧家の家風」「しきたり」を変える仕組みが必要であることが示唆されている。しかし、翻ってみれば、調査機構さえつくれば自動的に犯情主義を乗り越えることができるわけではない。「出口」(＝裁判所が言い渡す処分)を応報のみで説明しうる刑罰(プラス執行猶予)に限定する仕組みが特別予防に対する裁判所の関心の薄さにつながっており、それが犯情主義を強化しているようにもみえる。そうであるとするならば、特別予防の観点からも裁判所が処遇に責任をもつことができるような「出口」の改革も同時に必要になるであろう。もちろん、そのことは、行為責任主義の安易な放棄を求めたり、保安処分のような、その枠組みを超える自由の侵害まで認める処分の導入まで求めたりすることを意味しない。

平野の「予言」は、調査は果たしてどの手続段階でも許容されうるものなのか、という根本的かつ伝統的な問題にかかわる。この問題との関連で留意すべきは、起訴猶予段階で何らかの調査を行ったり調査機構に関与を求める仕組みをつくったりしたとしても、実体面において、裁判所の犯情主義に影響を与えることは少ないであろうということである。この方向をとることは、司法機関による審査や事実認定なしに「調査」を行うことを意味するから、自由権保障という点でも大きな問題を抱える。

この２つの「予言」に引きつけて、指定討論をまとめるとすれば、刑事法と人間行動諸科学との協働可能性をめぐっては、実体的問題と手続的問題がある。実体的問題は、裁判所に調査機構を設けることなしに犯情主義を克服できるか否か、できるとしてどこまでの克服を目指すべきかである。手続的問題は、司法機関による審査や事実認定なしに調査を行いうるか否かである。この２つの問題領域に跨る立法的な制度論として、例えば、判決前調査制度とともに宣告猶予制度を導入することは、真剣に検討するに値するであろう。

法と心理学会第18回大会　ワークショップ

司法における多専門・多職種連携と心理学
―― 外国人被告人の心理査定

企画：赤嶺亜紀[1]・田中周子[2]

司会：田中晶子[3]

話題提供：柴田勝之[4]・尾崎友里加[5]

指定討論：仲真紀子[6]

企画趣旨

　司法において、従来の心理学で想定していなかった心理査定のニーズが生じている（Figure 1）。本ワークショップでは、刑事事件の弁護人からの依頼による外国人被告人の心理査定をとりあげた。

　法務省（2017a）の出入国管理白書が示すように、日本に入国する外国人は年々増加している（Figure 2）。また平成28年度版犯罪白書（法務省, 2017b）によると、前年被告人に外国語通訳・翻訳のついた事件の人員は2,714人、前年より13.9％増加しており、そこでは多種多様な言語が用いられている（Figure 3）。

　裁判で被告人の判断能力を評価する際、一般に心理検査（とくに知能検査）の結果は重要な根拠のひとつとなる。精度の高い心理査定を行うには、いくつもの検査のなかから査定の目的や被検査者の年齢などを勘案して適切なものを選ばなければならない。とくに外国人のケースでは文化背景や生活習慣が異なるため、日本で標準化された検査を単に外国語へ翻訳・通訳して用いることにはいっそうの慎重さを要する。しかし、司法の場面に限らず外国人の心理査定のあり方は、これまで十分に検討されてこなかった。

　心理学者や臨床心理士等は、勾留中の被告人の人格特性について弁護人の依頼で心理学鑑定を求められた場合、拘置所の面会室で心理検査

---

*　本企画は、JST RISTEX「安全な暮らしをつくる新しい公／私空間の構築」研究開発領域　研究開発プロジェクト「多専門連携による司法面接の実施を促進する研修プログラムの開発と実装」（研究代表者：仲真紀子）の一部である。

**　本研究結果の一部は、日本心理学会第81回大会（2017）で発表された。

(1) 名古屋学芸大学ヒューマンケア学部・教授（※大会発表時は准教授）・認知心理学

(2) 立正大学心理臨床センター・臨床心理士・臨床心理学

(3) 四天王寺大学人文社会学部・准教授・認知心理学

(4) 森・濱田松本法律事務所・弁護士

(5) NTT東日本関東病院精神神経科・臨床心理士・臨床心理学

(6) 立命館大学総合心理学部・教授・認知心理学

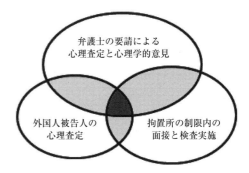

Figure 1. 司法領域における心理査定の新しいニーズ：外国人被告人の心理査定

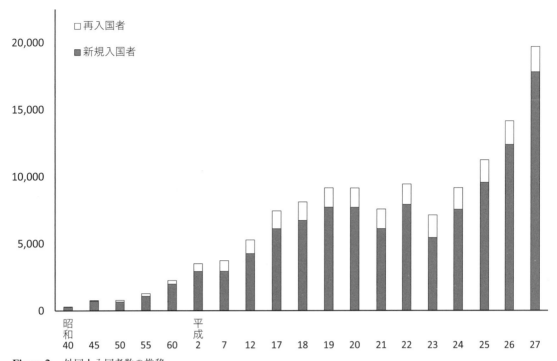

Figure 2. 外国人入国者数の推移
平成 28（2016）年法務省出入国管理白書に基づき作成

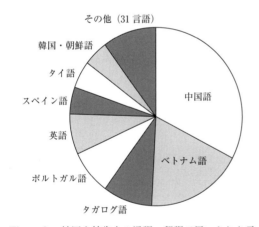

Figure 3. 外国人被告人の通訳・翻訳で用いられた言語の内訳
平成 28（2016）年法務省犯罪白書に基づき作成

を行うことになる。個別式検査は、カードやワークシートなど所定の用具を使用するものが多いが、拘置所の面会室では種々の制限から標準的な方法で検査を行うことはむずかしい。

本ワークショップで紹介する裁判事例は、覚せい剤取締法違反（営利目的輸入）等に問われた外国籍の被告に対する差し戻し審判決で、地裁の裁判員裁判は無罪（求刑・懲役12年、罰金700万円）を言い渡したものである（土岐・大下・金丸・柴田・増田, 2017；毎日新聞, 2017）。この事例を契機とする心理査定の新しいニーズの特徴をFigure 1のように考えた。

Table 1にこれまでの刑事事件処分決定前の心理学鑑定・精神鑑定の種類と心理査定を整理し、今回明らかになった新しいニーズによる心理学鑑定の種類を判断能力鑑定とし、その目的を犯罪事実に対する認識の内容として加え、概観を示した。

事例を通して、日本で被告人となった外国人の心理査定の現状について情報を共有し、課題を整理した。そして、司法手続を理解し、制約のある中で心理学が多専門・多機関と連携し、貢献できることを議論した。

話題提供1　外国人被告人の刑事裁判の経緯

〈柴田勝之〉

営利目的の薬物密輸は薬物事犯の中でも最も

Table 1. 刑事事件処分決定前の鑑定と心理査定　仲（2013）および橋本（2016）に基づき作成

鑑定	種類	学問領域	関係する査定	目的
心理学鑑定①	ⅰ情状鑑定 ⅱ犯罪心理鑑定 ⅲ判断能力鑑定	臨床心理学 発達心理学 犯罪心理学 教育学 社会学 医学 など	心理査定 犯罪の動機と経緯、 生育歴、家庭環境、 被害者の心情 など	ⅰ処遇・量刑 ⅱ犯行のメカニズム解明 （橋本, 2016） ⅲ犯罪事実に対する認識の内容
心理学鑑定②	実験・調査・供述・検査の分析	認知心理学 発達心理学 社会心理学	一般的な法則から認知や行動に関して査定	供述の信用性、同定識別の信用性、虚偽自白の可能性の有無判断 （仲, 2013）
精神鑑定 （精神科医の診断）	責任能力鑑定	精神医学 臨床心理学	心理査定	心神喪失・心神耗弱判断の参考

重大な犯罪であり、捜査当局もその摘発に注力している。それに対して密輸の手口も巧妙になっており、密輸組織とは無関係の「事情を知らない運び屋（ブラインド・ミュール）」を利用する手口が多い。密輸に「事情を知る運び屋（ウィッティング・ミュール）」を利用した場合には、運び屋からリスクと利益に見合った報酬を要求され、摘発された場合には密輸組織の摘発にもつながる可能性があるのに対して、「ブラインド・ミュール」は報酬が低額で済み、摘発されても組織につながりにくいというメリットがあるためである。

刑事裁判では、薬物密輸の「故意」がなければ無罪となるが、ここで言う故意は、違法薬物の可能性の認識（未必の故意）で足りるとされ、荷物や委託の内容等から薬物かもしれないと不審を持ったはず、といった間接事実から、未必の故意の認定がなされるのが実務である。弁護人としては、「ブラインド・ミュール」事案において、この「間接事実」による「未必の故意」の認定が適切に行われているか？という問題意識がある。知的にも心理的にも問題のない裁判官・裁判員が、事後的に客観的な第三者の視点で見れば、「荷物や委託の内容等から不審を持ったはず」と見える事案であっても、事件当時の被告人にとっては、何らかの知的・心理的要因によって、不審を持たなかったこともありうるということが、故意の認定において十分に考慮されていないのではないか、と考えられるためである。

本件の事案の被告人は、事件（2013年9月）当時64歳であったシンガポール人男性で、2008年に勤めていた会社を退職後、多数のメール詐欺に騙されていたが、その中の1つとして、「アフリカ人孤児のWのシンガポール留学」のため、「Wの父の遺産（約18億円）の移転・管理」の依頼を受け、Wと「おじさん」、「息子」と呼び合う親密な関係になり、4年にわたって遺産移転の手数料等の名目で多数回（合計1,000万円以上）の支払をしていた。さらに、2012年9月〜2013年8月には、「遺産移転の便宜を図ってもらうための関係者への贈り物を持っていってほしい」とWから頼まれ、10回にわたって日本に糸巻き等を運搬した。なお、被告人が本件で検挙される直前に、糸巻きの軸部分に覚せい剤を隠匿した密輸事案が検挙されており、被告人が運んだ糸巻きにも薬物が隠匿されていた可能性が高い。

被告人は、2013年9月、覚せい剤9,457.74g（6億6,204万1,800円相当）が隠匿されたサンダルと生理用品在中のキャリーケースを羽田空港から持ち込み、税関で摘発された。

第一審で弁護人は、①多数のメール詐欺に遭っていた被告人の「騙されやすさ」、②Wへの思い入れによる「否認」の心理等から、被告人はWの説明を信じ込み、荷物に薬物が隠匿されている可能性を認識していなかったので無罪であると主張した。しかし、東京地裁判決（2015年3月13日）は、①サンダル・生理用品は安物で、わざわざ人の手で運搬する手間・費用と明らかに不釣り合いであったこと、②荷物を受け渡す相手は素性の分からない人物で、中身も過去に運んだ高級品と大きく異なっていたこと、③サ

ンダル・生理用品に雑な接着痕があったこと、④事件前に被告人が出したメールがWを疑っている内容であったこと、等から、被告人がWの説明を信じ込んでいたという弁護人の主張を排斥し、薬物隠匿の可能性を認識していたことは明らかとして、懲役12年、罰金700万円の判決を言い渡した。

控訴審では、弁護人は濱田華子臨床心理士に依頼して、12回の面接等（心理査定は未実施）を経た、被告人の心理的要因についての意見書を取得した。その意見書では、被告人の否認・抑圧傾向、ストーリーテラー傾向、論理的思考の困難さ、表面的考え方等から、覚せい剤隠匿の可能性は認識困難であったとの意見が述べられていた。弁護人はこの意見書を証拠請求するとともに、裁判所による知的要因を含めた鑑定を請求した。これに対して東京高裁判決（2016年1月20日）は、濱田意見書の証拠請求と鑑定請求は却下したものの、上記④の「事件前に被告人が出したメールがWを疑っている内容であったこと」は第一審裁判所の誤解であったことを理由に、第一審判決を破棄差戻した。

差戻審では、弁護人は第一審と同じ立証では同じ結果になる可能性が大きいため、裁判所による鑑定を実施させ、被告人による薬物隠匿の可能性の認識を妨げていた知的・心理的要因を明らかにする必要があると考えた。この点、濱田意見書も知能検査の必要性を示唆していたが、裁判所に鑑定を採用させるためには、心理専門家による予備的な検査結果を添付したうえで鑑定請求することが必要ではないかと考え、尾崎友里加臨床心理士に心理査定を依頼した次第である（その後の経緯は尾崎臨床心理士の話題提供参照）。

「故意」の有無のような事実認定における心理専門家の知見活用には、裁判所は消極的な傾向があるが、「間接事実」から「未必的故意」を認定する事案における心理査定の有用性が本件で示されたと考えられる。特に、薬物密輸事案において、被告人の言い分が一見不合理と思われる場合には、「違法薬物の可能性の認識」を妨げていた知的・心理的要因の有無等を解明するための心理査定の活用が期待される。

話題提供2　外国人被告人の心理査定の実際

〈尾崎友里加〉

本話題提供では、日本で被告人となった外国人の心理査定を行った事例について報告し、言語や文化背景の異なる外国人被告人の心理査定の実際と問題点について発表した。

本事例では、外国人被告人が日本国内に持ち込んだキャリーケースの内容物に覚せい剤が隠匿されていたとされる事件について、被告人の事実認識能力について柴田弁護人より心理学的見地から意見を求められた。弁護人の依頼で被告人と面談を行った濱田臨床心理士が作成した意見書では、被告人の「論理的思考の困難さ」、「表面的な考え方」が指摘されていた。被告人がキャリーケースに覚せい剤が隠匿されている可能性を認識できなかった可能性があることから、①被告人の知的水準、②この知的能力の場合、隠匿されている可能性が認識できなかった可能性があるかを検討するために心理査定の依頼があった。

上記2点の検討のためには、詳細な知能検査の実施が望ましい。しかし、拘置所における一般面会の時間は30分という上限があり、アクリル板越しの検査実施となるため道具は使用できないという実施上の制限があることから、通常の知能検査の実施は困難であった。検査道具を用いずに言語のみを介する検査によって言語性の知的水準を測定することも不可能ではないが、被告人の母国語が英語であるため、日本語での検査実施は困難であり、その一方で日本版の知能検査を英語に訳したものを実施することは文化の問題から結果を歪める可能性が高い。また英語圏で活用されている知能検査の入手には時間がかかる。言語の問題、時間・環境の制限の中で実施可能な検査を検討し、本事例では日本版レーヴン色彩マトリックス検査（以下、レーヴン検査とする）を実施することとした。

レーヴン検査は、知的能力を測定する非言語性検査であり、所要時間は10-15分程度と短い時間で実施可能である。検査道具の手渡しは不要で、日本語を話したり、理解できない人にも

使用可能な検査である。レーヴン検査は、標準図案の欠如部に合致するものを6つの選択図案の中から1つだけ被検査者に選ばせるもので、実施の簡便さが特徴である一方、言語能力や視空間情報の分析等の高度な分析は含まれない。レーヴン検査の妥当性については、WAIS-III成人知能検査の結果と高い相関を示し、一定の妥当性を有することが示されている。

本事例では、日本語版レーヴン検査を用いたため、筆者が日本語の教示を英訳し、心理学の専門家2名に検討を依頼し、確認を得た。その後、拘置所にて拘置所職員および弁護人同席のもと、アクリル板越しに検査を実施した。検査場面での被告人の様子、検査の結果に基づいて意見書を作成した。意見書では、被告人の知的能力について、軽度の知的障害の可能性が疑われること、また軽度の知的障害が、覚せい剤が隠されているかもしれないという認識を妨げていた可能性はあるが、その点についてはさらなる検証を要すると述べた。非言語性課題や言語性課題を含む詳細な知能検査の実施が望ましいが、同じ検査を期間をおかずに繰り返し実施することは避ける必要があり、詳細な知能検査の実施については、裁判所からの鑑定依頼による実施が望ましいと付記した。

心理査定の結果をまとめた意見書の提出後、裁判所選任の鑑定人による精神鑑定が実施された。精神鑑定では、臨床心理士が5種類の心理検査を実施し、被告人の知的能力、認知機能を評価し、医師による精神鑑定が行われた。精神鑑定では、知的障害とは認められなかったが、被告人の示したいくつかの特徴から荷物を見ても薬物の隠匿可能性に気がつけなかった可能性があると認定し、東京地方裁判所で無罪判決が言い渡された。精神鑑定の結果と筆者が実施した心理検査の結果には相違も見られるが、レーヴン検査の結果をもとに作成した意見書によって、裁判所からの鑑定依頼による精神鑑定に繋がったという点が本事例における心理査定の意義と考えられる。本事例を通して、心理査定実施上の制約がある場合、実施可能かつ適切な検査の選定が必要であり、そのためには幅広い心理査定に関する知識を持つことが必要と思われ

る。また、本事例のように弁護人の依頼による心理査定であっても、客観的な情報を提供する専門家として中立な立場での心理査定実施と結果報告が必要であることを感じた。

指定討論　組織的な心理学鑑定にむけて

〈仲真紀子〉

筆者が柴田勝之弁護士より本件に関するメールを受け取ったのは2015年12月であった。「刑事裁判における心理学・心理鑑定の可能性」に収録された拙稿（仲, 2013）を目にされ、「被告人の事実認識能力」の心理鑑定をして下さる方はいないか、というお尋ねであった。問題は、被告人がシンガポール人で日本語が話せない、ということである。濱田華子鑑定を踏まえ、裁判所が選任する鑑定人による鑑定を求めたいのだが、裁判所から候補者を求められることもあるため、推薦できる鑑定人候補者を何名か予め探しておきたい、ということであった。

そこで、田中周子氏ほか数名を推薦した。また、「外国人被疑者への知能検査」という問題に関し、周囲に意見を求めてみた。通訳を介した司法面接の研究をされている赤嶺亜紀氏、羽渕由子氏からは「知能検査は文化依存なので、シンガポール版の英語の知能検査を実施する必要がある」という意見や、シンガポールで使用されている知能検査に関する情報をいただいた（残念ながら、その知能検査は少年用であり、成人版も手に入りにくく使用することはできなかった）。そこで英語で知能検査を実施することのできる臨床家を探すこととなり、田中氏の労により尾崎友里加氏につながった（この過程でも複数名の臨床家、研究者の協力をいただいた）。そして、尾崎氏による検査結果にもとづき、弁護人が求めていた裁判所が選任する鑑定人による鑑定が行われるに至った。

このような成果を見れば、順調に進んだような印象を受けるかもしれないが、実のところ、非言語性の知能検査の選択、教示の翻訳、制約された時間・環境での実施、報告書の作成等、一つ一つが尾崎氏、田中氏、柴田氏らの努力により手探りで進められていった。田中氏が指摘

するように、日本で裁判に関わる外国人の数は年々増加しており、その数はさらに増えることが見込まれる。多様な言語に対応できるよう通訳人のプールを充実させるとともに、コミュニケーションや知的能力に問題のある被疑者・参考人に対する心理的査定や鑑定が「普通に」できるシステムの構築が必要である。

ワークショップでは、指定討論者として、報告者に以下のような問いかけをさせていただいた。田中氏には「一般的な臨床心理学的鑑定はどのようなルートで行われているか」、柴田氏には「どのような道筋で心理学鑑定を依頼されたか」、尾崎氏には「アクリル板越しのラポール形成や情報収集、コミュニケーションをどのように行ったか」とお尋ねした。

田中氏によれば、「鑑定は個人的なルートによる場合もあるが、元家庭裁判所調査官を通して依頼が行われることもある」とのことであった。柴田氏からは、「被告人の言い分が不合理であれば、心理査定を考える」という回答があった。尾崎氏からは、「声が通りにくいアクリル板を意識し、明瞭にわかりやすく話す」「指差し等で回答してもらう」等のご苦労を話していただいた。いずれも、この事例を「独創的な特殊事例」に終わらせることなく、一般化するにはどうすればよいかを考えるヒントとなったように思われる。

まずは取調官や弁護士による「心理面への気づき」が重要であろう。そして、臨床心理士会や学会において、こういった鑑定が可能なリソースが整えられたならば、ツテを探して奔走したり、検査バッテリーの準備にかかる労力は大きく軽減されることだろう。また、各国の臨床心理士会や学会と連携し、こういった事案への対応が可能なネットワークを構築していくという道もあるかもしれない。このような整備がなされれば、日本人が外国で同様の立場に陥ったときの支援も容易になるだろう。

日本での心理学鑑定といえば、面接における誘導や暗示の有無を検討する供述分析や、目撃識別に影響を及ぼすと考えられる要因に焦点を当てたシミュレーション実験などが一般的であった（といっても数が多いわけではないが）。これに対し、ここでの鑑定は、被疑者の認知的特性を調べることで、事件の原因となった行為に対する認識の有り様を査定しようとするものであった。心理学鑑定は事案や当事者の心理的側面に光を当て、より慎重な判断を促す材料を提供することを目指す。今回の鑑定はその領域を広げることに大きく貢献したと考えられる。繰返しになるが、こういった心理学鑑定が「普通に」行われるシステムの構築が望まれる。

ワークショップを終えて

今回、柴田氏と尾崎氏が報告された事例は他に類を見ないものであり、日本の司法の制約の中で心理学者が果たす役割を考える好機となった。ご登壇いただいた両氏に心より感謝申し上げたい。

指定討論の仲氏が示された、コミュニケーションや知的能力に問題のある被疑者・参考人に対する心理学的アセスメントを担うシステムを構築するためには、司法に関わる多職種連携が不可欠であろう。そして、そのシステムに心理学が貢献するために、心理学者や臨床心理士らには現行の司法制度を理解することが求められるだろう。これまで大学の心理学教育において、法律や司法手続きに関する学修はあまり重視されてこなかったように思われる。しかし、公認心理師法（2017年9月15日施行）に基づく公認心理師大学カリキュラムは、司法制度・法律、関係行政論の学修を含むよう計画が進んでおり、今後、新たな人材が育つものと期待される。

さらに仲氏は、一般的な科学的知見と現実の個別事例のギャップの問題にも言及された。実験心理学は「確率的に偶然とはいえない結果」を重視するものであり、例外があるからといってその原理が誤りだということにはならないが、法廷においては、このことが「結果が不一致」というふうに受け取られてしまうことがある（仲, 2013）。また、ワークショップの冒頭、田中周子氏が要約されたように、心理検査は定まった方法に則って個人の反応を記録し、その心理的特性を明らかにしようとするものであるが、ひとつの検査から記述できるのはその個人の一側

面である(沼, 2009)。したがって、被疑者・参考人等の心理学鑑定において、心理学の知見をもとに説明可能な事項は限られたものであり、その内容は、鑑定を必要と判断した人びとの「期待」に必ずしも応えるものではないかもしれない。法曹はより具体的、個別的な知見を求めるかもしれないが、心理学は特定の事象を予測することはできず、提供できるのは文脈や枠組みである。ただし、それらは裁判官や裁判員の法的判断に資する理解しやすいものでなければならない。そのためには、仲氏が記されているように(仲, 2013)、「心理学者は研究の知見を積極的に世に示し、社会に還元していく努力を重ねていかなければならない」。

引用文献

土岐俊太・大下 真・金丸由美・柴田勝之・増田 慧 (2017). 裁判員裁判レポート 裁判員裁判の差戻審で逆転無罪を獲得した事例. NIBEN Frontier, 2017年8・9月合併号, 41-44.

橋本和明 (2016). 犯罪心理鑑定の技術 金剛出版

法務省 (2017a). 平成28年版出入国管理白書. Retrieved from http://www.moj.go.jp/content/001211223.pdf（2017年12月24日）

法務省 (2017b). 平成28年版犯罪白書. Retrieved from http://hakusyo1.moj.go.jp/jp/63/nfm/n63_2_4_8_3_2.html（2017年12月24日）.

仲真紀子 (2013). 心理学鑑定に必要な4つの要件 白取祐司（編著） 刑事裁判における心理学・心理鑑定の可能性 (pp.163-186) 日本評論社

沼初枝 (2009). 臨床心理アセスメントの基礎 ナカニシヤ出版

毎日新聞 (2017). 覚醒剤密輸 差し戻し審, 被告に無罪判決 裁判員裁判. Retrieved from https://mainichi.jp/articles/20170218/k00/00m/040/102000c（2017年12月24日）.

法と心理学会第18回大会　ワークショップ

改革がすすまない3つの課題と人権に対する市民意識
―― 研究と教育のアプローチの可能性について

企画・司会：山田早紀[1]
話題提供：山崎優子[2]・相澤育郎[3]・金　成恩[4]
指定討論：二宮周平[5]・花本広志[6]

企画趣旨

人権意識の高まりから、ヨーロッパ諸国では様々な司法改革がみられる。本ワークショップでは、触法精神障害者に対する医療、刑事施設医療の対象となる受刑者の人権保障、生殖補助医療によって生まれた子どもの権利を取り上げた。そして日本での現状と課題を明らかにし、これらの課題に深く関わっていると思われる当該者の人権に対する市民意識を調査によって明らかにした。さらに上記の課題について教育によるアプローチの可能性について検討を行なった。

---

(1) 立命館大学 立命館グローバル・イノベーション研究機構・研究員・供述心理学

(2) 立命館大学 立命館グローバル・イノベーション研究機構・専門研究員・認知心理学

(3) 立命館大学 立命館グローバル・イノベーション研究機構・専門研究員・刑事政策学

(4) 立命館大学 立命館グローバル・イノベーション研究機構・専門研究員・家族法
　　※ 上記は報告当時の所属・身分である。本稿提出時の身分は「助教」

(5) 立命館大学 法学部・教授・家族法

(6) 獨協大学 外国語学部・教授・民法、法学教育

報告1：触法精神障害者医療に対する市民意識

〈山崎優子〉

研究背景

本研究の目的は、触法精神障害者医療に対する市民意識を明らかにすることである。平成17年に施行された「医療観察制度」は、心神喪失又は心神耗弱の状態（精神の障害のために善悪の区別がつかないなど、通常の刑事責任を問えない状態）で、殺人、放火等の重大な他害行為を行った人の社会復帰を促進することを目的とした処遇制度である。心神喪失等の状態で重大な犯罪が行われた場合、検察官が地方裁判所に申し立てると、裁判官と精神科医各1名が審判を行い、医療観察制度による処遇が必要かどうかを決定する（厚生労働省，2016）。当該制度については、（施行後11年が経過して）関係者の多大な努力により、以前なら社会復帰が著しく困難だった対象者の多くが、地域生活を送れるようになった（村松・田口，2017）との評価がみられる一方で、沖縄県を除いて地域住民の激しい反対で、対象者の治療施設の創設がすすまない状況にある（小西・外間，2014）。

調査内容

調査協力者　大手ネット調査会社に登録している市民520人（男260人、女260人、平均44.7歳（$SD = 14.5$））が調査に参加した。調査の実施は2015年であった。

調査方法　調査協力者に、「医療観察制度」の概要と過去9年間の審判の終局処理人数の推移

Table 1. 主な項目と回答結果

項目	肯定 (保留)*a	評定値平均 (SD)	各年齢群の評定値平均 (SD)
1. 重大な犯罪をおかした触法精神障害者は、なるべく長く病院や施設に入れて、社会に出さないようにする必要がある	68% (25%)	4.0 (1.0)	
2. 重大な犯罪をおかした触法精神障害者の治療を行う施設を必要数設けることが重要である	75% (18%)	4.1 (1.0)	高：4.2 (0.8) 低：3.9 (1.1)
3. 重大な犯罪をおかした者は、責任能力がないと専門家に判断された場合であっても、刑罰を受けるべきだ	78% (18%)	4.2 (0.9)	高：4.1 (0.9) 低：4.3 (0.9)
4. 重大な犯罪をおかした者は、責任能力がないと専門家に判断された場合であっても、被害者や被害者遺族に対して、損害賠償を負うべきだ	79% (18%)	4.3 (0.9)	
5. 触法精神障害者を閉鎖病棟（入院患者や面会者が、自由に出入りすることができない病棟）に入れることは、その人の尊厳や人権を侵害することになる	25% (36%)	2.7 (1.2)	
6. 地域住民は触法精神障害者がその地域で生活できるように受け入れる必要がある	34% (43%)	3.1 (1.1)	
7. 医療観察制度は必要である	66% (26%)	3.8 (1.0)	高：4.0 (1.0) 低：3.7 (1.1)

*a："肯定"は、「4ややそう思う」、「5そう思う」、"(保留)"は、「3どちらともいえない」と回答した者の割合

を示した。そして触法精神障害の処遇等についての12の意見を提示し（主な意見をTable 1に示した）、各意見に対して、6件法（1そう思わない、2あまりそう思わない、3どちらともいえない、4ややそう思う、5そう思う、6質問の内容が理解できない）で回答を求めた。

結果と考察

「6（質問の意味がわからない）」の回答があった30人を除いて分析を行った。

Table 1は結果の一部である。協力者の年齢の中央値である44歳以上と44歳未満をそれぞれ高群、低群とし、評定値に有意差（5％水準）がみられた項目については各群の平均値を示した。Table 1によると、評定値及び肯定の割合は「触法精神障害者の治療施設創設の重要性」（項目2）、「医療観察制度の必要性」（項目7）において比較的高い。しかし、「重大な犯罪をおかした触法精神障害者を社会に出さない必要性」（項目1）が比較的高い一方、触法精神障害者に対する「人権の尊重」（項目5）は高くない。さらに、触法精神障害者が「刑罰を受けること」（項目3）や「損害賠償責任を負うこと」（項目4）については支持する傾向にある。「地域での受け入れの必要性」（項目6）についての認識は高

Table 2. 項目6と他の項目（項目内容はTable 1参照）の評定値の関係

項目	1	2	3	4	5	7
相関係数	-.17**	.16**	-.17**	-.17**	.43**	.32**

$N=490$, $**p<.01$

くないが、43％が"保留"としていることから、「受け入れている地域」の現状など具体的な情報を示すことで、肯定的な意見が増す可能性も考えられる。一部の項目においては、年齢群間で認識の違いがみられたが、今後はさらに地域差等についても検討する必要があると思われる。

Table 2は「地域での受け入れの必要性」（項目6）と他の項目の評定値間についてのスピアマンの有意相関検定の結果である（年齢群間で傾向の違いはみられなかった）。Table 2によると、「地域での受け入れの必要性」（項目6）の認識は、対象者の治療の必要性や人権意識（項目2、5）によって高まる一方、応報の観点（項目3、4）によって低下する。触法精神障害者の現状、処遇の在り方とその効果について具体的なケースを知ることで、上記の認識がどの程度変わるかについても、今後検討する必要があるだろう。

報告2：刑事施設医療に関する市民意識調査の結果：医療水準と医療保険制度への加入をめぐって

〈相澤育郎〉

研究背景

刑事施設医療の改革論議において、しばしば登場するのが市民(国民)の「感情」や「理解」、「賛同」といった文言である。例えば、2003年の行刑改革会議では、刑事施設での高額医療について「まじめに働き税金を納めている国民や被害者の感情を反映すべきかどうか」(行刑改革会議, 2003b)が検討課題とされており、同会議提言においても、受刑者の公的医療保険制度への加入について「健康保険を適用するとすれば国民健康保険から給付を受けることとなるが、その医療費を相互に負担し、被収容者とともに被保険者となる当該市町村に在住する自営業者等の理解を得ることは困難」(行刑改革会議, 2003a)とされていた。また2014年の矯正医療の在り方に関する有識者検討会報告書においても、「犯罪者等に対する医療のために多額の税金を投入する必要はないという意見が存在することも否定できず、矯正医療は、国民からなかなか理解と賛同を得にくい領域である」(矯正医療の在り方に関する有識者検討会, 2014)とされている。しかしながら、ここで論じられる国民(市民)の「感情」や「理解」、「賛同」の内実は、これまで必ずしも明らかにされてはいない。

研究目的

本研究の主要な目的は、刑事施設医療に対する市民の「感情」や「理解」、「賛同」の実態を明らかにすることである。具体的には、(1)刑事施設における医療水準および(2)受刑者に対する公的健康保険制度の加入に関する市民意識を検証する。もっとも、受刑者の健康が基本的人権に関わるものである以上、市民意識に関わらずこれを保障すべきことに疑いはない。しかしながら、世論から乖離した政策立案はしばしば困難を伴い、また憶測でこれを論じることも政策遂行の不要な障害となることも事実である。この点で、市民意識の内実を正確に把握しておくことには一定の意義はあると考える。

研究方法

2017年8月に、インターネット調査会社を通じた質問紙調査を実施した。対象は全国で、当該調査会社に登録している18歳～69歳までの男女725名を年齢構成で5つに区分、各145名で集計した。

結果と考察

設問(1)-①では、まず刑事施設の医療水準に関して、提示する意見にどの程度同意できるか回答を求めた。「受刑者に一般の人と同じような医療を提供する必要はない」という意見に、「同意できる」と「どちらかといえば同意できる」が合わせて(以下、同意傾向とする)22%、「同意できない」と「どちらかといえば同意できない」が合わせて(以下、否定傾向とする)48%、また「受刑者であっても、健康や医療の面では、一般人と同じように扱われるべき」という意見に、同意傾向46%、否定傾向21%となり、受刑者であっても医療の面では差別的に扱われてはならないとする意見が多数であった。他方で、「犯罪者等に対する医療のために、多額の税金を投入する必要はない」という意見に、同意傾向39%、否定傾向31.7%、また「刑務所に入っているという特殊な状況なので、十分な医療を提供することができなくても仕方がない」という意見に、同意傾向39%、否定傾向34%となり、税金や現実的な状況を勘案すると、やや医療に対して厳しい回答傾向となった。次に「刑務所における"適切な"医療水準は一般社会と比べてどの程度か」との質問に、「高い水準」と「やや高い水準」合わせて2%、「同じ水準」54%、「低い水準」と「やや低い水準」合わせて40%となり、刑事施設医療に社会と同水準を求める回答が多数となった。

設問(1)-②では、事例を提示し、対応の適切さについて回答を求めた。「診察待機期間が3ヶ月」、「施設外診療申請の却下」、「詐病を疑い診察の取り次ぎ拒否」、「暴行の痕跡を医師が通報しない」などの事例で、いずれも「不適切」とする割合が「適切」を大きく上回った。他方で、

「ハンガー・ストライカーに対する強制栄養投与」、「HIV治療の診察に刑務官が立ち会う」事例では、「適切」とする割合が「不適切」を上回った。

設問(2)では、受刑者の公的医療保険制度への加入について回答を求めた。「国(税金)が刑務所の医療費をすべて負担している現状は、変えるべきである」という意見に、同意傾向55％、否定傾向16％、また「受刑者も、保険料や医療費の面で、一般国民と同等の負担をすべきである」という意見に、同意傾向61％、否定傾向11％となり、医療を税金で賄うことに対する不満と、同等負担への要求がうかがわれた。「刑務所に入っている受刑者にも、一般の人と同じ公的医療保険への加入を認めることに、あなたは賛成ですか、反対ですか」との問いに、「賛成」と「どちらかといえば賛成」が合わせて44％、「反対」と「どちらかといえば反対」が合わせて17％となった。

刑事施設の医療水準に対する回答と個人的属性との関係を見た場合、年齢が高いほど医療水準を高く(一般と同等)に見積もる傾向が見られる一方、学歴との間にはそのような傾向は見られなかった。また受刑者の公的医療保険制度への加入に対する回答と職種との関係を見た場合、自営業者だけが他の職種に比べて強く反対するという傾向は見られなかった。

刑事施設の医療水準を一般社会と「同じ水準」とした理由を見ると、「同じ人間だから」や「権利は守られるべき」といった人権を理由にあげたものが過半数であった。他方で、「低い水準(やや低い水準・低い水準)」と回答した人には、「犯罪者だから」や「税金を使って欲しくない」との理由をあげるものが多かった。次に保険制度への加入に賛成(賛成・どちらかといえば賛成)と回答した人には、「医療を受ける権利の保障」等の人権上の理由をあげる人と、「保険料は支払うべき」等の本人の負担を理由にあげる人という2つの傾向が見られた。他方で、保険制度への加入に反対(反対・どちらかといえば反対)と回答した人は、「犯罪をしたから」、「保険料を使われたくない」等の理由をあげた。

本調査からは、受刑者であっても医療の面では平等に扱われるべきとの市民意識が示唆された。この平等意識は、一方では受刑者の医療に対する公正な権利(同等の医療水準、保険への加入等)を要求するが、他方では受刑者に対する相応の負担(保険料の支払い等)を求めるものとなっていた。刑事施設医療の改革には、こうした市民の両義的な平等意識に配慮した適切な政策遂行と十分な説明が求められるであろう。

報告3:「子の出自を知る権利」「真実告知」に対する市民意識

〈金　成恩〉

研究背景

現行民法においては[7]、配偶子提供で生まれた子どもは依頼者夫婦の実子として戸籍に登録されるため、親が子どもに出生の真実を告げない限り、子どもは自分の出自を知ることはできない。そこで、第三者が関わる生殖補助医療につきまとう問題の一つとして、子どもの「出自を知る権利」の保障の可否があげられており、同時に子への真実告知の重要性についても指摘されている。とりわけAIDによって生まれた人々は成人後に突然又は偶発的にその真実を知り、親への不信やアイデンティティ危機に陥る苦悩を訴え、「出自を知る権利」を強く求めている(非配偶者間人工授精で生まれた人の自助グループ・長沖，2014)。一方で子どもの出自を知る権利は、秘密にしたいという親の利益及び配偶子提供者のプライバシーと対立しており、具体的な立法作業には進まず、足踏み状態にある。

研究目的

本研究は、出自を知る権利及び告知に関する市民の「理解」、「認識」を明らかにし、子どもの権利がなかなか実現されない要因を把握するこ

---

[7] 民法には、誰が法律上の親であるのかを決定するための規定として、妻が婚姻中に懐胎した子を夫の子と推定する規定（民法772条1項）、嫡出でない子は、父または母が認知することができるという規定（民法779条）だけである。母子関係の発生については、条文上の規定はなく「分娩の事実」により当然発生すると解している。分娩を母子関係の決定の基準とするならば、父子関係は、分娩した女性を基準として定められることになる。

とを目的とする。また、分析結果から得た知見を要約し、今後の教育及び支援のあり方を検討する。

研究方法

調査対象者は、ネット調査会社に登録している全国の12歳〜69歳までの男女517人を対象にした。当事者性の違いによる認識の差とその結果に基づく教育と支援の必要性を考察するため、「未成年層(12〜19才)」、「親世代(20〜49才)」、「祖父母世代(50〜69才)」に分けて分析を行った。

結果と考察

① 子どもの出自を知る権利について

「第3者がかかわる生殖補助医療(精子・卵子の提供や代理出産)によって生まれた子どもが、その真実を知ることについてどう考えるか」という質問に対して、未成年層では、「賛成」が44％、「どちらともいえない」が38％、「反対」が18％である。親世代では、順に並べると41％、46％、9％、祖父母世代では、20％、58％、18％となっている。「子どもの出自を知る権利を法的に保障するべきか」という質問に対して、未成年層では、「賛成」が52％、「どちらともいえない」が35％、「反対」が8％である。親世代では、順に並べると47％、34％、10％、祖父母世代では、44％、36％、16％となっている。子どもが自分の出自を知ることについては、年齢層が高いほど否定的な傾向があり、祖父母世代で「賛成」と答えた比率は未成年層の2分の1程度にとどまっている。しかし、法的保障については、「賛成」という回答が44％で、矛盾した傾向がみられた。

② 真実告知について

「第3者がかかわる生殖補助医療で子どもをもうけた親が、その真実を子どもに知らせることについてどう考えるか」という質問に対して、未成年層では「賛成」が46％、「どちらともいえない」が38％、「反対」が14％である。親世代では、40％、43％、13％、祖父母世代では、34％、45％、21％の順となっている。「子どもに真実を言おうとすると、誰がよいか」については、未成年層では「親」が75％と最も高く、次いで「医療関係者」が10％、「心理専門家」が4％、「ソーシャルワーカー」が2％、「カウンセラー」が2％の順となっている。親世代と祖父母世代でも「親」と回答した比率が最も高く、親世代が82％、祖父母世代が75％である。真実告知の義務化については「親に任せるべき」と答えた比率が、全世代を通じて最も高く、5割近くを占めており、告知は「親」がするべきであるという比率が圧倒的に高かった。

子どもが出自を知ることや告知の必要性について、未成年層＞親世代＞祖父母世代の順に肯定する比率が高くなる傾向がみられたが、全体傾向として消極的な姿勢がうかがわれた。そもそも、出自を知る権利とは「自分の遺伝的ルーツを知ること」であり、生殖補助医療(もしくは養子縁組)と子どもの権利に対する知識と理解が欠けていると、社会的コンセンサスを得ることは一層厳しく、ひいては立法化が進まない原因の一つとして考えられる。「どちらともいえない」という中間的選択肢の比率が相当あるということから、本テーマについての市民の認識の乏しさが感じられる。社会変化に伴う新たな人権教育・啓発に取り組んでいく必要性が示唆された。

一方、告知の可否については、「親に任せるべき」であり、告知するとすれば「親」のほうがよいと考える意見が全世代層で共通していた。しかし、いくら出自を知る権利が法的に保障され、子どもがドナー提供者の情報に対するアクセス権を持っていても、真実告知がなければ自ら権利行使ができない。「子どもの出自を知る権利」が法的に保障されるためには、その前提として、子どもに出自の真実を知らせる必要がある。そのため、親に子どもの権利や告知の必要性を生殖補助医療の実施前の段階から十分に認識してもらう教育及び情報提供、そして心理専門家の支援に基づいた告知などのサポートの整備が強く望まれる。

指定討論①家族法の視点から

〈二宮周平〉

本報告で扱われた3つの課題は、市民の知識が乏しい、まだ社会に浸透していない課題であ

る。だからこそ改革が進まないのである。したがって、いずれの報告でも、どちらともいえないとする層が相当の比率を占める。また、山崎・相澤報告では、高齢層が若年層よりも、人権教育を受けた層が受けていない層よりも、人権保障的な回答の比率が高い。単純に、高齢層の方が人権教育を受けた割合が高いことも推測される。

しかし、一般的な課題でないからこそ、前提となる事実の提供の仕方によっては、どちらともいえない層や若年層、人権教育を受けていない層も回答が変わる可能性がある。例えば、山崎報告では、医療観察制度による生活環境の整備から生まれた効果(再犯率、社会復帰率など)、毎年こうした処遇を受ける人数、相澤報告では、年間の受刑者の医療費支出額、刑事施設経費に占める割合、国民の年間支出医療費との比較、金報告では、AIDによって出生した子の数(これまでの合計と年間の出生数)、AID子が事実を知って苦悩するケースがあることなどである。

おそらくこれらの事実を認識すると、人権保障的な回答の比率が増えるだろう。市民の率直な意識を問う調査としては適切ではないかもしれないが、前提知識を提供したグループと、提供していないグループに分けて調査をすることも考えられるのではないか。その方が人権教育の必要性につながる可能性が高いように思われる。

他方、金報告では、出自を知ることや告知の必要性について、未成年層＞親世代＞祖父母世代の順に肯定する比率が高くなる。自分が子の立場、子をもうける親の立場にあればという想像力の差が出ているとすれば、もしあなたが当事者だったら、家族だったらどう思うかという設問を並べて、一般的意識と当事者的意識を比較することも考えられる。

研究と教育のアプローチの可能性についてだが、社会にはさまざまな問題があり、その全てを教育の場に提供することは不可能である。必要なことは共感力、当事者の視点から想像し考える力を育成することである。これは、いくつかのテーマのロールプレイなどで育むことができる。研究者としては、そのような教材作りに資するような、より説得的な資料提起、理論構築をすることが求められる。

指定討論②法教育・法学教育の視点から

〈花本広志〉

最近では、アクティブラーニング型授業が注目を集めており、今では、多くの大学、多くの学部で、アクティブラーニング型のさまざまな授業が行われている。アクティブラーニング型授業では、「書く」、「話す」、「発表する」など、学習者が取り入れた知識を「外化」する際に、グループワークを行うことが多い。これは、単に学習効果を狙っているだけではなく、対話と傾聴、建設的批判といった「話し合い」の技能、それはひいては民主・共生社会実現のための技能なのだが、それを修得することもねらっている。

ところで、自由で公正な社会を維持し発展させていくためには、主体的・自立的に社会的関係を形成し、規律していく存在である「市民」が必要である。この点で、法教育の目的は、そのような「市民」を育てることにある。社会関係を形成するための基本的な手段は、「話し合い」である。法教育の実践には、グループによる話し合い活動を取り入れたアクティブラーニング型授業が実践されている場合が多い。アクティブラーニング型授業は、「市民」を育てるためにも有用なのである。

ところが、どうやら法学教育はアクティブラーニングの波に乗り遅れているようだ。加えて、法学部では、学問としての実定法理論体系の理解を目指す教育が中心となっているように思われる。しかし、むしろ、法学部でこそ、「市民を育てる」教育の観点から、リベラルアーツ教育としての法学教育が行われるべきではなかろうか。そうだとすれば、法学部においてこそ、アクティブラーニング型の授業が広く行われることが望まれる。

わが国の若者は諸外国に比べて、自己肯定感が低く、社会問題への関与や社会参加への意識も低いとされる。しかし、それには、受動的な学習がメインの学校教育のあり方の影響も大きいのではないか。その意味で、主体性と対話を

重視するアクティブラーニング型授業の普及によって、学校教育のありかたも変わっていくのではなかろうか。

　本日の3つの報告はいずれも、市民の人権意識や法制度に対する理解が十分でないことを示すものであった。法教育・人権教育の必要性が痛感されるわけだが、その際に重要なことは、人権や法制度に対する知識や考え方だけではなく、自ら主体的に学ぶ態度、個人の尊厳の尊重と共生社会の実現を重んずる価値観も教えるべきだということである（この点、大村(2015)も、市民としての価値・価値観の教育が不十分であることを指摘する）。法教育及び法学教育においてこそ、その方法を確立し、普及させることが求められている。

引用・参考文献

矯正医療の在り方に関する有識者検討会 (2014). 矯正施設の医療の在り方に関する報告書～国民に理解され，地域社会と共生可能な矯正医療を目指して～. p. 17 http://www.moj.go.jp/content/000118361.pdf（2018年7月11日）.

行刑改革会議 (2003a). 行刑改革会議提言～市民から理解され，支えられる刑務所へ～. p. 37 http://www.moj.go.jp/content/000001612.pdf（2018年7月11日）.

行刑改革会議 (2003b). 第4回議事録　http://www.moj.go.jp/shingi1/kanbou_gyokei_kaigi_gijiroku04.html（2018年7月11日）.

厚生労働省 (2016). 心神喪失者等医療観察法　http://www.mhlw.go.jp/bunya/shougaihoken/sinsin/gaiyo.html（2017年10月1日）.

小西吉呂・外間淳也 (2014). 医療観察法に関する一考察――沖縄県の事例にも触れて――. 沖縄大学法経学部紀要, 15, 19-34.

非配偶者間人工授精で生まれた人の自助グループ・長沖暁子（編）(2014). AIDで生まれるということ：精子提供で生まれた子どもたちの声, 萬書房.

大村敦志 (2015). 法教育への招待　――法学からみた法教育, 商事法務.

村松太郎・田口寿子 (2017). 医療観察法の現状と問題点　医事新報, 4839, p. 59.

原著論文

取調べ録画動画の提示方法が自白の任意性判断に及ぼす影響[1]
――日本独自の二画面同時提示方式と撮影焦点の観点から

中田友貴[2]・若林宏輔[3]・サトウタツヤ[4]

　これまでの研究から取調べ録画の際の撮影焦点によって、録画映像を提示した際の自白の任意性判断が異なる camera perspective bias が示されてきた。さらに日本の取調べ録画映像は同時に2つの映像を提示する特殊な方式であるにもかかわらず、この方式による影響を検討した研究はあまり存在せず、多様な研究を行うことが急務となっている。本研究では2つの実験を行い、取調べにおける被告人の供述についての任意性判断について、裁判員が評価する際に(1)撮影焦点による差が生じるのか、(2)単一映像提示と日本方式に差が生じるのか、という2点を検討した。実験1では画面大の撮影焦点と提示方法を操作し、55名を対象に実験を実施した。その結果、撮影焦点と提示方法のどちらも自白の任意性判断に影響することが示された。さらに実験2では、実験1での日本方式で印象評定に与えた要因を、日本方式での画面小に異なる映像を提示することで検討した。34名に実施した結果、現在日本で採用されている俯瞰視フォーカスにおいてもっとも自白が自発的になされていると判断されることが示された。2つの研究から、現在採用されている日本方式は、公正な裁判の実現を目指すならば避けるべき形式であると示唆された。

キーワード カメラパースペクティブバイアス、ピクチャー・イン・ピクチャー、自白の任意性、取調べ録画

序論

取調べ可視化を巡る議論

　近年、日本において相次いで冤罪事件が明らかになり、警察、検察の被疑者取調べについて客観的な判断を行うために取調べの録音・録画(以下、取調べの可視化)が広がってきた(法制審議会新時代の刑事司法制度特別部会, 2014)。

　取調べの可視化を巡る議論の背景には、自白偏重の刑事裁判の在り方が大きく関係している。日本では、有罪認定するには自白以外に補強証拠が必要とされ、被告人に不利益な唯一の証拠が自白である場合には有罪とされない(日本国憲法第38条)という原則がある。しかし実際には、「自白は証拠の女王」(Confessio est regina probationum)とされ(川又, 2011)、非常に重要な証拠として公判の中では扱われてきた。

　だが、実際の刑事裁判では無実の人の虚偽自白が、例外とはいえないほど生起している(浜田, 2007)。近年においても、虚偽の自白や関係者による虚偽の証言があった冤罪事件として、志布志事件、氷見事件、足利事件、厚労省元局長事件、そして布川事件とその存在が継続的に明らかになってきた(e.g. 宇都宮, 2011)。これらの冤罪事件の背後には、取調室という密室の中

---

[1] 本研究の実験刺激作成の際には、成城大学の指宿信先生に参考資料を提供いただいた。また刺激映像作成には、毎原卓郎さん(立命館大学政策科学部)、前川達哉さん(立命館大学政策科学部)、鈴木晶斗さん(立命館大学法学部)の協力を得た(いずれも作成時の所属)。ここに感謝の意を述べさせていただきます。

[2] 立命館大学大学院文学研究科・大学院生・応用社会心理学

[3] 立命館大学総合心理学部・准教授・法心理学

[4] 立命館大学総合心理学部・教授・応用社会心理学

被疑者フォーカス　　取調官フォーカス　　両者フォーカス
(suspect focus)　　(detective focus)　　(equal focus)

Figure 1. 3種類の取調べ撮影方法（Ware, Lassiter, Patterson, & Ransom, 2008）

での捜査員による強圧的取調べと自白の強要があることが指摘されている。よって、密室での出来事を記録するという目的で取調べの録音・録画の義務化が刑事弁護人を中心として主張されてきた。

結果的に、裁判員裁判の開始に伴い、市民にも「わかりやすい」裁判を目指す一環として、現在は裁判員裁判対象事件において警察や検察が取調べの一部可視化を試行することとなった（警察庁, 2013；最高検察庁, 2009）。取調べの録音・録画が義務化されなければ、公判において供述の任意性立証に関して争いがある場合、その判断は取調官と被告人の供述の信用性判断にのみ依存することとなり、水掛け論に陥る（重松・桝野, 2009）。現状としては、録音・録画の対象は裁判員裁判事案に限定され（限定可視化）、また取調べ過程を最初から最後まで記録するのではなく自白に至る前後部分を対象とするに留まっている（部分可視化）。これは全事件の全過程を録音・録画する「全面可視化」とは異なる非常に制限的な状況にあるといえよう（指宿, 2011）。

Camera Perspective Bias

では、取調べを全面可視化しさえすれば、裁判での公正な判決や冤罪の防止につながるのだろうか。この点に関して社会心理学研究では、取調べ動画をどのように撮影し提示するかによって印象が変化するというカメラ・パースペクティブ・バイアス（Camera Perspective Bias：Lassiter & Irvine, 1986：以下、CPB）の存在が指摘されてきた。

CPB研究の先駆としてLassiter & Irvine（1986）は、模擬取調べを行い、被疑者だけにカメラを向けた被疑者フォーカス（suspect focus：以下、SF）と取調官にカメラを向けた取調官フォーカス（detective focus：以下、DF）、被疑者と取調官の双方を側面から均等なサイズで撮影する両者フォーカス（equal focus：以下、EF）の3種類の撮影焦点を用いて比較を行った（Figure 1）。参加者は被疑者が自白する様子を各焦点のうち一つで視聴し、自白が任意になされたものか（任意性）を評価した。結果、実験参加者はSFにおいて自白の任意性を最も高く評価し、一方DFでは最も任意性が低いと評価した。またEFでは、DFほどではないにせよ、相対的に自白が任意的になされたものではないと考える傾向にあった。Lassiter, & Irvine（1986）は、この自白を撮影する焦点の違いによって自白の任意性判断が異なる現象をCPBと名付けた。同現象はこれまで様々な先行研究でも確認されてきた（e.g., Lassiter, 2011；Lassiter, & Irvine, 1986；Snyder, Lassiter, Lindberg, & Pinegar, 2009；Ware, Lassiter, Patterson, & Ransom, 2008）。また、犯罪の種類（Lassiter, Slaw, Briggs, & Scanlan, 1992）、事前にCPBの存在を知らせる説示がある場合（Elek, Ware, & Ratcliff, 2012；Lassiter, Beers, Geers, Handley, Munhall, & Weiland, 2002）、実際の裁判官による参加者への説示や評議がある場合（Lassiter et al., 2002）、また裁判官や警察などの司法専門家が判断した場合（Lassiter, Diamond, Schmidt, & Elek, 2007）であっても一貫してCPBが生じることが報告された。またPratt（2013）は、これらのアメリカの司法制度を想定したCPB研究をメタ分析し、CPBが任意性判断・有罪無罪判断に影響を与えることを確認している。

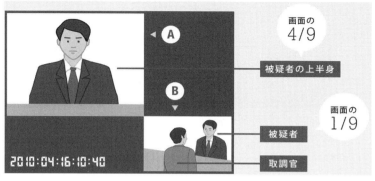

Figure 2. 日本独自の取り調べ録画動画の提示方式（サトウ，2011）

CPBが生じる原因として、Lassiterと共同研究者らは視覚的顕在性（Visual saliency：Taylor & Fiske, 1975）の存在を指摘している（Ware et al., 2008）。つまり、撮影方式による画面内の取調官と被告人の視覚的大きさといった顕在性saliencyが異なることが、取調べといった社会的相互作用に参加する両者の因果的役割の評価を変化させるというものである（Pickel, Warner, Miller, & Barnes, 2013）。なお、Lassiterの一連の研究結果を受け、ニュージーランド警察ではEF方式（両者並列動画）が採用されており、同録画記録を公判でも用いることが義務化されている（若林, 2016；第6章）。

日本における取調べ録画動画の問題

米国司法制度を想定して確認されてきたCPBが、日本の取調べの録音・録画状況においても同様に生じるのかを検証する価値は大きにある。2016年には刑事訴訟法が改正され、裁判員裁判事件など一部の事件に関してではあるが取調べの可視化が義務化されることになった。日本の公判において取調べ録画映像が証拠となることが今後ますます増える可能性を考えると、CPBが国内においても生じるのかは検証を行う必要性があるだろう。またPratt（2013）はCPB研究の問題点として、1）研究量の不足、2）出版バイアス（ほとんどがLassiterらとその共同研究者によって行われている）、3）判断するシナリオと司法制度の違いについての検証がないことを挙げている。特に3）については、司法制度は国家により異なった形態をもつ。現在、CPB研究を行ったことが確認されている国は、アメリカ以外に、韓国（Park, & Pyo, 2012）、スウェーデン（Landström, Hjelmsäter, Roos, & Granhag, 2007；Landström, Ask, Sommar, & Willén, 2015）、そして日本（小松, 2009；若林・指宿・小松・サトウ, 2012；山崎・山田・指宿, 2017）のみである。よってCPBが取調べ録画の普遍的現象であるのかについては、様々なシナリオや各国の司法制度を想定し、さらなる検証が必要である。

実際に取調べの録音・録画の提示方法は日本とアメリカでは大きく異なっている。アメリカはFigure 1左に示すように、被疑者等が映った取調べ状況が一画面で提示される。一方、日本で採用されている取調べ録画動画の提示方法は、1つの画面を3×3で9分割し、左上9分の4（画面大）に被疑者の上半身の動画、右下9分の1（画面小）に、被疑者に焦点をあてるように取調官の後方斜め上から俯瞰的に撮影した動画（Upper Focus：以下、UF）を提示する。つまり取調べの際に同時に異なる焦点で撮影した録画動画を、ピクチャー・イン・ピクチャー（Picture in Picture：以下、PiP）により同時に再生する方式である（Figure 2）。

日本独自の取調べ動画提示方式でのCPB研究には、小松（2010）、若林ら（2012）や山崎ら（2017）の研究がある。小松（2009）は、日本独自の提示方式でCPBが生じるのかを検証するために、画面大・画面小への提示動画としてSF・EF・DFの異なる2種類ずつを組み合わせ、計6条件を比較する実験を行った。その結果、画面大、画面小いずれかにSFの動画を提示すると、参加者は他の動画よりも自白の任意性判断および任意性判断の確信度を高く評価した。

さらに若林ら(2012)は、小松(2010)と同じ刺激を同じ組み合わせの条件で実験を行った。加えて彼らは映像視聴させる際に、実験参加者に視線解析装置を付け、実験参加者が動画のどこに注目しているのかを分析した。参加者の内省報告と視線解析の結果から、視線自体は、参加者自身が考えているよりも、画面小に向けられていないことが明らかになった。ただし若林ら(2012)の実験では、小松(2010)が示したようなSF動画による任意性判断へのCPB自体は確認されなかった。若林ら(2012)は、CPBが生じなかった理由について、日本の二画面提示方式では、判断者は画面大を長く見る傾向があり、また画面小はほとんどみていないものの、画面内の時間提示部分や画面全体へ視線や集中が逸れるために、本来の意味でのCPBが生じにくい可能性を指摘している。実際、画面小の違いを考慮せずに、画面大で提示した動画ごとの有罪判断率を比較したところ、有意差はないもののSF、EF、DFの順に段階的に高くなっていることが示唆されている。また山崎ら(2017)は、Lassiterらと同じ単一動画方式での動画提示ではあるが、日本の司法制度の文脈において日本人を対象にした場合もCPBが生じ、また裁判官との評議でもこのバイアスが解消されなかったことを報告している。

Pratt(2013)が指摘するCPB研究における3)の問題は、日本司法の文脈でも示されてはいるが(小松, 2010；山崎ら, 2017)、若林ら(2012)の研究では任意性判断においてCPBが示されなかったことを考えると、日本の状況を想定した研究をさらに行っていく必要があると考えられる。また、日本の刑事裁判では起訴された事案の99％が有罪になる現実がある(法務省法務総合研究所, 2014)。この現実について評価をするのは本論文の範囲ではないが、少なくとも日本の裁判では有罪へのバイアスがかかった公判が行われているという指摘は可能である。小松(2010)や若林ら(2012)では有罪・無罪が分かれるシナリオを用いていたが、有罪として判断されやすい状況であってもCPBが見られるのであれば、CPBはより強固なバイアスであると言えると考えられる。そこで本研究は、実験シナリオから有罪であることは確実であることが予想されるが、被告人の自白が強制されたものかについて判断する必要のある事件を用いることとする。

日本独自の取調べ録画動画提示方式でのCPB研究の2つの問題点

加えて、日本司法独自の文脈の中でCPB研究の問題と考えられるのは以下の点である。

1) 一画面提示と二画面提示の比較の欠如
日本のCPB研究の問題として、日本方式のPiP方式で同時提示することの影響を、アメリカのような単一動画提示との比較から検討していないことが挙げられる。小松(2010)や若林ら(2012)は、日本方式で提示する2つの動画の組み合わせを独立変数として、任意性判断および有罪・無罪判断への影響を検討している。しかし、いずれの研究も日本方式でのCPBを検証しているとはいえ、Lassiterらが扱った単一動画提示との比較からPiP方式の効果検証を行っていない。

提示動画の数の影響について、Snyder, Lassiter, Lindberg & Pinegerら(2009)が同時に2つの動画を提示するDual CameraでCPBを検討している。彼らは、SF・EF・DFのどれかを1つの画面で見せる場合と、1つの画面を左右に均等に二分しSFとDFを同時に提示するDual Cameraの場合を比較した。結果、Dual CameraはEFを単一で提示した場合とほぼ同じ影響を任意性判断に与えることを示した。つまり被疑者と取調官の視覚的顕在性が等しい場合は、原因帰属としての任意性判断も等しくなるということである。

またLandströmら(2015)は、被害者児童に対するPiP方式インタビュー動画を用いたCPBについて検討した。同実験のPiP方式では、被害児童の正面(Lassiterらで言うところのSF)を全画面に映し、画面右上(1/9)に児童とインタビューアを映したEFの小画面を提示した。彼らは、児童証言の感情的内容(有・無)と提示方式(PiP方式・一画面：EFの動画のみ)を独立変数とし、証言内容の信用性credibility判断に与える影響を検討した。その結果、感情的内容の主効果は確認されたが、提示方式の主効果は確認さ

れなかった。つまり、画面全体にSFを映し小画面にEFを映したPiP方式と、EFだけを映した一画面方式との印象には違いがなかったことになる。この点に関して、彼らは実験2で、同じPiP方式（大画面SF、小画面EF）とSF動画一画面の比較も行っているが、同条件でもCPBは確認されなかった。つまり、PiP方式を用いて、小画面にEFを提示して取調官を提示するという視覚的顕在性に差分を設けた場合であっても、CPBは確認できなかったということになる。これは若林ら（2012）の視線解析の結果と符号する。またLandströmら（2015）はこの原因について、1）参加者数による検定力の不足、2）被害児童の聴取という文脈による影響、そして3）同実験で用いたスウェーデン最高裁判所が定めた任意性判断基準による影響、の3つの可能性を示している。

少なくとも日本ではLandströmら（2015）のように複数動画提示と単一動画提示との比較からCPBは検証がされていない。よって本研究では、単一動画提示と日本方式の二画面提示の比較を行う。また日本の先行研究では、小画面にSF、EF、DFの画像をそれぞれ提示しているが、本実験ではPiP方式における小画面の単純な影響力を推定するため、日本の実務の現状に合わせUFのみを画面小に提示し、その効果について検討を行う。

任意性判断の複数評価軸への配慮

Landströmら（2015）では、スウェーデンに適した任意性判断の基準によってCPBが生じるのか検討し、生じないことを示している。本実験でも、日本における自白の任意性基準と対応した任意性判断の測定を行う必要性があるだろう。小松（2009）や若林ら（2012）の研究は、Lassiterらによる任意性voluntarinessの評価手法を参考に、任意性あり・なしの判断とその確信度を用いて、任意性判断の程度を一次元の数直線上のものとして扱い検討を行っている。しかし、現在の日本の取調べにおける自白の任意性は、刑事訴訟法第319条1項「強制、拷問又は脅迫による自白、不当に長く抑留又は拘禁された後の自白その他任意にされたものでない疑いのある自白は、これを証拠とすることができない」を

基準に考えられている。つまり日本において「任意性」とは、自白が「自発的に行われたもの」か、「強制的でないもの」かという2つの評価軸により判断がされている。裁判員裁判での市民の判断を考えると、自発的であるかという評価は被告人の態度などで評価される可能性があり、強制的かという評価は取調官や環境などの被告人以外により評価される可能性がある。すなわち心理学的に言えば、任意性評価には2つの下位評価の軸が設定されることになる。よって、本実験では従来の自白の任意性単独の評価だけでなく、被疑者の自発性と取調べの強制性の2側面について測定を行う。

目的

若林ら（2012）やLandströmら（2015）の結果を踏まえれば、PiP方式ではCPBが生じないことになるが、LassiterらまたSnyderら（2009）が示すように視覚的顕在性がCPBの原因であるならば、小画面といえども被疑者および取調官に視線および注意が向けられる場合にはCPBが生じる可能性がある。以上のことから本研究では、日本の取調べ録画動画提示方式を用いてCPBによる任意性判断への影響、および動画の同時提示の影響を検討することを目的とする。

実験1

まず日本方式での取調べ録画提示でのCPBの影響について、アメリカの一画面方式との比較から検討することを目的とした。実験1の仮説は以下の通りであった。

仮説

仮説1：Lassiterら（1986）等の研究結果から、本実験で作成した模擬取調べ録画動画においてもCPBが生じ、SFがEF、DFよりも自白の任意性が高いと評価される。

仮説2：小松（2010）の研究結果から、日本方式の二画面動画同時再生においてもCPBが生じ、大画面にSFが提示される条件はEF、DFよりも自白の任意性が高いと評価される。

仮説3：Landströmら（2015）の研究結果から、

Figure 3. 実験1で刺激として作成した各条件の取調べ録画動画

単一動画再生と複数動画同時再生においては、自白の任意性判断に差が生じない。

方法

実験計画 実験計画は、3（撮影焦点：SF・DF・EF）×2（動画提示：単一動画再生・日本方式再生）の2要因参加者間計画であった。

実験参加者 実験参加者は、法学部などでの専門的な法学部教育を受けていない20歳以上の大学生・大学院生56名であった。無記入があった1名を分析対象外とし、計55名（男性19名、女性36名）を分析対象とした。分析対象者の平均年齢は22.2歳（20-26歳、$SD = 1.4$歳）であった。実験参加者を6つの条件いずれかに無作為に割り当てた。

材料 実際に起きた強姦事件の供述調書を素材とし架空の強姦致傷事件のシナリオを作成した。検察の求刑はTKC法律情報データベースLEX/DBインターネット（https：//www.tkclex.ne.jp/）にて、単発の強姦致傷事件で2014年8月10日時点での過去10件の平均求刑年数から求めた。また、前科・前歴の情報は含めなかった。その理由は、前科・前歴は事実認定に予断を与え、任意性判断に影響を及ぼす可能性があると考えたからである。

刺激動画 刺激動画は上記の事件で被告人が検察官に聴取されている様子を模擬的に作成した11分20秒の動画であった。被告人は初め「女性への暴行の事実はなく、同意の上の性行為であった」と事件性を否認していたが、検察官とやり取りを行う中で、最後に自白していく場面を再現した。男性2名が、被告人役、検察官役を演じた。動画中の登場人物の会話は、法学者に監修を依頼した脚本に則ったものであった。

再現した取調べは、a) 被告人の上半身のみを撮影した動画（SF条件動画）、b) 検察官の上半身のみを撮影した動画（DF条件動画）、c) 被告人と検察官の両者を均等に横から撮影した動画（EF条件動画）、d) 被告人に焦点をあて、検察官と被告人の両者を斜め上から撮影した動画（UF条件動画）を四点同時撮影方式で撮影した。また同時に検察官および被告人の近くからICレコーダーで音声を録音した。

動画a〜dの開始時間と終了時間を合わせ、音声をすべてICレコーダーで録音したものに差し替えた動画（SF1・DF1・EF1）を作成した。また二画面同時再生動画は、画面の左上9分の4（画面大）に動画a〜cをそれぞれ当てはめ、画面の右下9分の1（画面小）に動画dを当てはめた。さらに画面大の真下に年月日・曜日・時間を白抜きのデジタル文字で取調べを行った架空の日時を示し、日本方式の動画（SF2・DF2・EF2）を作成した（Figure 3）。

装置 刺激動画の提示は、パーソナルコンピュータ（Dell社製 Optiplex 760：以下、PC）のディスプレイ（Dell社製、E2009W）上に、Windows Media Player（バージョン11.0.6002.18311）を全画面表示して再生した。ディスプレイの解像度は1280×1024とした。また音声はヘッドフォン（Pioneer社製、SE-NC70S）により提示した。

Table 1. 実験1での各条件ごとの有罪判断率と度数および確信度（$N = 55$）

	撮影焦点					
	DF		EF		SF	
	動画再生		動画再生		動画再生	
	1画面 ($n = 8$)	2画面 ($n = 9$)	1画面 ($n = 8$)	2画面 ($n = 11$)	1画面 ($n = 8$)	2画面 ($n = 11$)
有罪判断率(%)	87.5	88.9	100.0	90.9	87.5	90.9
有罪判断(度数)	7	8	8	10	7	10
有罪・無罪判断確信度						
M	4.00	4.33	3.75	3.91	3.38	4.36
SD	1.07	0.87	0.89	0.83	1.19	1.21

質問紙 質問紙は、1）自白の任意性判断、2）有罪・無罪判断、3）量刑判断の3部構成であり、全10項目であった。

1）自白の任意性判断は、ⅰ）被告人は自白を自発的に行っていた、ⅱ）自白の任意性判断に確信がある、ⅲ）取調官は強制的な取調べを行っていた、ⅳ）強制性判断に確信があるの4項目で構成された。6件法（1：まったくあてはまらない〜6：とてもよくあてはまる）ですべての項目を評価してもらった。

2）有罪・無罪判断については、ⅴ）被告人に対する有罪・無罪判断（1：有罪・2：無罪）、ⅵ）有罪・無罪判断に確信があるか（6件法、1：まったくあてはまらない〜6：とてもよくあてはまる）、ⅶ）有罪・無罪判断の理由（自由記述）の3項目であった。

3）量刑判断は、量刑判断についてはⅷ）量刑判断（1〜30年）、ⅸ）量刑判断の確信があるか（6件法、1：まったくあてはまらない〜6：とてもよくあてはまる）、ⅹ）量刑判断での理由（自由記述）の3項目であった。また量刑判断の質問項目は、無罪判断を行った参加者も被告人が有罪であることを仮定して回答を行った。そのため、量刑判断に関する分析はここでは報告しない。

実験手続き 参加者を「性犯罪における一般市民の事実認定・量刑判断についての実験」として集めた。一度の実験で複数（4名〜6名）の参加者が1部屋の実験室で同時に参加した。PCとディスプレイ、ヘッドフォンを各参加者に与えた。参加者は、お互いのディスプレイや質問紙への回答が見えないように着席した。実験開始前に、実験者は「これから性犯罪に関する事件について概要を読んでもらいます。その後に事件に関係する動画を視聴して、最後に質問紙に回答をしてもらいます」と教示した。参加者に対して「立命館大学における人を対象とする研究倫理指針」に則ったインフォームド・コンセントを行い、参加者全員が実験参加に同意したことを確認して、フェイスシートに記入させた。記入後、「皆さんは、ある刑事事件の裁判員に選ばれて裁判に参加しています。まずはその事件についての資料を読んでもらいます。その後に皆さんの考えや判断についていくつか質問します」と教示を与えた。教示後に、参加者に事件概要を配布し、全員が読み終わった後に「これから事件に関する動画を見てもらいます」と教示した。全員がヘッドフォンを装着したのを確認して刺激動画を提示した。提示する動画はSF、EF、DF、SF2、EF2、DF2の6種類であったが、参加者グループによって提示される動画が異なった。動画提示後、ヘッドフォンをはずし、質問紙への回答を求めた。参加者全員が質問紙への回答を終了した後、実験者はデブリーフィングを行った。1グループあたりの実験の所要時間は約40分であった。

結果

有罪・無罪判断とその確信度

まず本実験で使用した事件の有罪・無罪判断について、各条件ごとの有罪判断度数、有罪判断率またこの判断の確信度をTable 1に示す。

Table 2. 実験1での各条件ごとの自白の任意性判断の平均と標準偏差（$N = 55$）

	撮影焦点					
	DF		EF		SF	
	動画再生		動画再生		動画再生	
	1画面 ($n = 8$)	2画面 ($n = 9$)	1画面 ($n = 8$)	2画面 ($n = 11$)	1画面 ($n = 8$)	2画面 ($n = 11$)
自白の自発性						
M	1.88	2.89	2.00	2.36	2.25	2.36
SD	0.83	1.27	0.53	0.67	0.71	1.03
自発性判断の確信度						
M	4.13	4.00	4.38	4.09	4.38	4.45
SD	0.83	1.00	1.06	1.04	0.74	0.52
取調べ官の強制性						
M	3.88	3.56	4.50	3.91	3.13	3.27
SD	1.25	0.88	0.76	0.70	0.99	1.49
強制性の確信度						
M	4.13	4.00	4.75	4.00	4.50	4.45
SD	0.83	0.50	0.71	0.77	0.53	0.82

　有罪判断率はいずれの条件も87.5％以上であり、全体の有罪判断率も90.9％であった。この結果から実験シナリオは参加者を有罪に導くように適切に作成されていたと考えられる。

　次に、有罪・無罪判断の確信度について3（撮影焦点：SF・DF・EF）×2（動画提示：単一動画再生・日本方式再生）の二要因参加者間分散分析を行った結果、有罪・無罪判断の確信度は、撮影焦点条件の主効果（$F(2, 49) = .571$, $MSe = 1.037$, $p = .569$, partial $\eta^2 = .023$, $1-\beta = .127$）、動画提示条件の主効果（$F(1, 49) = 3.166$, $MSe = 1.037$, $p = .081$, partial $\eta^2 = .061$, $1-\beta = .318$）、および撮影焦点条件と動画提示条件の交互作用（$F(2, 49) = 8.49$, $MSe = 1.037$, $p = .434$, partial $\eta^2 = .033$, $1-\beta = .171$）は有意ではなかった。よって本実験の参加者はいずれの条件においても、自白の任意性評価に際して、同事件について同程度の有罪心証を抱いた状態であったことになる。なお、自由記述においては、記載がない、もしくは今回用いられたシナリオが実際に身の回りに起きた際の想定などがほとんどであった。

自白の任意性判断

　次に質問項目のうち1）自白の任意性判断に関する4項目（i～iv）の、条件ごとの平均値と標準偏差をTable 2に示す。まず4項目をそれぞれ従属変数として、3（撮影焦点：SF・DF・EF）×2（動画提示：単一動画再生・日本方式再生）の二要因参加者間計画の分散分析（ANOVA）を実施した。

　その結果、i）自白の自発性判断では、撮影焦点条件の主効果（$F(2, 49) = .233$, $MSe = .783$, $p = .793$, partial $\eta^2 = .009$, $1-\beta = .076$）は見られなかった。一方、動画提示条件の主効果（$F(1, 49) = 4.253$, $MSe = .783$, $p = .45$, partial $\eta^2 = .080$, $1-\beta = .430$）は有意であり、日本方式の二画面再生（$M = 2.539$, $n = 31$）が単一動画（$M = 2.042$, $n = 24$）よりも自発性を高く評価した。また撮影焦点条件と動画提示条件の交互作用（$F(2, 49) = 1.208$, $MSe = .783$, $p = .307$, partial $\eta^2 = .047$, $1-\beta = .241$）は有意ではなかった。よって仮説3は支持されなかった。

　次に、ii）自白の自発性判断の確信度は、撮影焦点条件の主効果（$F(2, 49) = .705$, $MSe = .781$, $p = .499$, partial $\eta^2 = .028$, $1-\beta = .148$）、動画提示条件の主効果（$F(1, 49) = .208$, $MSe = .781$, $p = .65$, partial $\eta^2 = .004$, $1-\beta = .061$）および撮影焦点条件と動画提示条件の交互作用（$F(2, 49) = .197$, $MSe = .781$, $p = .822$, partial $\eta^2 = .008$, $1-\beta = .073$）は有意ではなかった。

次に、ⅲ)取調べの強制性判断では、撮影焦点条件の主効果($F(2, 49) = 4.17$, $MSe = 1.124$, $p = .021$, partial $\eta^2 = .145$, $1-\beta = .774$)が有意であった。そこでBonferroni法による調整を行った多重比較を実施したところ、EF ($M = 4.21$, $n = 19$)のみがSF ($M = 3.20$, $n = 19$)より有意に強制性が高いと判断された。動画提示条件の主効果($F(1, 49) = .775$, $MSe = 1.124$, $p = .383$, partial $\eta^2 = .016$, $1-\beta = .100$)および撮影焦点条件と動画提示条件の交互作用($F(2, 49) = .575$, $MSe = 1.124$, $p = .567$, partial $\eta^2 = .023$, $1-\beta = .127$)は有意ではなかった。よって仮説1および仮説2が部分的に支持された。

最後にⅳ)取調べの強制性判断の確信度は、撮影焦点条件の主効果($F(2, 49) = 1.60$, $MSe = .512$, $p = .213$, partial $\eta^2 = .061$, $1-\beta = .318$)、動画提示条件の主効果($F(1, 49) = 2.48$, $MSe = .512$, $p = .122$, partial $\eta^2 = .048$, $1-\beta = .246$)および撮影焦点条件と動画提示条件の交互作用($F(2, 49) = 1.33$, $MSe = .512$, $p = .273$, partial $\eta^2 = .052$, $1-\beta = .268$)のいずれも有意ではなかった。

これらの結果から、まず仮説1および2については、提示条件との交互作用はなかったものの、本実験でもⅲ)取調べの強制性判断において撮影焦点による差が確認され(EF > SF)、一部支持された。しかし、ⅰ)自白の自発性判断において、Lassiterら(1986)で確認されてきたSF条件がEF条件・DF条件よりも有意に高いというCPBは確認されなかった。また任意性判断のうちⅰ)自発性の評価においては、日本方式再生条件が単一再生条件よりも全体として自発性が高く評価される結果となり、仮説3は支持されなかった。

考察
有罪・無罪判断とその確信度

まず研究1の有罪・無罪判断についての結果をまとめると、どの条件も90%近くの有罪判断率であった。有罪・無罪判断の確信度については、どの条件においても有意な差はみられなかった。本研究では、CPBがより堅牢なバイアスであるか検証するために、有罪である可能性が高い場合でも生じるか検証することを目的としていた。よって参加者の事件内容に対する心証を統一した上でCPBを検証する必要があった。本研究の高い有罪率は、小松(2009)の平均有罪率が51.7%であったことと比較しても、適切なシナリオが作製されていたことを示している。事実、小松(2009)では有罪・無罪判断の確信度においてもCPBによる影響が観察されたが、本実験では有罪・無罪判断の確信度においては天井効果が見られ、またCPBの影響はみられなかった。

Camera Perspective Bias

次に、本実験の被告人の自白に対する任意性判断についての結果をまとめる。まず取調べの強制性判断においてEF条件の参加者はSF条件の参加者よりも「取調べは強制的」と判断した。つまりSF条件の参加者は、EF条件の参加者よりも、相対的に被疑者が自ら自白を行っていると評価したことになる。また自白の自発性判断では、単一動画再生条件よりも日本方式再生条件がより自発的であると評価された。

ここで仮説ごとに検証すると、仮説1の単一動画提示、仮説2の二画面提示における「SFがEF、DFよりも自白の任意性評価が高い」は、本研究で任意性判断の下位次元として設定した強制性判断においてどちらも一部支持された。また交互作用がなかった点から、両提示方法に差はなく、あくまでSFが提示された条件において強制的ではないという評価が生じたことになる。

ただしLassiter, & Irvine (1986)の研究では、SF、EF、DFの順に任意性が高く評価されたが、本実験ではSF・EF間においてのみ差がみられた。また数値のみをみれば、SF、DF、EFの順に強制性の評価が低くなった(つまり相対的に被疑者の任意性は高く評価された)。いずれにしてもSF条件が最も任意性が高く評価されるという結果は、先行研究と同様である(小松, 2009)。またLassiterと共同研究者による研究はSFとDFのみで比較を行っている研究が多く、SF、EF、DFの段階的影響については十分に検討がなされていない(Pratt, 2013)。取調官にメインフォーカスを当てるDF条件の取調べ録

画動画のみを提示することは、実務的に考えて用いられることはまずない（若林ら, 2012）のであり、少なくとも本研究の結果はSFのEFに対する任意性の偏りとその方向性は追認したとみなすことができる。

同時再生の影響

一方、仮説3の「単一動画再生と複数動画同時再生では、自白の任意性判断に差が生じない」は、任意性判断のうちⅱ）自発性判断において、日本方式を視聴した条件が単一動画を視聴した条件よりも高く評価されており、支持されなかった。これは、Landströmら（2015）の結果とは異なるものであった。日本方式再生と単一動画再生に差異が生じた原因として、3つの説明が考えられる。1）画面大に提示した動画のスクリーンサイズの影響、2）同時に動画を提示することによる視覚的な注意の分散、そして3）画面小に提示したUFの影響である。

まず1）画面大に提示した動画の大きさ（スクリーンサイズ）の影響は、若林ら（2012）が示唆するように、日本方式ではほとんど画面小が見られていない可能性の点から考察される。単一提示方式条件と比較して、日本方式（二画面）における画面大は、全体の9分の4という大きさで提示されている。つまり本実験が示す日本方式再生と単一再生に差が生じた理由として、若林ら（2012）が示唆するように同時再生される画面小の影響がなく、画面大に提示される動画が同一であることから、スクリーンサイズの違いのみによって印象が変化したという可能性が考えられる。スクリーンサイズにより視聴者の対象への印象が変化することは、様々な文脈で実施された研究でも示されている（Reeves, Lang, Kim, & Tatar, 1999 ; Heath, & Grannemann, 2014）。法的な文脈においても、Heath & Grannemann（2014）は、被告人の証言に関する動画をテレビサイズ（27inch）とプロジェクタースクリーンサイズ（9feet）の2つの提示画面の大きさを比較して検討を行った。その結果、評決、有罪判断レベル、被告人の印象、および被告人への共感などの評価で画面サイズによって判断に差が生じたことを示している。Heath & Grannemann（2014）の検討したスクリーンサイズの差は非常に大きなものであったが、本実験1においてもスクリーンサイズの影響があった可能性は十分に考えられる。さらにLandströmら（2015）のPiP方式も実際のところ画面大は「全画面」にSFが映し出され、それに重なる形で画面小（実験1EF、実験2SF）が位置していることから、画面大のスクリーンサイズ自体はLassiterら一連の研究における一画面提示の場合と同じであり、比較対象の一画面提示と変わらなかったと考えることができる。

次に2）視覚的な注意の分散による効果に関しては、日本方式が同時に2つの動画を提示することで視覚的注意が分散したことが原因で差が生じたという可能性である。これは参加者が見るべき動画画面が2つあるということに加え、残りの余白部分の時間（白字）や黒い背景などの影響も含まれる。CPBに関するWareら（2008）の研究において視覚的注意の分散が任意性判断に影響することが指摘されている。仮に視覚的注意の分散だけが要因であれば、画面小に動画を同時に提示した場合、提示する動画の内容・撮影焦点にかかわらず、印象は一定になることが予想される。ただし、この場合、Landströmら（2015）の結果は、1画面と2画面の間に差がなかったことから、彼らの提示方式PiP方式—同じ画面内に重なるように提示される2つの映像—では、視覚的注意の分散による説明を用いることはできない。

最後に、3）画面小に提示したUFの影響の可能性であるが、これは、あくまでカメラアングルによる影響だけを強調して説明できる可能性である。Landströmら（2015）は単一動画方式（SF）に対して、PiP方式（画面大SF＋画面小EF）との比較を行い、単一動画と複数動画提示に差がないことから「画面小の影響がない」可能性を示している。一方、本実験では単一動画方式（SF-EF-DF）に対して、複数動画提示の画面小をUFに統一したところ、単一動画方式と日本方式に差が見られた（主効果のみ）のであり、この点は考慮に値する。若林ら（2012）は、視線解析装置の結果として「画面小をほとんどみていない」ことから画面小の影響がない可能性を示

唆している。ただしCPBが確認された小松（2009）と同刺激を用いているとはいえ、彼らの実験では任意性の評価に対するCPBは確認されていない。よって画面小に視覚的注意を引きつける動画が提示された場合には、その影響力は異なる可能性がある。画面小に提示された動画がUFであることが効果を持った可能性については様々な根拠がある。例えば、Kraft（1987）は、動画心理学的観点からカメラアングルの高さが印象に及ぼす影響を調べるために、いくつかの文脈の動画を参加者に提示し、6つの印象評定を比較した。その結果、ハイアングルから撮影した動画を提示した際に、ローアングルで撮影した動画と比較して、背が低く、弱々しく、そして勇敢でないという印象評価が生じた。またMignault & Chaudhuri（2003）は他者の顔認知研究の文脈から、3Dで作成した顔を様々な角度で参加者に提示し、感情の評価を行わせた結果、角度により感情評価に差が生じたことを示している。その他にもカメラの撮影角度（アングル）により印象が異なることはいくつかの研究で実証されている（Tiemens, 1970；Kraft, 1987；Mignault, & Chaudhuri, 2003）。つまり実験1において画面小に提示したUFが取調べ場面をハイアングルから撮影した動画であったため、日本方式で提示された場合の取調官の強制性は高いと判断された可能性がある。

実験2

目的と仮説

実験1において、単一動画提示と日本方式である複数動画同時提示の比較から、提示方法の違いで自白の任意性評価に差が生じることが明らかになった。そこで実験2では、実験1で示された単一動画提示と日本方式での自白の任意性評価の差異が、画面大に提示した動画のスクリーンサイズ、同時に動画を提示することによる視覚的な注意の分散、そして画面小に提示したUFの影響という考えられうる3つの要因のいずれによるものか検討することを目的とした。

そのために次の3条件を設定した。画面大に常にSF条件の動画を提示した上で、画面小へ動画を提示しない条件（統制条件）、画面小にEFを提示する条件（EF条件）、実験1と同様に画面小にUFを提示する条件（UF条件）の3条件である。実験参加者にはこの3水準のいずれか1つの動画を提示し、実験参加者による被疑者の供述の任意性判断を比較し、検討を行った。

若林ら（2012）、Landströmら（2015）の結果が示したように画面小単体の影響がなく、仮説1）画面大に提示した動画のスクリーンサイズだけが影響するならば、画面小の3つの条件間で任意性評価には差が生じない。また仮説2）同時に動画を提示することによる視覚的注意の分散による影響があるならば、統制群とその他の2つの群の間で差が生じる。そして、仮説3）画面小に提示したUFの影響ならば、UFを提示する条件はその他の2つの条件と差が生じる。

方法

実験計画 日本方式の複数動画同時再生において、画面小に提示する動画（EF・UF・統制群：画面小提示なし）の1要因参加者間計画であった。

実験参加者 実験参加者は、実験1に参加をしていない、また法学部などでの専門的な法学部教育を受けていない20歳以上の大学生34名であった。事件参加者の平均年齢は21.4歳（20-23歳、$SD = 0.7$）であった。実験参加者は3つの条件いずれかに無作為に割り当てられた。

実験材料 事件概要は実験1で使用したものと同一のものを用いた。また刺激動画は、実験1で撮影した動画a〜dを用いた。その上で動画画面の左上9分の4（画面大）に動画a（SF）をはめ込み、動画画面の右下9分の1（画面小）に動画c（EF）、d（UF）をはめ込んだものと、何もはめこまず黒字背景のもの（統制条件）を作成した。さらに画面大の真下に年月日・曜日・時間を白抜きのデジタル文字で取調べを行った架空の日時を示した（Figure 4）。

質問紙 実験1で用いた質問紙を使用した。

実験手続き 実験1と同一の手続きとして、1度に3名〜6名が実験に参加し、動画を提示した。実験ごとに参加者には同一の実験条件の動画を提示した。

Figure 4. 実験2で刺激として作成した各条件の取調べ録画動画

Table 3. 実験2での各条件ごとの有罪判断率と度数および確信度（$N = 34$）

	撮影焦点		
	Control ($n = 12$)	EF ($n = 11$)	UF ($n = 11$)
有罪判断率（%）	66.7	90.9	90.9
有罪判断（度数）	8	10	10
有罪・無罪判断確信度			
M	3.25	3.36	4.18
SD	1.28	1.69	1.17

Table 4. 実験2での各条件ごとの自白の任意性判断における平均と標準偏差（$N = 34$）

		画面小提示映像		
		Control ($n = 12$)	EF ($n = 11$)	UF ($n = 11$)
自白の自発性				
	M	2.42	2.45	2.45
	SD	0.67	1.13	1.04
自発性判断の確信度				
	M	3.75	4.18	4.45
	SD	1.36	0.75	1.04
取調べ官の強制性				
	M	3.67	3.73	2.64
	SD	0.89	1.19	1.29
強制性の確信度				
	M	3.83	4.00	4.64
	SD	1.03	1.10	1.21

結果

有罪・無罪判断

まず実験2の各条件の有罪・無罪判断および確信度の結果をTable 3に示す。条件ごとの有罪判断率は、統制条件では66.7％と少し低いものであったが、EF条件、UF条件では90.9％であり、全体の有罪判断率も82.4％であった。有罪・無罪判断（度数）についてχ^2乗検定を行い有罪判断に条件間の差があるのか確認したところ、有意差はみられなかった（$p = .208$）。また有罪・無罪判断の確信度について一要因参加者間分散分析を行った結果、画面小提示動画の主効果は見られなかった（$p = .241$, partial $\eta^2 = .088$, $1-\beta = .29$）。また自由記述については、実験1とほとんど同様の結果であった。

自白の任意性判断

自白の任意性判断に関する項目の、条件ごとの判断の平均値と標準偏差をTable 4に示す。

まず自白の任意性判断における各項目に対し、

画面小に提示する動画種類が与える影響を検討するために、画面小提示動画（EF・UF・提示なし）の一要因参加者間の分散分析（ANOVA）を実施した。

その結果、1）自白の自発性判断では、画面小提示動画の主効果（$F(2, 34) = .006$, $MSe = .915$, $p = .994$, $partial\ \eta^2 < .001$, $1-\beta = .05$）は見られなかった。また2）自白の自発性判断の確信度に関しても、画面小提示動画の主効果（$F(2, 34) = 1.234$, $MSe = 1.181$, $p = .305$, $partial\ \eta^2 = .074$, $1-\beta = .25$）は見られなかった。

次に3）取調べの強制性判断では、画面小提示動画の主効果（$F(2, 34) = 3.294$, $MSe = 1.271$, $p = .049$, $partial\ \eta^2 = .175$, $1-\beta = .52$）に有意な差が見られ、UF条件がEF条件やControl条件よりも低い評価がなされた。4）取調べの強制性判断の確信度は、画面小提示動画の主効果（$F(2, 34) = 1.644$, $MSe = 1.233$, $p = .210$, $partial\ \eta^2 = .096$, $1-\beta = .31$）は見られなかった。

これらの結果から、画面小にUFを提示することが自白の任意性判断に影響するという仮説3が支持されたことになる。

考察

実験2の目的は、単一動画提示と日本方式提示での自白の任意性の評価の差異が生じた要因を検討することであった。結果、取調べの強制性判断において画面小の影響が見られた。よって仮説3）画面小に提示したUFの影響ならば、UFを提示する群はその他の2つの群と差が生じることが確認された。

Landströmら（2015）らの研究では、二画面提示と一画面提示には差がないという結果が報告されており、また若林ら（2012）の研究でも「画面小をほとんど見ていない」結果が得られていた。しかし、本実験2はこれら先行研究の結果を支持しなかった。特に実験2では画面小にUFを提示した場合、画面小にEFを提示した条件と統制条件（画面小提示なし）よりも強制性が低いと判断された。つまりUFはEFや二画面でない場合よりも、自白が自発的に行われたと評価されたことになる。この結果を考慮すれば、実験1において提示条件間（単一提示方式と日本方式）の自白の任意性判断（強制性）に差が生じたのは、画面小に提示したUFの影響によるものである可能性が示唆される。つまり、UFの特徴であるハイアングルからの俯瞰的な撮影による効果である。ただし実験2は画面大をSFに統一し、影響力を一定にした上で確認されたものであり、また画面小の統制条件とEF条件では強制性判断には差がみられなかった。よって画面大に提示する動画がEFやDFの場合にUFの効果があるかは確認できていない。

総合考察

本研究の目的は、取調べ録画動画の日本方式での提示が自白の任意性判断に与える影響を検討することであり、2つの実験を行った。

実験1では、動画の撮影焦点と提示方式の差異が任意性判断に与える影響を検討し、まず提示方式（一画面と二画面）で任意性判断が異なることを示した。またこの時、撮影焦点が強制性、提示方式が自発性という任意性判断の異なる側面に影響を与えることを明らかにした。本研究では従来の研究で単一の質問を用いて評価されていた任意性を、自発性と強制性の二側面に分離し評価させた。この結果は、撮影焦点と提示方法が任意性評価を構成する下位項目それぞれに異なる影響を与える可能性を示唆するものである。

実験1で影響が認められた撮影焦点の効果については、Lassiterと共同研究者による先行研究からSF、EF、DFの順に任意性評価が高くなると予測されたが、本実験ではSFがEF、DFよりも任意性評価を高める（強制的でなく、より任意であると判断される）結果となった。この点に関して、SFだけが他の撮影焦点よりも高い任意性評価を促すという研究もあり（小松, 2010）、Lassiterらの一連の研究もほとんどがSFとDFの比較であることから、本研究の結果はこれらを追認したものとみなせる。

また実験1の結果は、提示方式（一画面か二画面）が自白の自発性に差異を生むことについて、画面小単体によって影響が生じているのか否か、それとも画面小を含む提示動画全体が影響して

いるのかが定かではなかった。よって実験2では、提示方式を日本方式(二画面)とし、同時提示する際の画面小の動画だけを入れ替えて実験を行った。その結果、画面小に俯瞰視動画(UF)が提示された場合にのみ、任意性判断のうち強制性判断を低下させる(つまり自発的に話していると評価される)可能性が示唆された。

同時提示の影響は、Landströmら(2015)の研究結果を踏まえれば、日本方式と単一提示方式に差が生じないことが予測されたが、本研究は両者の間に差があることが示された。また実験2の結果から、画面小の俯瞰視動画(UF)の影響によって生じる可能性が第一に考えられた。Landströmら(2015)の実験では、画面小にEFを提示する場合と、何も提示しない場合とに差が生じなかったことから二画面の影響はないとした。一方、本実験2で画面小にUFとEFそして提示なし(統制群)の比較を行った結果、EFと統制群の間には差が生じなかった。この意味で本実験2の結果は彼らの結果を支持した。その一方で、UF条件のみ画面小の自白の任意性判断に対する影響が確認されたことから、若林ら(2012)の画面小を「殆ど見ていない」ことは支持しなかった。本実験では視線解析による注視時間は確認されていないが、人間の認知機能には中心視野だけでなく、周辺視野も影響を与えていることが示されており(石松・三浦, 2002)、注視点、中心視野以外の周辺視野が動画視聴に及ぼす影響について明らかにする必要がある。少なくとも本研究は小画面にUFという俯瞰的視点からのカメラアングルの映像を提示する場合には自白の任意性評価が異なる可能性を示すものである。このUFの影響力については、我が国における実際の可視化手続きにおいて採用されている録画方式であることを考えるならば、今後検討する必要があるだろう。

本研究の結果から、取調べを撮影する際のフォーカスと2つの動画の同時提示は、自白の任意性判断に影響することが示された。本研究の実験結果からみる限りにおいて、画面大に被疑者フォーカス(SF)、画面小に俯瞰視動画(UF)を提示する、現在日本で実施されている二画面同時動画提示方式はもっとも自白が任意的になされたと評価される方法であるため、公正な裁判の実現を目指すならば、日本式の動画提示方式、とりわけUFを同時提示する方式が、無批判に一般的手続きとして固定されることには慎重でなくてはならない。

引用文献

Elek, J. K., Ware, L. J., & Ratcliff, J. J. (2012). Knowing when the camera lies: Judicial instructions mitigate the camera perspective bias. *Legal and Criminological Psychology, 17,* 123-135.

浜田寿美男(2007). 虚偽自白の心理学とその射程. 認知心理学研究, *4,* 133-139.

Heath, W. P., & Grannemann, B. D. (2014). How Video Image Size Interacts with Evidence Strength, Defendant Emotion, and the Defendant-Victim Relationship to Alter Perceptions of the Defendant. *Behavioral sciences & the law, 32,* 496-507.

法務省法務総合研究所(2014). 平成26年版 犯罪白書 日経印刷.

法制審議会・新時代の刑事司法制度特別部会(2014). 新たな刑事司法制度の構築についての調査審議の結果(案) 2014年7月9日 <http://www.moj.go.jp/content/000125178.pdf> (2014年12月30日).

指宿 信(2011). 序論 指宿 信(編)取調べの可視化へ! 新たな刑事司法の展開 日本評論社.

石松一真・三浦利章(2002). 有効視野における加齢の影響:交通安全性を中心として. 大阪大学大学院人間科学研究科紀要, *28,* 13-36.

川又伸彦(2011). 拷問禁止の絶対性について――日本とドイツの憲法論を比較して――社会科学論集, *133,* 75-87.

警察庁(2013). 警察における取調べの録音・録画の試行の検証について 警察庁 2013年7月31日<http://www.kensatsu.go.jp/saiban_in/img/rokuon.pdf> (2013年12月4日).

小松加奈子(2010). 取調べ録画動画の形式が裁判員の任意性判断や判決に与える影響――日本の法廷再生システムに則って―― 立命館大学大学院修士論文(未公刊).

Kraft, R. N. (1987). The influence of camera angle on comprehension and retention of pictorial events. *Memory & cognition, 15,* 291-307.

Landström, S., Ask, K., Sommar, C., & Willén,

R. (2015). Children's testimony and the emotional victim effect. *Legal and Criminological Psychology, 20*, 365-383.

Landström, S., Hjelmsäter, A., Roos, E., & Granhag, P. A. (2007). The camera perspective bias: A case study. *Journal of investigative psychology and offender profiling, 4*, 199-208.

Lassiter, G. D. (2011). 取調べの可視化における「動画のあり方」（訳／大江洋平）指宿 信（編）取調べの可視化へ！ 新たな刑事司法の展開 日本評論社.

Lassiter, G. D., Beers, M. J., Geers, A. L., Handley, I. M., Munhall, P. J., & Weiland, P. E. (2002). Further evidence of a robust point-of-view bias in videotaped confessions. *Current Psychology, 21*, 265-288.

Lassiter, G. D., Diamond, S. S., Schmidt, H. C., & Elek, J. K. (2007). Evaluating Videotaped Confessions Expertise Provides No Defense Against the Camera-Perspective Effect. *Psychological Science, 18*, 224-226.

Lassiter, G. D., & Irvine, A. A. (1986). Videotaped confessions: The impact of camera point of view on judgments of Coercion. *Journal of Applied Social Psychology, 16*, 268-276.

Lassiter, G. D., Slaw, R. D., Briggs, M. A., & Scanlan, C. R. (1992). The Potential for Bias in Videotaped Confessions1. *Journal of Applied Social Psychology, 22*, 1838-1851.

Mignault, A., & Chaudhuri, A. (2003). The many faces of a neutral face: Head tilt and perception of dominance and emotion. *Journal of Nonverbal Behavior, 27*, 111-132.

Park, K. & Pyo, J. (2012). An explanation for camera perspective bias in voluntariness judgment for video-recorded confession: Suggestion of cognitive frame. *Law and Human Behavior, 36*, 184-194.

Pickel, K. L., Warner, T. C., Miller, T. J., & Barnes, Z. T. (2013). Conceptualizing defendants as minorities leads mock jurors to make biased evaluations in retracted confession cases. Psychology, *Public Policy, and Law, 19*, 56-69.

Pratt, I. G. (2013). Videotaped Interrogations and Confessions: A Meta-analysis of the Camera Perspective Bias. (Doctoral dissertation, University of Northern Colorado).

Reeves, B., Lang, A., Kim, E. Y., & Tatar, D. (1999). The effects of screen size and message content on attention and arousal. *Media Psychology, 1*, 49-67.

最高検察庁（2009）．取り調べ録音・録画の試行についての検証結果 最高検察庁 2009年2月 <http://www.kensatsu.go.jp/saiban_in/img/rokuon.pdf>（2013年12月4日）．

サトウタツヤ（2011）．法と心理学の融合が実現するマイクロ・ジャスティス．R-GIRO Quarterly Report, *5*, 1-2.

Snyder, C. J., Lassiter, G. D., Lindberg, M. J., & Pinegar, S. K. (2009). Videotaped interrogations and confessions: does a dual‐camera approach yield unbiased and accurate evaluations?. *Behavioral sciences & the law, 27*, 451-466.

重松弘教・桝野龍太（2009）．逐条解説 被疑者取調べ適正化のための監督に関する規則 東京法令出版．

Taylor, S. E., & Fiske, S. T. (1975). Point of view and perception of causality, *Journal of Personality and Social Psychology, 32*, 439-445.

Tiemens, R. K. (1970). Some relationships of camera angle to communicator credibility. *Journal of Broadcasting & Electronic Media, 14*, 483-490.

宇都宮健児（2011）．巻頭言：取調べの可視化の実現に向けて 指宿 信（編）取調べの可視化へ！ 新たな刑事司法の展開 日本評論社．

若林宏輔・指宿信・小松加奈子・サトウタツヤ（2012）．録画された自白：日本独自の取調べ録画形式が裁判員の有罪判断に与える影響 法と心理, *12*, 89-97.

Ware, L. J., Lassiter, G. D., Patterson, S. M., & Ransom, M. R. (2008). Camera perspective bias in videotaped confessions: Evidence that visual attention is a mediator. *Journal of Experimental Psychology: Applied, 14*, 192-200.

山崎優子・山田直子・指宿信（2017）．取調べ手法とカメラアングルの組合せが事実認定に与える影響についての予備的実験 立命館人間科学研究, *35*, 67-80.

Camera perspective bias and screen display : Establishing standards for video-recorded police interviews

Yuki Inoue NAKATA (Ritsumeikan University, Research Fellow of the Japan Society for the Promotion of Science)

Kosuke WAKABAYASHI (Ritsumeikan University)

Tatsuya SATO (Ritsumeikan University)

The present research investigated if (1) the camera perspective of video-recording investigation affected and (2) Japanese multiple play method for presenting video-recording investigation to juries affected their judgment of defendant's credibility. In study 1, 56 students evaluated voluntariness of confession after being presented with one of six police investigation videos. The result indicated that the camera perspective affected judgment of defendant's credibility and the method of displaying affects investigator's coercion. In study 1, display of mock multiple plays had a high-angle view of the investigator and defendant. Study 2 investigated the factor by change to on screens of different sizes. Thirty-four students were presented one of three presentations that changed videos on small screen. The findings showed that high-angle view which is used in Japanese multiple play method affected judgments of defendant's credibility. Two experiments indicated that a camera perspective bias as suggested by previous studies and presenting videotaped investigation in Japan give more voluntarily. Implications of the findings regarding in court presentation of video-recorded evidence are discussed.

Key words Camera perspective bias, Picture in picture, Voluntariness, Confession, Video recording of intterogation

刑事司法に対する態度尺度の作成と信頼性・妥当性の検討[1]

向井智哉[2]・藤野京子[3]

　本研究の目的は、刑事司法に対する態度を測定する尺度を作成することである。刑事司法に対する態度についての研究は、厳罰化を中心として、1970年代以降幅広く調査・研究されている。しかしその一方で、用いられる尺度が研究ごとに異なるため、相互の比較が困難になっているという問題点が指摘されてきた。そこで本研究では、刑事司法に対する態度を正確に測定する尺度を作成し今後の研究に資することを目指して質問紙調査を行った。具体的には、法学や社会学において行われてきた犯罪化に関する議論を参照し、刑事司法に対する態度に含まれると考えられる6つの要素を抽出した。その後、質問紙による調査を行い、因子構造と信頼性を確認し、ならびに基準関連妥当性の観点から妥当性の検討を行った。その結果、「処罰の厳罰化」「処罰の早期拡大化」「治療の推進化」「治療の早期拡大化」の4因子からなる尺度が作成され、一定の信頼性・妥当性を持つことが示された。

キーワード 刑事司法への態度、厳罰傾向、治療傾向

問題の設定　規範に違反した者に対して罰が下されるのを望むことは人間性の一つの側面であると言われる(Nietzsche, 1887 木場訳 1964)。しかし一方、違反をした者に対してであっても、その人に共感し、再び社会に迎え入れようとすることもまた、人間の持つ特性の一つとされる(De Waal, 1996 西田・藤井訳 1998)。これらの両極端にも思える人間の傾向が刑事司法という形をとったとき、それらの傾向はそれぞれ、厳罰傾向と治療傾向と呼ばれる。厳罰傾向とは、「犯罪に関するより厳しい制裁と政策を支持する」態度であり(Maruna & King, 2009, p. 9)、一方の治療傾向とは、犯罪者の「訓練、教育、カウンセリング」(Rosenberger & Callanan, 2011, p. 441)を通じて、犯罪者の「性格、人格、態度への根本的変革を行う」(Allen, 1978, p. 148)ことを支持する態度と定義される。本研究ではこのように定義される厳罰傾向ならびに治療傾向に焦点を当て、刑事司法の専門家ではない一般の人々が、その領域に対して有する一般的な態度を測定する尺度を作成し、その信頼性と妥当性の検討を行うことを目的とする。

　刑事司法には、犯罪者に対する刑罰や矯正だけではなく、警察や裁判所での手続きも含まれる。それにもかかわらず、ここで厳罰傾向と治療傾向に焦点を当てた尺度を作成する理由は、もっぱらその社会的意義に求められる。つまり広く指摘されているように、20世紀の初頭から欧米を中心とした各国で刑事司法の目的とされてきた犯罪者の改善更生という理想(rehabilitative ideal)は、治療可能性(可塑性)への不信(Martinson, 1974)、法執行機関およびそれに関わる専門家への不信(Loader, 2005)、再犯の防止という目的は改善更生という手段によっては達成不可能であるという認識が広がったこと(Walker, 1991)、改善更生の追求が大きな財政上の負担となったこと(Allen, 1981)、改善更生という理想を支えていた社会的・政治的条

---

[1] 本研究は平成29年度日本犯罪心理学会研究助成を受けて行われた。また本研究の一部は日本犯罪心理学会第55回大会において発表された。

[2] 早稲田大学文学研究科

[3] 早稲田大学文学学術院

件が失われたこと(Garland, 2001)などといった要因が合わさることで、1970年代以降疑問に付されるようになり、それと入れ替わるようにして犯罪者に対する応報や正当な報い(just deserts)を志向する刑事司法が優勢になったとされる(平野, 1979; 石川, 1979; Wilson, 2013)。ここで「改善更生という理想」とは、「刑事処遇の主要な目的は、犯罪者の性格や態度、振る舞いに変化をもたらすこととする考え方」(Allen, 1981)を意味するが、日本においても同様の傾向が指摘されており(宮澤・藤本, 1984)、とりわけ90年代後半以降、犯罪者の改善更生への関心が低下し(坂本, 2010; 生島, 2007)、それにともない厳罰的な刑事司法が生まれたとされている(佐藤, 2015)。以上のように一般市民の間での治療傾向の低下と厳罰傾向の上昇が指摘され、また厳罰化が最も話題となった90年代後半と比べれば相対的に顕在性は低下しているとはいえ、専門家の間でも刑事司法は何を目標とするべきか、つまりたとえば厳罰を科すべきか、それとも改善更生を目指すべきか、あるいは他の目標を目指すべきかといった点に関して多くの議論がつづけられている現状にあっては(e.g., Cullen & Gilbert, 2012; Currie, 2013; von Hirsch, Ashworth, & Roberts, 2009; 加藤, 1999; 浜井, 2011; 中嶋, 2007; 若林, 2016)、厳罰傾向と治療傾向の双方に焦点を当てつつ刑事司法に対する態度を測定する尺度を作成することには社会的な重要性があると考えられる。

また、先行研究においては、刑事司法の実際の運用が、一般市民が刑事司法に関して持つ態度によって影響されることが指摘されている。たとえば、アメリカでは、一般市民の間で犯罪問題の顕在性が上昇し犯罪が政治化されるにつれて(Beckett, 1996; Garland, 2012)、刑事司法の内部にいる専門家も一般市民の要求を無視できなくなり、それを加味した上で政策決定を行なうようになったことが論じられている(Stunz, 2011; Zimring, Hawkins, & Kamin, 2001)。日本においても同様に、一般市民の態度が刑事司法の中で存在感を増しつつあることは広く認められているが(小俣・島田, 2011; Roberts, 2008; Miyazawa, 2008)、一般市民の態度が実際にどの程度の影響力を発揮しているのかについては議論の余地がある(Hamai & Ellis, 2006; 松原, 2014)。このような影響の程度に関する意見の相違の原因の一つには、一般市民が有する態度を測定する尺度が開発されておらず、その正確な程度が測定できていないという理由があると思われる。この点からも、一般市民が刑事司法に対して持つ一般的な態度を正確に測定する尺度を開発することは、刑事司法に関する研究にとって有意義になりうると考えられる。

先行研究 刑事司法制度の動揺という社会的状況を背景に、欧米では多くの厳罰傾向研究がなされてきた。これらの研究で用いられる尺度は、犯罪者一般に対してどの程度の厳しい刑罰を求めるかという「一般レベル」の尺度(e.g., Maruna & King, 2009)と、個別の犯罪者を提示しその人にどの程度の刑罰を求めるかを尋ねたり、特定の厳罰的な政策を提示しその政策をどの程度支持するかを尋ねたりすることによって測定される「個別レベル」の尺度(e.g., McCorkle, 1993; Tyler & Boeckmann, 1997)に大別される(Mackey & Courtright, 2000)。

日本においては、裁判員制度が導入されたことを社会的背景として、裁判員裁判を模した犯罪シナリオを提示し、それについての態度や意見を尋ねる個別レベルの研究が多くなされてきた(e.g., 村山・今里・三浦, 2012; 山岡・風間, 2004)。これらの研究では、主としてシナリオ法が用いられ、犯罪者の責任の度合いの知覚(綿村・分部・高野, 2010)や、前科の有無(白井・黒沢, 2009)によって量刑判断が異なってくることが示されているが、白井・黒沢(2009)では、いくつかの犯罪シナリオを通じてある程度安定した厳罰傾向によって個別の量刑判断が影響されることが示されており、この点から厳罰傾向を含んだ刑事司法に対する一般的な態度の個人差を測定する尺度開発の重要性が示唆される。

そのような一般レベルの心理尺度としては、板山(2014, p. 89)が、「裁判所は犯罪者に甘すぎると思う」、「殺害したのが一人という理由で死刑にならないのはおかしいと思う」、「犯罪者への刑罰を精神疾患があるという理由で軽くするのはおかしいと思う」、「裁判では、加害者の社

会復帰を優先するべきだと思う(逆転項目)」などの項目で厳罰志向性を測定する尺度を作成している。また治療傾向に関係する研究としては、石村・所・西村(1986, p. 172)がある。彼らは、犯罪者を刑務所に入れる理由について、横浜在住の市民を対象として分析を行い、改善教育などからなる因子、応報などからなる因子、規範の呈示の単一項目からなる因子の3因子構造を見出している。

一方、欧米においては上述のように主として厳罰傾向に関する研究が蓄積されてきたが、それらの研究・尺度間には厳罰傾向の概念や測定尺度の相違があり、一般市民の態度の多面性を十分正確に測定できていないことが問題として指摘されてきた(Adriaenssen & Aertsen, 2015；Kury, Kania, & Obergfell-Fuchs, 2004；Matthews, 2005)。そのような一般市民の態度の多面性を検討した研究として、たとえば以下2つの研究がある。Maguire and Johnson (2015)は、刑事政策への一般市民の態度が、犯罪者の教育などを求める「進歩的な政策」への支持、厳罰的な政策への支持、警察官による現行犯での射殺などの「超法規的な手段」への支持の3因子構造をもつことを報告している。また治療傾向についてCullen, Clark, Cullen, and Mathers (1985)は、治療傾向と厳罰傾向を区別した上で調査を行ない(ただし因子分析は行われていない)、それらの変数が異なった要因によって規定されることを見出している。

板山(2014)による尺度は、日本の厳罰研究の領域における先駆的な業績であり、その後いくつかの研究(後藤・石橋・梶村・岡・楠見, 2015；向井・三枝・小塩, 2017)で用いられている有益な尺度であるが、上述の石村他(1986)やMaguire and Johnson (2015)は、刑事司法に対する態度が複数の因子によって構成されることを示唆しており、これらの研究を考慮に入れれば、板山(2014)では、概念上区別されるべき複数の概念(厳罰傾向、治療傾向、死刑への支持、後述の刑罰の早期化など)が一つの因子として混同されてしまっている可能性がある。またMaguire and Johnson (2015)や石村他(1986)は因子分析の結果から、刑事司法に対する態度の多次元性を示唆している点では有益であるが、それぞれ地理的・時間的に現代日本とは距離があり、それらで得られた因子構造がそのまま現代の日本に当てはまるとは考えづらい。そこで本研究では、法学における刑法の謙抑性の議論を参照により詳細な因子構造を抽出することで、先行研究を補いたい。

刑法の謙抑性　刑法の謙抑性とは、刑法が違反に対する最後の手段としてのみ用いられることを指すが、これは「刑罰権は国家権力のもっとも強力かつ露骨な発現であるから、これに対して個人の人権を保障するために」必要とされる(団藤, 1990, p. 14)。これに関して平野(1965)は、刑法の謙抑性に含まれる3つの要素を挙げている。その3つの要素とは、第一に刑法の補充性であり、これは地域社会によるインフォーマルなコントロールや民事的な介入が不充分である時にのみ適用できる最後の手段という性質を指す。第二の要素は、断片性であり、これは刑法が社会の「人倫の体系」のすべてをカバーするものではないという性質を指す。そして第三の要素である寛容性とは、刑罰の必要性が乏しい時には刑法を適用しないという性質を指す。近年における刑事立法の特徴は、これらの3つの要素における謙抑性が弱まった結果、すなわち、刑法の補充性が失われ早期化し、断片性が失われ拡大化し、寛容性が失われ厳罰化した結果生じたものと考えることができる。

多くの法学者(平野, 2001；瀬川, 2005；田宮, 1998)によって2000年前後には刑事立法が活発化したことが指摘されたが、その中で松原(2013)や高橋(2010)は、その時期の特徴として、刑罰の厳罰化、早期化、拡大化という特徴が見られたことを指摘している。以上3つの要素は、これらの特徴と一致しており、刑法の謙抑性の議論は、現在にも適用可能な議論だと考えられる。

治療傾向の下位分類についての分析は管見の限り存在しないが、アメリカにおける治療主義の批判者(American Friends Service Committee, 1971)やFoucault (1975 田村訳 1977)が主張したように、改善更生は訓練や教育という手段によって行われるという点で刑罰の付与とは異なる

Table 1. 刑事司法に対する態度に含まれる諸要素の定義

上位要素	下位要素	定義
厳罰傾向	刑罰の厳罰化	犯罪者に対する刑罰を、より厳しくすることを支持する態度
	刑罰の早期化	より早い段階で、何らかの行為を刑罰という手段によって取り締まることを支持する態度
	刑罰の拡大化	より多くの行為を、刑罰という手段によって取り締まることを支持する態度
治療傾向	治療の推進化	犯罪者に対する教育や治療を、より推進することを支持する態度
	治療の早期化	より早い段階で、何らかの行為に対して教育や治療を行うことを支持する態度
	治療の拡大化	より多くの行為に対して、教育や治療を行うことを支持する態度

といえ、一種の国家権力の強制的な行使であるという特徴を刑罰と共有している。その意味で、以上の議論は、厳罰的な刑事司法への支持だけではなく、改善更生を志向する刑事司法への支持についてもある程度当てはまると思われる。そのため治療傾向についても同様に、「治療の推進化」「治療の早期化」「治療の拡大化」という3つの要素を想定した。本節の考察から得られた刑事司法に対する態度尺度に含まれるべき下位因子の定義をTable 1に示す。

先述のように、Maguire and Johnson (2015)、石村他(1985)は、「進歩的な政策への支持」「厳罰的な政策への支持」「超法規的な政策への支持」の3因子構造、収監の理由として「改善教育」「応報」「規範呈示」の3因子構造をそれぞれ見出している。本尺度に含まれる要素のうち、「刑罰の厳罰化」「刑罰の早期化」「刑罰の拡大化」は、「厳罰的な政策」と「応報」を、「治療の推進化」「治療の早期化」「治療の拡大化」は、「進歩的な政策」と「改善教育」を、理論的見地から、より詳細に分類したものであると考えられる。先行研究の「超法規的な政策」と「規範呈示」は本尺度には含まれないが、前者は日本において議論の対象となることが少なく相対的に重要性が低いと考えたことから、また後者は厳罰によっても治療によっても達成できる目的であり、本調査で対象とする厳罰と治療とは異なる位相にある問題と考えたことから、それぞれ本尺度には含まなかった。

目的

本研究は、上述の6つの要素を含んだ、刑事司法に対する態度を測定する尺度を作成し、その信頼性と妥当性を検証することを目的とする。

ただしこのように分類された6つの要素は理論的見地から導出されたものであり、専門家ではない人々が実際に持つ態度の構造とは異なる可能性がある[4]。そのため一般の人々が刑事司法に対して実際に有する態度の構造を明らかにすべく、以下の分析ではまず適当な因子数を探索し、そののちに当該尺度の信頼性および妥当性を検討する。信頼性については、内的一貫性の観点から、Cronbachのα係数を算出し、検討する。妥当性については、基準関連妥当性の観点から、刑事司法に対する態度尺度との関連が予測される3つの構成概念を測定する項目とのPearsonの積率相関係数を算出し、検討する。具体的には、厳罰志向性尺度(板山 2014, p. 89)、改善更生への支持を測定する項目(Cullen et al. 1985)、犯罪者に対する責任帰属を測定する項目(Cullen et al., 1985)を使用する。くわえて厳罰傾向に関するこれまでの研究では、性差が検討の対象とされることが多かったため(e.g., Gault & Sabini, 2000)、本研究でも各下位因子間の性差を検討する。

基準関連妥当性の検証には、以下3つの項目を用いる。厳罰志向性尺度は、本分析で測定しようとしている構成概念のうち、厳罰傾向に含まれる因子と類似した概念を測定している。そのため、厳罰傾向の下位因子と正の相関を示すことが予測される。

また、Cullen et al. (1985)が作成した改善更生への支持を測定する項目は、刑事司法にとっ

---

[4] 刑事司法の専門家の認識と一般市民の認識が異なることは、幅広い領域で報告されている (e.g., 戴・大渕・石毛, 2006；中谷内・島田, 2008)。

て犯罪者の改善更生が正当で価値ある目標と見なすかどうかを測定するものである。これらの項目は、本尺度における治療傾向と類似した概念を測定していると考えられるため、治療傾向の下位因子と正の相関を示すことが予測される。

くわえて、これまでの研究では、犯罪の責任を犯罪者当人に帰属させる回答者ほど厳罰傾向的であり(Hartnagel & Templeton, 2012；Maruna & King, 2009；Sims, 2003)、その責任を社会や環境に帰属させる回答者ほど治療傾向的になることが示されている(Cullen et al., 1985)。そのため、Cullen et al. (1985)が作成した7つの項目を用いて、犯罪者に対する責任帰属と刑事司法に対する態度尺度の関連を検討する。これらの項目は、数値が小さいほど犯罪者当人に責任を帰属し、数値が大きいほど社会や環境に責任を帰属することを示している。これらの項目は、厳罰傾向の下位因子と負の相関を示し、治療傾向の下位因子とは正の相関を示すことが予測される。

方法

調査協力者 関東地方の私立大学2校の講義後に質問紙を配布し、その場での回答を求めた。刑事司法に対する態度尺度のすべての項目に答えた回答者を分析の対象とした。その他の項目についての欠損値はペアワイズで削除した。最終的な調査協力者は大学生317名(男性103名、女性202名、不明12名、平均年齢19.9歳、$SD = 3.86$)であった。回答者の所属学部を尋ねる項目を設定しなかったため正確な人数は把握できないが、質問紙の欄外に法学の見地からのコメントを残した回答者がいたことから、サンプルにはごく少数であるが法学の知識がある学生が含まれたと考えられる。これらの調査協力者の回答が結果に何らかの影響を与えた可能性も考えられるが、教育の有無による刑事司法への態度の影響などが本研究の目的ではないため、すべての回答を区別せず分析に含めた。

倫理的配慮 本調査の回答は任意であること、また回答は匿名で行なわれ回答者が明らかになることはないことを口頭および紙面で説明した。本調査は倫理委員会の承認を得ていないが、回答者の個人的体験に関する調査ではないため侵襲性はごく小さく、倫理的な問題を引き起こすことはないと判断した。

質問紙の構成 質問紙には以下4つの尺度とフェイスシート項目(年齢、性別)が含まれた。

刑事司法に対する態度尺度については、上述の理論的枠組みに従い、「刑罰(治療)の厳罰化(推進化)」(各5項目)、「刑罰(治療)の早期化」(各4項目)、「刑罰(治療)の拡大化」(各4項目)の6つの要素が含まれることに注意しつつ、合計26の項目からなる質問紙を作成した。「刑罰の厳罰化」に関する項目の作成・選定にあたっては、板山(2014, p. 89)の厳罰志向性尺度を大きく参考にした。厳罰傾向と治療傾向に含まれる項目は、「人に不安を与える行為をした時点で、刑罰を科せるようにするべきだ(刑罰の早期化)」と「人に不安を与える行為をした時点で、予防のための援助を行なうべきだ(治療の早期化)」のように、対応させた。項目は、2015年7月から11月にかけて行われた予備調査($N = 375$)で項目を選定し、設問のわかりやすさや包括性を考慮しつつ、心理学を専門とする教員1名と大学院生4人との合議を経て、最終的に決定された。作成された質問項目に、「全くそう思わない」(1)から「非常にそう思う」(6)の6件法での回答が求められた。

厳罰志向性尺度(板山 2014, p. 89)は、犯罪者に対して厳しい罰を求める傾向を測定する尺度である。「凶悪な加害者でも人権は尊重される必要がある」(逆転項目)など9項目に対し、5件法で回答を求めた。得点の高さは厳罰志向性の強さを示す。

以下2つの尺度には日本語版がないため、筆者がまず独自に翻訳した後、上と同様の教員1名と大学院生4人との合議によって確定された。邦訳に際しては、原文に忠実であることよりも、日本の状況に即した形にし、調査協力者に質問の意味を容易に理解してもらえるものにするよう留意した。たとえばCullen et al. (1985)の尺度では、rehabilitationの語が用いられているが、「改善更生」だけでは一般の人々に理解してもらいにくいと考えたことから、「社会復帰」や「更

生」などの語を併用することで、理解してもらいやすくなるよう配慮した。

改善更生への支援は、Cullen et al.(1985)が作成した9項目を用いて測定された。「犯罪者の改善更生を重視することは、罰せられるべき犯罪者を見逃すことだ(逆転)」など9項目に対して7件法で回答を求めた。得点が高いほど更生を重視する刑事司法を支持することを示す(Appendix 1を参照)。

犯罪者に対する責任帰属も同様にCullen et al.(1985)が作成した7項目を用いて測定された。これらの項目は、犯罪の責任を犯罪者自身に帰属させるか、社会や環境に帰属させるかを測定するものであり、「ほとんどの犯罪者は、自分の意志で法律を破る」などが含まれる。これらの項目に7件法で回答を求めた。得点が高いほど、社会や環境ではなく犯罪者自身に責任を帰属させることを示す(Appendix 2を参照)。

データの分析　統計処理にはAMOS ver. 24.0と清水(2016)によって作成された統計プログラムHAD ver. 15.0を利用し、有意水準は5％に定めた。

結果

探索的因子分析　理論的見地から導出された6つの要素は、実際のデータには当てはまらない可能性があるため、まず探索的因子分析によって因子構造を把握することを目指した。因子数の決定については、カイザー基準とスクリー基準に加えて、対角SMC平行分析と最小平均偏相関(minimum average partial correlation：以下MAP)を用いた(堀, 2005)。これら四つの基準によって提案される因子数が、4因子(スクリー基準、MAP)と5因子(カイザー基準、対角SMC平行分析)で分かれたため、4因子解、5因子解、くわえて理論的想定に従い6因子解を想定し、それぞれについて因子分析(最尤法・プロマックス回転)を行った。因子負荷量の絶対値が.400以下の項目およびそれに対応する項目を繰り返し削除した結果得られた項目について確認的因子分析を行い、適合度を算出した。その結果、4因子解の情報量基準($\chi^2(203)$ = 503.52, CFI = .913, RMSEA = .068, AIC = 603.52)は、5因子解の場合($\chi^2(242)$ = 615.01, CFI = .900, RMSEA = .070, AIC = 731.01)と6因子解の場合($\chi^2(284)$ = 757.08, CFI = .879, RMSEA = .073, AIC = 891.08)よりも良好だった。6因子解も採択不能な適合度ではないが、情報量基準を重視し、以下では4因子解で分析を進めた。最終的な項目数は22となった。

因子の命名　第1因子および第3因子には、「刑罰の厳罰化」と「治療の推進化」として想定した項目のみが含まれた。そのため、これらの因子を想定通り「刑罰の厳罰化」および「治療の推進化」と名付けた。また、第2因子および第4因子に含まれた項目は、「刑罰(治療)の早期化」「刑罰(治療)の拡大化」の項目だった。つまり刑罰と治療の「早期化」と「拡大化」として想定した項目が、それぞれ合わさり一つの因子を形成していた。このことから、それらの因子を「刑罰(治療)の早期拡大化」と命名した。したがってこれらの因子の構成概念は、「より早い段階で、より多くの行為を刑罰(教育や治療)という手段によって取り締まることを支持する態度」である。各因子のCronbachのα係数はαs>.81であり、十分な値を示した。以上の分析から得られた項目の因子負荷量およびそれぞれの項目に対する肯定率(P)をTable 2に示す。

性差の検討　作成された各因子の得点を検討した。Welchのt検定を用いて、各下位因子の性別ごとの得点に有意差が見られるかを検討し、効果量(Hedges' d)を算出した(Table 3)。その結果、「刑罰の早期拡大化」因子の得点のみに有意差が見られ、男性と比べて女性の方が刑罰の早期拡大化を支持することが示された。

基準関連妥当性の検討　作成した尺度の基準関連妥当性を検討するために、厳罰志向性尺度に加え、犯罪の責任帰属スタイル尺度ならびに治療尺度との相関を算出した(Table 4)。想定の通り、厳罰傾向の下位要素である「刑罰の厳罰化」ならびに「刑罰の早期拡大化」は、厳罰志向性(rs =.79, .35)と犯罪者に対する責任帰属(rs =.18, .20)と有意な正の相関を示した。また治療傾向の下位要素である「治療の推進化」ならびに「治療の早期拡大化」は、改善更生への支持と有

Table 2. 刑事司法に対する態度尺度の因子分析結果（最尤法・プロマックス回転）

		F1	F2	F3	F4	P[b)]
F1	刑罰の厳罰化（α =.90）					.52
kg	犯罪者に対する判決をもっと厳しくするべきだ a)	.91	-.12	-.03	.11	.59
kg	私が裁判官なら，今以上に厳しい罰を犯罪者に与えたい a)	.88	-.03	-.02	.03	.42
kg	なぜ犯罪者への刑罰があんなに軽いのかと疑問に思う a)	.78	.10	.00	.00	.55
kg	犯罪をした人に与えられる刑期は短すぎる a)	.68	.09	-.02	-.09	.61
kg	犯罪者への罰は厳しくすればするほどよい	.58	.22	-.10	-.01	.41
F2	刑罰の早期拡大化（α =.83）					.28
ks	人に不安を与える行為をした時点で，刑罰を科せるようにするべきだ	-.16	.86	.00	-.02	.27
ks	人に不安を与える行為を行った段階で，法律で処罰できるようにするべきだ	.01	.74	-.03	.07	.30
kk	単に他人に迷惑をかけるだけの行為であっても，法律で処罰できるようにするべきだ	.05	.70	.03	.03	.29
kk	単に常識やモラルを傷つけるだけの行為であっても，逮捕できるようにするべきだ	.09	.66	.04	-.02	.26
ks	人に迷惑をかける行為を行った時点で，逮捕できるようにするべきだ	.18	.55	.11	-.00	.31
ks	実際に犯罪が起きる前に，刑罰を科せるようにするべきだ	.07	.47	-.03	-.03	.27
F3	治療の推進化（α =.87）					.56
csu	なぜ犯罪者の社会復帰を重視しないのかと疑問に思う	-.02	.10	.83	-.06	.48
csu	犯罪者に対して社会復帰や更生のための援助を，もっと行なうべきだ	.01	-.10	.82	.12	.63
csu	犯罪をした人に対して行われる，社会復帰のための援助は少なすぎる	-.01	.07	.74	.06	.56
csu	私が裁判官なら，今以上に犯罪者の社会復帰を重視した判決を下したい	-.08	.09	.69	-.16	.46
csu	犯罪者の社会復帰や更生のための援助は，充実させればさせるほどよい	-.04	-.12	.58	.17	.65
F4	治療の早期拡大化（α =.81）					.70
ck	単に他人に迷惑をかけるだけの行為をする人にも，生活を改めさせるための援助を行なうべきだ	-.13	.01	-.07	.85	.59
cso	人に不安を与える行為を行なった段階で，生活を改めさせるための援助を行なうべきだ	-.09	.07	-.10	.81	.56
cso	人に不安を与える行為をした時点で，予防のための援助を行なうべきだ	-.03	.14	.00	.73	.62
cso	人に迷惑をかける行為を行った時点で，そのような行為をしないよう教育を行なうべきだ	.07	.06	.03	.53	.81
ck	単に常識やモラルを傷つけるだけの行為をする人にも，そのような行為をしないよう教育を行なうべきだ	.17	-.04	.12	.46	.78
cso	実際に犯罪が起きる前に，予防のための援助を行なうべきだ	.18	-.23	.10	.43	.87

注) 各項目文頭の略号は，kg:「刑罰の厳罰化」，ks:「刑罰の早期化」，kk:「刑罰の拡大化」，csu:「治療の推進化」，cso:「治療の早期化」，ck:「治療の拡大化」をそれぞれ想定して作成されたことを示す。
a) 板山（2014）の厳罰志向性尺度をもとに作成した項目を示す。
b) 6（非常にそう思う），5（かなりそう思う），4（どちらかと言えばそう思う）と答えた回答者の割合を示す。

Table 3. 性別による刑事司法に対する態度尺度の Welch の t 検定の結果

	男性（n = 103）		女性（n = 202）		t(df)	Hedges' d
	M	(SD)	M	(SD)		
刑罰の厳罰化	3.52	(1.19)	3.58	(0.97)	t(172.01) = 0.41	.05
刑罰の早期拡大化	2.71	(0.89)	2.97	(0.74)	t(171.70) = 2.53**	.33
治療の推進化	3.68	(1.06)	3.63	(0.85)	t(169.81) = 0.38	.05
治療の早期拡大化	3.81	(0.79)	3.97	(0.72)	t(189.55) = 1.64	.20

** $p < .01$

Table 4. 刑事司法に対する態度尺度の下位因子と他尺度との相関

	M	(SD)	α	2	3	4	5	6	7
1 刑罰の厳罰化	3.57	(1.05)	.90	.48**	-.39**	.08	.79**	-.59**	.18**
2 刑罰の早期拡大化	2.88	(0.80)	.83		-.11†	.34**	.35**	-.28**	.20**
3 治療の推進化	3.64	(0.92)	.87			.37**	-.57**	.75**	-.22**
4 治療の早期拡大化	3.92	(0.74)	.81				-.04	.20**	-.15**
5 厳罰志向性尺度	3.20	(0.69)	.88					-.71**	.23**
6 更生への支持	4.26	(0.81)	.80						-.37**
7 犯罪者に対する責任帰属	3.76	(0.72)	.64						

** $p < .01$, † $p < .10$

意な正の相関を示し(rs = .75, .20)、犯罪者に対する責任帰属とは有意な負の相関を示した(rs = −.22, −.15)。

考察

本研究では、刑事司法に対する態度を測定する尺度を作成し、その信頼性および妥当性を検証することを目的とした調査を行った。法学における理論的枠組みを援用し、刑事司法に対する態度に含まれる6つの要素を想定した項目を作成し、質問紙による調査を行い、非専門家である大学生が刑事司法を実際にどのように捉えているかを明らかにした。その結果、一定の信頼性と妥当性を有する尺度が作成された。

本研究の示唆は以下の五点である。第一に、刑事司法に対する態度尺度の下位因子間の関係について述べれば、「刑罰の厳罰化」因子と「治療の推進化」因子間の相関は中程度のものだった(r = −.39)。厳罰傾向と治療傾向はこれまで対立するものとして論じられることが多かったが、本研究の結果は、それらが必ずしも対立するものではなく、一人の回答者の中で共存することもありうることを示唆している。

第二に、「刑罰の早期拡大化」因子と「治療の早期拡大化」因子の間の相関も同様に中程度のものであった(r = .34)。このことは、一般の大学生が刑罰による取り締まりと治療による取り締まりをある程度峻別していること、つまり「どのような手段にせよ犯罪を取り締まってほしい」といった態度を有しているのではないことを示唆している。これら2つの因子は伝統的な刑罰目的の分類における抑止と類似した概念を測定していると考えられるが、本研究の結果は、刑事司法に対する態度を検討するに際して

は、その目的だけではなく、その手段を検討する必要があることを示唆している。

第三に、刑罰と治療がある程度峻別されているのに対して、「刑罰(治療)の早期化」と「刑罰の拡大化」は、大学生の態度においては峻別されていない。とはいえ、たとえば近年話題になった共謀罪によって新たに犯罪になった行為が、行為の準備行為を行ったというより早い段階で犯罪とされるようになったのか、それとも以前は犯罪ではなかった行為の準備行為も含む形でより多くの行為が犯罪とされるようになったのかを峻別するのはきわめて困難であり、そのように考えれば、本研究の結果は論理的に妥当な結果だと思われる。

「刑罰の早期拡大化」は、これまで法的な取り締まりの対象ではなかった行為をより広く、そしてより早く取り締まることを支持するという点で、「犯罪でない行為を法律上の犯罪として刑事制裁の対象にすること」(大谷, 2009, p. 91)を指す「犯罪化」への支持と類似した概念を測定していると考えられる。また同様に、「治療の早期拡大化」は、犯罪行為を医療や教育の観点から把握し、その促進を求めるという点で、「医療化」(Conrad & Schneider, 1992 進藤他訳 2003)への支持と類似した概念を測定していると考えられる[5]。これらのことから、これらの因子をそれぞれ「犯罪化傾向」と「医療化傾向」と名づけることもできるだろう[6]。

第四に、今回のサンプルでは刑罰の厳罰化(52%)や早期拡大化(28%)のみが求められているわけではなく、治療の推進化(56%)や早期拡大化(70%)も広く支持されていた。このことから、本研究の結果は、特にアメリカで調査を行なった研究者が述べたように(Cullen, Cullen, & Wozniak, 1988；Roberts, 2008)、世論は犯罪者に対して厳しい罰のみを求めているわけではなく改善更生も同時に求めていることを示唆している。本研究のサンプルは、教育水準が高く(Ousey & Unnever, 2012；Kelly, 2014)、女性が多い(Applegate, Cullen, Fisher, & Ven, 2000；Chen & Einat, 2015)などの点で、相対的に厳罰傾向が低い集団であり、そうである以上、本研究の結果を一般化することはもちろん不可能である

---

[5] ここではConrad and Schneider (1992, 進藤・杉田・近藤訳 2003, p. 405)のように、「医療化」を、純粋な医学だけではなくカウンセリングなどの心理技法も含めた広い意味で用いている。

[6] また、それと対応する形で、本尺度に含まれる「刑罰の厳罰化」を(従来の包括的な「厳罰傾向」と区別し)「厳罰化傾向」と名づけることもできるだろう。

ため、今後は本研究で得られた知見の一般化可能性を検討することが必要である。

第五に、性差について述べれば、本研究では男性と比べ女性の方が「刑罰の早期拡大化」を支持するという結果が得られた。先行研究では、女性の方が犯罪不安を感じやすいという結果が繰り返し報告されており(小俣, 2012；阪口, 2008)、そのような要因が女性の態度に影響を与えている可能性がある。

今後の展望としては、第一に、より多様な属性を有する人々に回答を求め、本研究で作成された尺度の一般化可能性を検討する必要がある。第二に、本研究では刑事司法に対する一般的な態度を測定することを目的とした調査を行ったが、今後の研究では、本研究で作成された尺度が、個別の政策への支持とどのように関連するのか、より具体的には、どのような個別の政策が一般的な厳罰傾向や治療傾向と関連を示すのか、またこれらの関係性は他の変数によって媒介されることがあるのかなどについて調査を発展させていくことが望まれる。

また第三に、本研究で作成された尺度を用いることによって、従来の研究のように厳罰を求めるか求めないかという単一的な次元でのみならず、厳罰を求めつつも治療もある程度求める回答者もいるといったより複合的な視点から、一般市民の態度を測定することが可能になった。言い換えれば、たとえば厳罰的な政策を一義的には選好するが、治療的な政策もある程度は許容しうる人々を本尺度によって特定することができるようになった。Zimring et al. (2001)は一般市民が求める刑罰の上限(つまり選好する最も厳罰的な政策)だけではなく下限(つまり選好する最も厳罰的でない政策)を検討することの重要性を主張しているが、以前の尺度を刑事政策に実践的に応用する場合、可能なことは厳罰傾向を規定する要因を検討しその知見を用いて厳罰的な政策への支持を減少させることに限定されていたのに対し、それにくわえて本尺度では厳罰傾向だけでなく治療傾向を規定する要因を検討することができるようになったことで、治療傾向を増大させ治療的な政策への許容度を上昇させる方途を探ることも可能になった。まとめていえば、本尺度の作成によって、一般市民の要求をとりいれつつも必ずしも厳罰的ではない刑事政策の受容を促進するにあたってのより多様な方策を特定することが期待できる。

刑事司法という領域は、人の感情、合理的判断、習慣など様々な要因が流れ込む領域であり(Garland, 1990 藤野監訳 2016)、その性質上、刑事司法に関する研究では、実証に基づいた考察よりも、素朴な印象論や感覚・常識が先行することが多いと言われる(Best, 2006 林訳 2009；浜井, 2011)。本研究で作成した刑事司法に対する態度尺度が、一般の人々が刑事司法に対して持つ態度の実証的な研究を促進することを期待したい。

引用文献

Adriaenssen, A., & Aertsen, I. (2015). Punitive attitudes : Towards an operationalization to measure individual punitivity in a multidimensional way. *European Journal of Criminology, 12,* 92-112.

American Friends Service Committee (1971) *Struggle for justice : A report on crime and punishment in America.* New York : Hill and Wang.

Allen, F. (1978). Decline of the rehabilitative ideal in American criminal justice. *Cleveland State Law Review, 27,* 147-156.

Allen, F. (1981). *The decline of rehabilitative ideal : Penal policy and social purpose.* Connecticut : Yale University Press.

Applegate, B. K., Cullen, F. T., Fisher, B. S., & Ven, T. V. (2000). Forgiveness and fundamentalism : Reconsidering the relationship between correctional attitude and religion. *Criminology, 38,* 719-753.

Beckett, K. (1997). *Making crime pay : Law and order in contemporary American politics.* Oxford : Oxford University Press.

Best, J. (2006). *Flavor of the month : Why smart people fall for fads.* California : University of California Press.
(ベスト, J. 林 大 (訳) (2009). なぜ賢い人も流行にはまるのか——ファッドの社会心理学—— 白揚社)

Chen, G., & Einat, T. (2015). The relationship between criminology studies and punitive attitudes. *European Journal of Criminology, 12*, 169-187.

Conrad, P., & Schneider, J. W. (1992). *Deviance and medicalization: From badness to sickness* (2nd ed.). Philadelphia: Temple University Press.

（コンラッド, P., & シュナイダー, J. W. 進藤雄三・杉田 聡・近藤 正英（訳）（2003）．逸脱と医療化——悪から病いへ—— ミネルヴァ書房）

Cullen, F. T., Clark, G. A., Cullen, J. B., & Mathers, R. A. (1985). Attribution, salience, and attitudes toward criminal sanctioning. *Criminal Justice and Behavior, 12*, 305-331.

Cullen, F. T., Cullen, J. B., & Wozniak, J. F. (1988). Is rehabilitation dead? The myth of the punitive public. *Journal of Criminal Justice, 16*, 303-317.

Cullen, F. T., & Gilbert, K. E. (2012). *Reaffirming rehabilitation* (2nd ed.). London: Routledge.

Currie, E. (2013). *Crime and punishment in America*. 2nd ed. New York: Picador.

戴 伸峰・大渕 憲一・石毛 博（2006）．青少年犯罪の原因に対する一般市民と専門家の認知の比較 犯罪心理学研究, 44, 19-32.

団藤 重光（1990）．刑法綱要総論 第3版 創文社

De Waal, F. (1996). *Good natured: The origins of right and wrong in humans and other animals*. Massachusetts: Harvard University Press.

（ドゥ・ヴァール, F. 西田 利貞・藤井 留美（訳）（1998）．利己的なサル，他人を思いやるサル——モラルはなぜ生まれたのか—— 草思社）

Foucault, M. (1975). *Surveiller et punir: Naissance de la prison*. Paris: Gallimard.

（田村 俶（訳）（1977）．監獄の誕生——監視と処罰—— 新潮社）

Garland, D. (1990) *Punishment and modern society: A study in social theory*. Chicago: Chicago University Press.

（ガーランド, D. 藤野 京子（監訳）（2016）．処罰と近代社会——社会理論の研究—— 現代人文社）

Garland, D. (2001) *The culture of control*. Chicago: University of Chicago Press.

Garland, D. (2012). *Peculiar institution: America's death penalty in an age of abolition*. Massachusetts: Harvard University Press.

Gault, B. A., & Sabini, J. (2000). The roles of empathy, anger, and gender in predicting attitudes toward punitive, reparative, and preventative public policies. *Cognition and Emotion, 14*, 495-520.

後藤 崇志・石橋 優也・梶村 昇吾・岡 隆之介・楠見 孝（2015）．日本版自由意志・決定論信念尺度の作成 心理学研究, 86, 32-41.

Hamai, K., & Ellis, T. (2006). Crime and criminal justice in modern Japan: From reintegrative shaming to popular punitivism. *International Journal of the Sociology of Law, 34*, 157-178.

Hartnagel, T. F., & Templeton, L. J. (2012). Emotions about crime and attitudes to punishment. *Punishment and Society, 14*, 452-474.

平野 竜一（1965）．現代法と犯罪 平野竜一（編著）岩波講座 現代法11（pp. 1-31） 岩波書店

平野 龍一（1979）．最近の犯罪学界の動向——第八回国際犯罪学会大会に関連して—— ジュリスト, 699, 84-91.

平野 龍一（2001）．時代の挑戦と刑法学の対応 現代刑事法, 3, 2-5.

石川 正興（1979）．改善・社会復帰行刑の将来——アメリカ合衆国と日本の場合—— 比較法学, 14, 89-116.

von Hirsch, A., Ashworth, A., & Roberts, J. (2009). *Principled Sentencing: Readings on theory and policy*. 3rd ed. Portland: Hart.

浜井 浩一（2011）．実証的刑事政策論——真に有効な犯罪対策へ—— 岩波書店

堀 啓造（2005）．因子分析における因子数決定法平行分析を中心にして 香川大学経済論叢, 77, 545-580.

石村 善助・所 一彦・西村 春夫（編著）（1986）．責任と罰の意識構造 多賀出版

板山 昂（2014）．裁判員裁判における量刑判断に関する心理学的研究——量刑の決定者と評価者の視点からの総合的考察—— 風間書房

加藤 久雄（1999）．ボーダーレス時代の刑事政策 改訂版 有斐閣

Kelly, D. (2014). Punish or reform? Predicting prison staff punitiveness. *Howard Journal of Criminal Justice, 53*, 49-68.

Kury, H., Kania, H., & Obergfell-Fuchs, J. (2004). Worüber sprechen wir, wenn wir über Punitivität sprechen? Versuch einer konzeptionellen und empirischen Begriffsbestimmung. *Kriminologisches Journal, 36*, 51-88.

Loader, I. (2005). Fall of the "platonic guardians": Liberalism, criminology and political responses to crime in England and Wales. *British Journal of Criminology, 46*, 561-586.

Mackey, D. A., & Courtright, K. E. (2000). Assessing punitiveness among college students: A comparison of criminal justice majors with other majors. *The Justice Professional, 12*, 423-441.

Matthews, R. (2005). The myth of punitiveness. *Theoretical Criminology, 9*, 175-201.

Maguire, E., & Johnson, D. (2015). The structure of public opinion on crime policy: Evidence from seven Caribbean nations. *Punishment and Society, 17*, 502-530.

Martinson, R. (1974). What Works? Questions and answers about prison reform. *Public Interest, 35*, 22-54.

Maruna, S., & King, A. (2009). Once a criminal, always a criminal? "Redeemability" and the psychology of punitive public attitudes. *European Journal on Criminal Policy and Research, 15*, 7-24.

McCorkle, R. C. (1993). Punish and rehabilitate? Public attitudes toward six common crimes. *Crime and Delinquency, 39*, 240-252.

松原 英世（2014）．刑事制度の周縁——刑事制度のあり方を探る—— 愛媛大学法学会

松原 芳博（2013）．刑法総論 日本評論社

宮澤 浩一・藤本 哲也（1984）．講義 刑事政策 青林堂

Miyazawa, S. (2008). The politics of increasing punitiveness and the rising populism in Japanese criminal justice policy. *Punishment and Society, 10*, 47-77.

向井 智哉・三枝 高大・小塩 真司（2017）．厳罰傾向と"不合理な信念" 法と心理, *17*, 1-9.

村山 綾・今里 詩・三浦 麻子（2012）．評議における法専門家の意見が非専門家の判断に及ぼす影響——判断の変化および確信度に注目して—— 法と心理, *12*, 35-44.

中嶋 博行（2007）．この国が忘れていた正義 文藝春秋

中谷内 一也・島田 貴仁（2008）．犯罪リスク認知に関する一般人-専門家間比較——学生と警察官の犯罪発生頻度評価—— 社会心理学研究, *24*, 34-44.

Nietzsche, F. (1887). *Zur Genealogie der Moral: Eine Streitschrift*. Leipzig: Verlag von C. G. Neumann.

（ニーチェ，F. 木場 深定（訳）（1964）．道徳の系譜 岩波文庫）

大谷 實（2009）．新版 刑事政策講義 弘文堂

小俣 謙二（2012）．犯罪の予測可能性・対処可能性評価が大学生の犯罪リスク知覚と犯罪不安に及ぼす影響 社会心理学研究, *27*, 174-184.

小俣 謙二・島田 貴仁（編著）（2011）．犯罪と市民の心理学——犯罪リスクに社会はどうかかわるか—— 北大路書房

Ousey, G. C., & Unnever, J. D. (2012). Racial-ethnic threat, out-group intolerance, and support for punishing criminals: A cross-national study. *Criminology, 50*, 565-603.

Roberts, J. V. (2008). Sentencing policy and practice: The evolving role of public opinion. In Freiberg, A. & Gelb, K. (Eds.). *Penal populism, sentencing councils and sentencing policy*. London: Routledge, pp.15-30.

Rosenberger, J. S., & Callanan, V. J. (2011). The influence of media on penal attitudes. *Criminal Justice Review, 36*, 35-455.

阪口 祐介（2008）．犯罪リスク知覚の規定構造——国際比較からみる日本の特殊性——社会学評論, *59*, 462-477.

坂本 敏夫（2010）．死刑と無期懲役 ちくま新書

佐藤 直樹（2015）．犯罪の世間性 青弓社

瀬川 晃（2005）．刑事政策の視点からみた刑事法の現在と課題 刑事法ジャーナル, *1*, 18-28.

Sims, B. (2003). The impact of causal attribution on correctional ideology: A national study. *Criminal Justice Review, 28*, 1-25.

清水 裕士（2016）．フリーの統計分析ソフトHAD——機能の紹介と統計学習・教育，研究実践における利用方法の提案—— メディア・情報・コミュニケーション研究, *1*, 59-73.

白井 美穂・黒沢 香（2009）．量刑判断の要因についての実験的検討——前科情報の種類による効果—— 法と心理, *8*, 114-127.

Stuntz, W. J. (2011). *The collapse of American*

criminal justice. Massachusetts：Harvard University Press.
生島 浩（2007）．総説　生島浩・村松励（編）犯罪心理臨床（pp. 3-4）　金剛出版
高橋 則夫（2010）．刑法総論　成文堂
田宮 裕（1998）．変革の中の刑事法――戦後刑事法学は"異端"だったのか――　芝原 邦爾・西田 典之・井上 正仁（編）　松尾浩也先生古稀祝賀論文集 上（pp. 2-22）　有斐閣
Tyler, T. R., & Boeckmann, R. J. (1997). Three Strikes and You Are Out, but Why? The Psychology of Public Support for Punishing Rule Breakers. *Law and Society Review, 31,* 237-266.
若林 宏輔（2016）．法心理学への応用社会心理学アプローチ　ナカニシヤ出版
Walker, N. (1991). *Why Punish?* Oxford：Oxford University Press.
綿村 英一郎・分部 利紘・高野 陽太郎（2010）．一般市民の量刑判断――応報のため？ それとも再犯抑止やみせしめのため？――　法と心理, *9,* 98-108.
Wilson, J. Q. (2013). *Thinking about crime.* New York：Basic Books.
山岡 重行・風間 文明（2004）．被害者の否定的要素と量刑判断　法と心理, *3,* 98-110.
Zimring, F. E., Hawkins, G, & Kamin, S. (2001). *Punishment and democracy：Three strikes and you're out in California.* Oxford：Oxford University Press.

Appendix 1. 改善更生への支持の平均値（*SD*）

項目	*M*	(*SD*)
犯罪者に社会復帰や更生のための援助をすることは，彼らに罰を与えるのと同じくらい重要なことだ	4.68	(1.37)
大人の犯罪者に社会復帰のための援助をしたところで，結局その試みはうまくいかない[a]	4.10	(1.34)
受刑者に社会復帰や更生のための援助をしても意味がないことは，これまで明らかにされてきた[a]	4.50	(1.21)
犯罪者を社会の犠牲者であると考えるのをやめ，犯罪の被害者にもっと関心を払うべきだ[a]	3.43	(1.27)
刑務所で現在行われている教育プログラムを，さらに充実させることに賛成だ	4.72	(1.23)
日本の犯罪問題に対する唯一の効果的で人間的な対策は，犯罪者の社会復帰を進めることだ	3.88	(1.28)
犯罪者のための援助が上手くいっていないのは，資金が足りないからだ。もし十分な資金があれば，これらのプログラムは上手くいくだろう	3.60	(1.13)
私たちの社会で犯罪を減少させる唯一の方法は，犯罪者を罰することであって，犯罪者の社会復帰を進めることではない[a]	4.47	(1.43)
犯罪者の改善更生を重視することは，罰せられるべき犯罪者を見逃すことだ[a]	5.06	(1.41)

注）数値は逆転後の値を示す。レンジ：1（まったくそう思わない）― 7（とてもそう思う）。
[a] 逆転項目を示す。

Appendix 2. 犯罪者に対する責任帰属の平均値（*SD*）

項目	*M*	(*SD*)
犯罪の主要な原因は貧困である[a]	3.93	(1.36)
ほとんどの犯罪者は，精神的に不幸な生活を送っている人だ[a]	3.67	(1.29)
ほとんどの犯罪者は，自分の意志で法律を破る	4.05	(1.33)
ほとんどの犯罪者は，不幸な幼少期を過ごした人だ[a]	4.06	(1.35)
ほとんどの犯罪者は，恵まれない家庭で育った人だ[a]	4.00	(1.32)
法律を破るほとんどの人は，「今の日本では犯罪をすれば得になる」と思っているから犯罪をする	3.14	(1.30)
ほとんどの犯罪者は，自分は捕まらないと思っているから犯罪をする	3.45	(1.41)

注）数値は逆転後の値を示す。レンジ：1（まったくそう思わない）― 7（とてもそう思う）。
[a] 逆転項目を示す。

Development of Attitudes towards Criminal Justice Scale
Tomoya MUKAI (Graduate School of Letters, Arts and Sciences, Waseda University)
Kyoko FUJINO (Faculty of Letters, Arts and Sciences, Waseda University)

Although attitudes towards criminal justice have been broadly studied since the 1970s, it has been pointed out that diversity in scales and constructs generates great confusion in interpreting the results yielded by studies. Thus, the present study aims to create a scale that measures attitudes towards criminal justice with high reliability and validity. In particular, we reviewed existing arguments, paying special attention to those about criminalization, to identify six elements to be included in the scale. This was followed by a questionnaire survey research. Based on a confirmatory factor analysis, we found that attitudes towards the criminal justice scale consist of four factors, showing high reliability and validity. Further implications are discussed.

Key words Attitudes toward criminal justice, punitiveness, rehabilitation

原著論文
量刑判断にもたらす心理的距離の影響
―― 事件の発生時期に着目して[1]

谷口友梨[2]・池上知子[3]

　Trope & Liberman（2010）が提起した解釈レベル理論（Construal level theory）では、対象に対して知覚した心理的距離が遠いほど中心的特徴（e.g., 行為者の特性）の観点から、近いほど対象の周辺的特徴（e.g., 行為の生起状況）の観点から対象が表象され、また、この現象は潜在レベルと顕在レベルの処理両方に影響すると主張されている。そこで、本研究では2つの実験を実施し、事件に対する心理的距離が被告人に対する量刑判断にどのように影響するのかを検討した。参加者にある殺人事件について数十年前または数か月前に発生したと伝えて概要を呈示し、事件に対する潜在および顕在レベルの推論を測定した。その結果、事件の発生時期が遠い過去であるほど、顕在レベルにおいて事件の発生原因が被告人自身に帰属されやすく、被告人に対する同情の感情が抑制され、量刑判断が厳しくなることが示された（実験1）。加えて、事件の発生時期の影響は潜在レベルの推論にも作用しており、事件に対する心理的距離が近いほど、被告人の置かれた状況に関する自発的推論が生じやすくなることが示された（実験2）。事件の発生時期によって事件に対する解釈の仕方が変化し、それによって被告人に対する非難の程度が規定されることについて司法判断の公正性の観点から議論された。

キーワード 事件の発生時期、解釈レベル理論、心理的距離、自発的推論

　2009年より裁判員制度が開始され、一般市民も刑事裁判に参加し、判決・量刑判断を行うようになった。加えて、被害者の心情をくみ取り、2010年4月27日には刑事訴訟法の改正が行われ、最高刑が死刑にあたる殺人、強盗殺人などの罪は時効が廃止され、これら以外の「人を死亡させた罪」についても時効期間が2倍に延長された。これにより、遠い過去に発生した事件についても裁判が実施されるようになった。では、このように事件発生から長い年月が経過している事件の審理は、比較的最近に発生した事件の審理と比べて何か違いがあるのだろうか。もし違いが生ずるとすれば、裁判の公正さを妨げる一因になるかもしれない。本研究では、そうした疑問に基づき、事件の発生時期に着目し、事件の発生時期が被告人に対する量刑判断に影響を及ぼす可能性について検討する。

刑事事件における考慮事情

　刑事事件では、量刑判断を行う際、責任能力や情状が考慮される（廣井, 2013）。責任能力は、被告人の内的側面に焦点を当て、問題を被告人に内在化させるものであり、犯罪の原因は被告人だけにあるとみなすものである。一方、情状とは、訴因事実以外の情状を対象とし、被告人が事件を起こすまでの生育歴、家族関係や友人関係などの諸関係を捉え、生活体としての生身の人間である被告人を理解しようとするものである。どのように処遇することで被告人が更生できるのかを見極めて量刑判断につなげる。裁判員裁判が開始されるまでは、裁判官裁判が実施されていたが、そこでは、量刑の決定は、主

---
(1) 本研究のうち、実験2は日本科学協会笹川科学研究助成の補助を受けた。また、本研究の一部は、The 10th East Asian Association of Psychology and Law Conference および日本グループ・ダイナミクス学会第64回大会で報告された。
(2) 大阪市立大学大学院文学研究科都市文化研究センター・研究員・社会心理学
(3) 大阪市立大学大学院文学研究科・教授・社会心理学

に責任能力に依拠し、情状についてはほとんど考慮されてこなかった(高田, 2012)。一方、裁判員裁判では、裁判官裁判と異なり、情状の考慮の必要性が高まっている。法律の専門家ではない裁判員は自然な感覚で「なぜ、こんな凄惨な事件を起こしたのか」という素朴な疑問にこだわるためである(辻, 2012)。情状を考慮に入れる裁判員裁判では、裁判官裁判に比べて、被告人の動機に同情できるような事件では執行猶予判決が増え、理不尽な動機による殺人では厳罰化する傾向がみられている(辻, 2012)。

事件に対する心理的距離の影響

前述したように裁判員裁判では、情状を考慮に入れた判断がなされやすい。しかし、全ての事件が等しく情状を考慮に入れて判断されるわけではない。量刑判断には上記以外に「行為態様」「結果」「動機、犯行に至る経緯」「計画性」「被害者の落ち度」「犯罪の社会的影響」といった様々な考慮すべき事情があり、どの要因に着目するかは裁判ごとに異なるためである(司法研修所、2012)。

それでは、上記のうちどの要因に着目するかは、どのように規定されるのだろうか。我々は対象を観察する際、その対象に対して様々な心理的距離を知覚する。Trope & Liberman (2010)が提起した解釈レベル理論によると、対象が「今、ここ」から近いか遠いかという主観的経験のことを心理的距離という。心理的距離は自己中心的であり、あくまで主観的であるため、物理的、客観的距離とは異なる。一般に対象との間の心理的距離を遠く知覚するほど、対象の中心的情報に焦点が当てられやすく、一方、対象との間の心理的距離を近くに知覚するほど、対象の周辺的情報に焦点が当てられやすくなると述べられている。例えば、他者の行動を解釈する際、その行動事象との間に知覚される時空間的距離が近いよりも、遠い方が行為の原因を、行為が生起した状況を無視し、行為者の特性に過剰に帰属する対応バイアスが現われやすい(Fujita, Henderson, Eng, Trope, & Liberman, 2006;Nussbaum, Trope, & Liberman, 2003)。人は近い事象と比べ、遠い事象については直接経験することができない。このため、遠い事象については情報が乏しく、それを補うべく抽象的な概念を用いて表象する。人物特性を用いた表象方法は抽象的な表現方法に該当するため(Semin & Fiedler, 1988)、遠く知覚された行為事象に対しては人物特性の観点から表象されやすくなる。一方、近い事象については直接経験することが可能で、対象に関する情報を多く入手することができるため、それらの情報が考慮され、より詳細で具体的に表象される。また、対象に対して知覚された心理的距離と対象の表象レベルとの関係は過剰般化するとされ(Trope & Liberman, 2010)、対象について、同一の情報を呈示されたとしても、遠さを喚起されると中心情報に焦点を当て、対象を抽象的に表象し、近さを喚起されると周辺情報に焦点を当て、対象を具体的に表象する(Liberman & Förster, 2009)。

年月が経過するほど、関係者の死亡や証拠の散逸によって、事件の捜査は困難になるといわれているが、上述した解釈レベル理論の観点から鑑みたとき、容疑者を逮捕、起訴し、判断材料もそろったうえで、裁判を行った場合においても、事件の発生時期が裁判員の判断に影響する可能性が考えられる。つまり、事件の発生時期が遠いほど、事件に対する心理的距離が遠くなり、事件の中心的特徴である犯罪行為そのものに焦点が当てられやすくなり、犯罪の原因は被告人にあるとみなしやすくなる。一方で、事件の発生時期が最近であるほど、事件に対する心理的距離が近くなり、事件の周辺的特徴である被告人が事件を起こすまでの経緯などに焦点が当てられやすくなり、事件に対する判断がその影響を受けて変化すると予測される。

事件に対して知覚された心理的距離の影響

それでは、このような心理的距離の影響は、事件に対する推論プロセスのどの部分(段階)にみられるだろうか。現在、対人認知研究では、無自覚、無意図的に生じる潜在レベルの推論と、意識的で努力を要する顕在レベルの推論の2種類の推論があるとされており(e.g., Uleman, 1999)、まず、潜在レベルの推論が生じた後、

その推論に基づき顕在レベルの推論が生じる（Gilbert, 1989）。Rim, Uleman, & Trope（2009）や谷口・池上（2018）では、心理的距離の影響は潜在レベルの推論に影響することが報告されており、心理的距離が近い人物よりも遠い人物の行動のほうが無自覚、無意図的（自発的）に人物の特性が推論されることが報告されている。谷口・池上（2018）では、McKoon & Ratcliff（1986）やVan Overwalle, Van Duynslaeger, Coomans, & Timmermans（2012）で用いられた再認プローブ課題を用いて検討が行われた。この手法は、情報の符号化時に生じた潜在レベルの推論を検出するために開発された手法である。まず、学習課題として参加者に心理的距離が遠いあるいは近い人物の顔写真と特性が含意された行動文（例．体調がすぐれない人を見かけて声をかけた、含意されている特性は「やさしい」）を対呈示し、記憶することを求める。その後、再認課題として、先に呈示した顔写真と行動文に含意された特性語（例．「やさしい」）を参加者に一緒に呈示し、先の行動文中に記載されていたか否かを判断することを求める。特性語は行動文には記載されていないため、正反応は「なかった」となる。しかし、実験の結果、同じ行動事象でも、心理的距離が近い人物よりも遠い人物の行動として紹介された場合の方が、含意特性語に対する誤反応（虚再認）が多く生じることが示された（谷口・池上, 2018）。これは、心理的距離が近い人物の行動よりも遠い人物の行動を目にした場合の方が、行為者の特性（「やさしい」）を潜在レベルで推論し、推論された特性が行為者情報として記憶されるため、再認課題の遂行が妨げられたと解釈されている。また、上記の特性を推論するという現象は、特性を人物（行為者）に帰属することを意味し（Carlston & Skowronski, 2005）、行為者情報として比較的長期間にわたり、記憶内に保持され（e.g., Carlston & Skowronski, 1994；Todorov & Uleman, 2003, 2004）、その後、顕在レベルにおいて当該人物の将来の行動を予測する際に利用されることがわかっている（McCarthy & Skowronski, 2011）。さらに、谷口・池上（2018）では、心理的距離が近い人物よりも遠い人物のほうが、事前に潜在レベルで推論された特性に基づき行動が予測されやすいことが示されている。

裁判場面においても、直感によって事件に対する判断が規定され、その後の判断プロセスにおいて、その直感を正当化しようとすることが指摘されている（Haidt, 2001）。また、直感は潜在的に形成され、無意図的に機能している可能性も示唆されている（Carlsmith & Darley, 2008）。

これらのことを鑑みたとき、事件に対して知覚された心理的距離によって潜在レベルの推論が影響を受け、その結果として事件に対する判断のされ方が異なる可能性が指摘できる。つまり、事件に対する心理的距離が遠いほど、事件の中心的特徴である被告人の犯罪行為そのものに焦点が当てられやすくなり、「卑劣」「冷酷」といった特性が潜在レベルで推論されやすくなり、行為の原因が被告人自身にあると帰属されやすくなる。結果、被告人に対する量刑判断が重くなることが予想される。

では、事件に対して知覚された心理的距離が近い場合は事件に対する判断の背後にどのような心的過程が存在するだろうか。これまでの対人認知研究において、他者の行動を観察した際、人物の特性だけではなく、人物の置かれた状況や行動の目標について自発的に推論されることが報告されている（Hassin, Aarts, & Ferguson, 2005；Lupfer, Clark, & Hutcherson, 1990）。このうち、特性推論については心理的距離の影響が検討されているものの（e.g., Rim et al., 2009）、その他の推論についてはほとんど検討されていない。しかし、既述したように、心理的距離が近いほど対応バイアスが抑制されるということは（e.g., Nussbaum et al., 2003）、行動の生起状況に焦点が当てられやすくなることを示唆していると考えられる。このことより、心理的距離を近く感じる事件であるほど、犯罪行為の周辺的情報である犯罪に至る経緯に焦点が当てられやすくなり、潜在レベルにおいて被告人の置かれた状況の推論が生起しやすくなると考えられる。

上記のことをまとめると、事件の発生時期が遠い過去であるほど、心理的距離が遠くなり、犯罪行為そのものに焦点が当てられ、行為自体が含意する「卑劣」「冷酷」といった被告人の特

性が潜在レベルで推論されやすくなる。これにより、顕在レベルにおいても、犯罪行動の原因が被告人の人物特性に帰属されやすくなると考えられる。これら潜在レベルで推論された特性は被告人の将来の行動を予測する際に利用されるため、結果として、更生する可能性が低く見積もられ、厳罰化すると考えられる。一方、事件の発生時期が最近であるほど、心理的距離が近くなり、犯罪に至る経緯に焦点が当てられ、被告人のおかれた状況が潜在レベルで推論されやすくなる。顕在レベルにおいても、犯罪行動の生起した原因は状況に帰属されやすくなると考えられる。このため、被告人に対する判断は生起状況に依存する傾向が強まり、状況が非難を弱めるものであるほど、同情が喚起され、更生する可能性が高く見積もられ、量刑判断が軽くなると考えられる。

仮説のまとめと本研究の概要

以上より、本研究では①事件の発生時期によって知覚される心理的距離によって潜在レベルおよび顕在レベルにおける事件に対する推論や判断が変化するか、②その結果、事件の被告人に対する処遇の程度が影響を受けるのかについて検討する。まず、実験参加者に発生時期が遠いあるいは近い事件の概要を呈示し、裁判員になったつもりでよく読むことを求めた後、再認プローブ課題(谷口・池上, 2018)を用いて、事件に対して生じた潜在レベルの特性および状況の推論を測定する。その後、顕在レベルでの事件に対する判断および被告人に対する量刑判断を問う。唐沢(2014)によると、被告人に対する量刑判断には、応報的動機と功利主義的動機の2種類の動機が影響している。応報的動機とは、反規範的行為に対する義憤によって喚起される懲罰動機である(唐沢, 2014)。応報的動機に関連する情報として、被害の大きさ、被告人の悪意、情状の余地などがあり、これまでの研究において、応報的動機に関する情報が量刑判断で考慮されやすいことが示されている(Carlsmith & Darley, 2008；Carlsmith, 2006；綿村・分部・高野, 2010)。

一方、功利主義的動機とは、懲罰の抑止効果に対する信念に関するものである。違反に対する懲罰は、当該の行為者の再犯を防止したり、他の一般の人たちの違反の抑止にもつながる。同様に、被告人の更生可能性もまた考慮される(唐沢, 2014)。McCarthy & Skowronski (2011)では、人物に対して推論された特性は、その人物の将来の行動の予測に利用されることが示されている。これより、犯罪行動から被告人の特性が推論されている場合、再び同様の犯罪行動を行うという再犯可能性を高く見積もり、更生する可能性を低く見積もる可能性がある。結果として、量刑判断が厳しいものになると推察される。

そこで、本研究では、事件に対する顕在レベルの判断として、応報的動機に関連する、被告人のとった行動に対して感じた悪質性の程度、被告人に対して感じた同情、及び功利主義的動機に関連する、被告人が再び罪を犯す可能性、被告人が更生する可能性について測定する。

本研究では、2種類の事件概要(実験1では介護殺人事件、実験2では強盗殺人事件)を用いて検討を行う。なお、事件に対して知覚された心理的距離によって、推論される内容および原因帰属の仕方が変化することを捉えるために、両実験ともに、犯罪行動の生起状況として、被告人に対する非難の程度を弱めるようなものを用いた。これにより、以下の仮説が導出される。

仮説1)事件の発生時期が最近であるよりも遠い過去である方が、心理的距離を遠く知覚し、「卑劣な」「冷酷な」といった被告人の特性が潜在レベルで推論されやすい。

仮説2)事件の発生時期が遠い過去であるより最近である方が、心理的距離を近く知覚し、「八方ふさがりな」「ふぐうな」といった被告人の置かれた状況が潜在レベルで推論されやすい。

仮説3)事件の発生時期が最近であるよりも遠い過去の方が、仮説1)と2)で想定される潜在レベルの推論の相違が応報的及び功利主義的動機に基づく顕在レベルの判断に反映され、被告人に対する量刑判断が重くなる。

実験1

実験1では、事件の発生時期により潜在レベルの推論が影響を受け、その結果として被告人に対する量刑判断が変化するかを検討した。上述したように、考慮事情として、犯行に至る経緯を取り上げ、被告人に対する非難の程度を弱めるような内容の周辺情報（状況）を含む架空の介護殺人事件のシナリオを用いて仮説の検討を行った。

方法

参加者と実験計画 大学院等で専門的な法学教育を受けた経験のない55名の学部学生（法学部学生も含む）が実験に参加した（平均20.3歳）[4]。このうち、日本語を母語としない留学生2名を分析対象から除外した。参加者を心理的距離が遠い（事件の発生時期が遠い過去）条件と近い（事件の発生時期が最近）条件に無作為に配置した（一要因参加者間計画）。

刺激材料 TKC法律情報データベース「LEX/DBインターネット」で公開されている判例を参考に、架空の介護殺人事件のシナリオを作成した（付録1参照）。事件概要の妥当性の確認および再認プローブ課題で使用する刺激語の選定を行うために、予備調査を質問紙法にて実施した。大学生28名に対し、事件概要を提示し、12の状況語、18の特性語が事件概要および被告人の性格を表すのにどの程度当てはまるかを7件法（1：全く当てはまらない〜7：非常に当てはまっている）で回答を求めた。状況語と特性語の評定順序は、カウンターバランスをとった。その結果、中点4点よりも当てはまりの程度が有意に高くかつ状況語と特性語の当てはまりの程度の間に差がみられないよう含意状況語、含意特性語を4語ずつ選んだ（含意状況語（$M = 4.83$, $SD = 1.12$；中点との比較は$ts(26) > 2.64$, $ps < .05$）），含意特性語（$M = 4.78$, $SD = 1.25$；中点との比較は$ts(26) > 2.26$, $ps < .05$）両者の平均値の比較（$F(1, 26) = 0.17$, ns）。また、中点4点よりも当てはまりの程度が有意に低い語を無関連語として、無関連状況語4語、無関連特性語4語（これらの刺激語の再認プローブ課題での正反応は「なかった」）を選定した。加えて、事件概要に記載されていた語（記載語）16語（再認プローブ課題での正反応は「あった」）を作成し、これらを再認プローブ課題で使用する刺激語として用いた。

また、人物（男性）の顔を描いたイラストを2枚作成し、このうちいずれか1枚を被告人の顔写真として使用した。どちらの顔写真を使用するかは、実験条件間、参加者間でカウンターバランスをとった。

実験装置 実験にはデスクトップ型パーソナル・コンピュータ（HP社製，ディスプレイはMTSUBISHI社製17型）を使用し、実験プログラムの制御はMillisecond社Inquisit 4により行った。

手続き 実験室で個別に実施した。「社会的判断」についての実験という教示のもと、全ての参加者から同意書への署名をもって実験参加への承諾を得た。

(1) **学習課題** まず、参加者に、ある事件の裁判員に選ばれ、裁判に参加しているつもりで事件概要をよく読むように教示した。このとき、半数の参加者には「この事件は20年前に発生した事件である」（心理的距離：遠条件）と紹介し、残りの参加者には「この事件は3か月前に発生した事件である」（心理的距離：近条件）と紹介した。続いて、心理的距離の効果を保持するため、心理的距離が遠い条件では、「1996年〇月〇日に発生した事件（20年前、発生した事件）」と書かれたバナーを、心理的距離が近い条件では、「2016年〇月〇日に発生した事件（3か月前、発生した事件）」と書かれたバナーをモニター画面に2秒間呈示した。月日については、参加者ごとに実験実施日に対応させた（e.g., 2016年12月1

---

[4] 心理学関連の授業終了時に受講生に対して実験参加者の募集を行った。募集にあたり、実験への参加は自由意志に基づくものであり、実験に参加してもらった受講生に対しては受講科目の成績が加点されることも伝えた。また、実験に参加しない（できない）場合でも、代替レポートの提出によって実験参加と同等に加点されることを伝えた。

日に実施した場合、「1996年9月1日」あるいは「2016年9月1日」とした)。その後、事件概要と人物の顔が描かれたイラスト1枚を被告人の顔として45秒間対提示した。

(2) **妨害課題** 続いて、短期記憶から情報を排除するため、3分間アナグラム課題を行った。

(3) **再認課題** 妨害課題終了後、潜在レベルの推論を測定するため、再認課題を実施した。課題内容は、モニター画面に呈示された刺激語が学習課題で呈示された事件概要の文章中に「あった」か「なかった」かを、できるだけ速く正確に回答するというものであった。まず注視点として「+」を画面中心に500ms間呈示後、学習課題で呈示した顔のイラストと刺激語を呈示した。回答にはキーボードの「F」と「J」のボタンを用いた。半数の参加者には刺激語があった場合「F」を、なかった場合「J」を押すことを求め、残りの半数には刺激語があった場合「J」を、なかった場合「F」を押すことを求めた。参加者がいずれかのボタンを押すと、反応へのフィードバックとして正解の場合「○」を、誤答の場合「×」を刺激語の下部に200 ms間呈示した。フィードバック呈示後、刺激語とイラストは消え、再び注視点が呈示された後、次の刺激語が先と同様のイラストと対呈示された。再認課題は計32試行実施し、第1、2、31、32試行は事件概要の記載語(自力で、わからない、言動、悪くなった)をダミー刺激として呈示し、第3〜30試行は刺激語を無作為な順序で呈示した。

(4) **顕在レベルの判断** 再認課題終了後、顕在レベルの判断を測定するため、以下の設問をモニター画面に呈示し、対応するボタンを押すことで回答を求めた。

1. **量刑判断** 最終的な判決として、この事件の犯人に与えるべき刑罰の重さについて、刑罰の長さを1年〜30年の間で判断することを求めた。このとき、評定値のばらつきを小さくするために「なお殺人罪における量刑は5年〜20年とされる場合が多い」という情報を提示した。

2. **考慮事情の測定** ①被告人のとった行動に対して感じた悪質性の程度、②被告人に対して感じた同情の余地の程度、③被告人が再度、罪を犯す可能性、④被告人が更生する可能性について、それぞれ7件法(1：全く思わない〜7：非常に思う)で回答を求めた。

3. **原因帰属** この事件が発生した原因について7件法(1：被告人の性格が原因だ〜7：被告人の置かれた状況が原因だ)で回答を求めた。

(5) **操作チェックと内観報告** 心理的距離の操作が意図したように働いていたかを確認するため、事件に対して知覚した遠さあるいは近さについて7件法(1：非常に最近の事件だ〜7：非常に過去の事件だ)で回答を求めた。その後、内観報告を求め、参加者の属性を尋ねた(年齢、性別)。

(6) **ディブリーフィング** 実験終了後、ディブリーフィングを行い、実験の真の目的を説明し、虚偽の教示を行ったことについて謝罪した。その上で、改めてデータの使用について許可を求めた。

結果と考察

操作チェック 上記の心理的距離に関する操作チェック項目の得点を条件間で比較したところ、20年前に発生した事件($M = 3.78, SD = 1.42$)の方が3か月前に発生した事件($M = 2.42, SD = 0.81$)よりも心理的距離を遠く知覚していることが確認された($t(51) = 4.24, p < .001$)。これより、事件の発生時期を用いた心理的距離の操作は有効であったといえる。次に、再認プローブ課題において第3〜30試行に出現した刺激語のうち、記載語に対する正反応率を算出した。正再認率は$M = .88$ ($SD = 0.10$)であり、チャンスレベル(0.5)と比較したところ、有意に高かった($t(52) = 26.59, p < .001$)。

仮説1と2の検討 Rim et al. (2009)を参考に、参加者ごとに各刺激語の虚再認率を求めたところ、データの分布の正規性に歪みが見られたため、それぞれ開平変換を行った。この値を用いて、含意特性語と無関連特性語の差得点、含意状況語と無関連状況語の差得点をそれぞれ算出した(Figure 1)。この値を用いて、まず0との比較をt検定で行ったところ、いずれの距離条件においても特性語、状況語の差得点はそれぞれ0よりも有意に高く($ts(26) > 2.27, ps <$

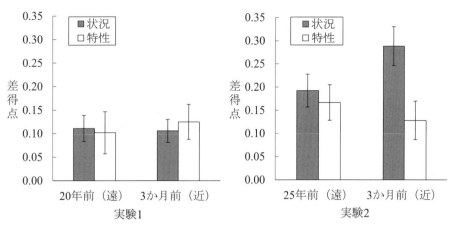

Figure 1. 再認課題における含意語と無関連語の虚再認率の差得点（実験1は左図、実験2は右図）
Note 1：エラーバーは標準誤差を示す。
Note 2：各差得点の範囲は、状況語：.00～.50、特性語：-.25～.75（実験1）、状況語：.00～.83、特性語：-.17～.67（実験2）。

Table 1. 被告人に対する顕在レベルにおける判断についての平均値

	量刑判断 （年数）	原因帰属	行動の 悪質性	同情の 余地	更生 可能性	再犯 可能性
実験1						
20年前	10.67	5.04	4.81	4.78	4.74	3.15
（心理的距離：遠）	(4.33)	(1.81)	(1.30)	(1.09)	(0.81)	(1.17)
3か月前	8.50	5.50	4.92	4.96	5.23	2.85
（心理的距離：近）	(4.21)	(0.86)	(1.16)	(0.92)	(0.91)	(1.29)
実験2						
25年前	16.96	4.54	6.08	3.54	3.77	4.73
（心理的距離：遠）	(4.91)	(1.39)	(0.84)	(1.36)	(1.11)	(1.08)
3か月前	14.31	5.15	6.04	4.42	4.31	4.58
（心理的距離：近）	(4.68)	(1.01)	(0.77)	(1.10)	(0.93)	(0.70)

注1）括弧はSDを示す
注2）原因帰属は1（被告人の性格）～7（被告人の置かれた状況）を表す

.05）、特性推論および状況推論が潜在レベルで生じていたことが確認された。2（心理的距離：遠い、近い）×2（単語：特性、状況）の分散分析を実施したところ、いずれの主効果および交互作用も有意でなかった（$Fs(1, 51) < 0.40, ns$）。これより、事件概要を読んだ際、被告人の特性および被告人の置かれた状況についての自発的推論は共起していたものの、心理的距離によって、自発的推論が変化するという仮説1、2は支持されなかった。

仮説3の検討 まず、顕在的な他者判断についての平均値をTable 1に示した。各変数について条件間で比較したところ、20年前に発生した事件であると紹介された場合よりも3か月前に発生した事件であると紹介された場合の方が、被告人が更生する可能性が高く判断されていた（$t(51) = 2.07, p = .043$）。その他の変数については条件間で差はみられなかった（$ts(51) < 1.2, ns$）。

続いて、被告人に対する量刑判断の値について、条件間で比較を行ったところ、3か月前に発生した事件と紹介された場合よりも20年前に発生した事件と紹介された場合の方が量刑が重く判断される傾向が示された（$t(51) = 1.85, p = .07$）。これより、やや効果は弱いものの仮説3が部分的に支持され、事件の発生時期によって異なる量刑判断が下されやすくなることが示された。

次に被告人の量刑判断に至る心的プロセスを検討するために、パス解析を実施した。理論モデルは、事件の発生時期によって生起しやすい潜在的な推論が変化し、顕在的な原因帰属に影

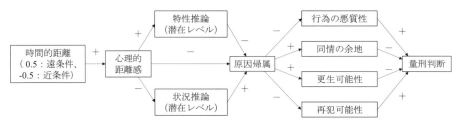

Figure 2. パス解析における理論モデル

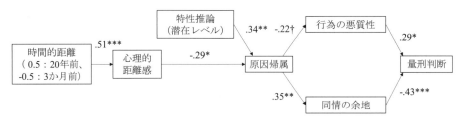

Figure 3. 被告人に対する量刑判断に至るプロセス（実験1）
Note 1：値は全て標準化推定値を示す（†p＜.10, *p＜.05, **p＜.01, ***p＜.001）。
Note 2：モデルの適合度はGFI = .94, CFI = 1.00, RMSEA = .00, AIC = 42.15。
Note 3：「行為の悪質性」と「同情の余地」の誤差変数には相関を仮定している。

響する。これにより、考慮事情への焦点の当てられ方に違いが生じ、その結果として量刑判断に影響するというものであった（Figure 2）[5]。事件の発生時期については、3か月前条件を-0.5、20年前条件を0.5とするダミー変数として投入した。このモデルを分析したところ、適合度指標はGFI = .90, CFI = .97, RMSEA = .04, AIC = 84.04であり、非有意なパスを削除したところ、適合度の改善がみられたため（GFI = .94, CFI = 1.00, RMSEA = .00, AIC = 42.15）、削除後のモデルを採用した（Figure 3）。これによると、距離条件は心理的距離感に対し有意な正の影響を与えていた。ただし、心理的距離感は潜在レベルの特性推論には有意な影響を及ぼさず、直接、顕在レベルの推論である原因帰属に有意な負の影響を及ぼしていた。また、潜在レベルの特性推論は心理的距離感の影響を受けなかったものの、顕在レベルの原因帰属に予測とは逆に有意な正の影響を及ぼしていた。加えて、原因帰属は行為の悪質性に有意な負の影響を、同情に有意な正の影響をそれぞれ及ぼし、行為の悪質性は量刑判断に有意な正の影響を、同情は量刑判断に有意な負の影響を及ぼしていた。

以上のことをまとめると、3か月前よりも20年前に発生した事件と紹介された場合の方が被

(5) Haidt（2001）は直感によって量刑判断は決められ、その後の判断プロセスにおいて直感が正当化されると指摘している。そこで、「心理的距離条件」→「心理的距離感」→「潜在レベルの推論（特性、状況）」→「量刑判断」→「考慮事情」→「原因帰属」（モデル1）、「心理的距離条件」→「心理的距離感」→「潜在レベルの推論」→「量刑判断」→「原因帰属」→「考慮事情」（モデル2）というモデルを想定し、パス解析を行ったところ、AICはそれぞれ 92.64（モデル1）、108.52（モデル2）であった。また、応報的動機は直感的で速い情報処理過程に基づくものであると考えられている（唐沢, 2014）。これより、顕在レベルにおける判断プロセスにおいて、応報的動機に関する行動の悪質性および被告人に対する同情が原因帰属判断よりも先行する可能性が考えられた。そこで、「心理的距離条件」→「心理的距離感」→「潜在レベルの推論」→「量刑判断」→「応報的動機」→「原因帰属」→「功利主義的動機」（モデル3）というモデルも想定したところ、AICは 88.16 であった。いずれも想定した理論モデル（AICは非有意なパスの削除前は 84.04、削除後は 42.15）の方があてはまりが良く、直感に基づいて量刑が判断された後、情状が考慮されたり、原因の帰属が行われたのではなく、様々な事象が考慮された後、最終的に量刑が判断されたと推察される。

加えて、「心理的距離条件」→「心理的距離感」→「潜在レベルの推論」→「応報的動機」→「原因帰属」→「更生可能性」「再犯可能性」→「量刑判断」（モデル4）というモデルを想定し、パス解析を行ったところ、AICは 112.49 であり、これにおいても理論モデルの方があてはまりが良かった。これより、事件の原因帰属がなされた後に応報的動機と功利主義的動機が生じ、量刑判断に至ることが確認された。

告人に対する量刑判断は厳罰化する傾向がみられた。また、量刑判断に関わる動機のうち、功利主義的動機に関連する更生可能性についても、3か月前よりも20年前に発生した事件と紹介された場合の方が低く見積もられることが示された。ただし、パス解析の結果、量刑判断に対しては、功利主義的動機ではなく、応報的動機に関連する被告人に対する同情や行為に対して知覚された悪質性の程度が影響していることが示された。加えて、事件の発生時期が遠い過去であるほど、事件に対する心理的距離は遠くなり、顕在レベルにおいて事件が生じた原因を被告人の性格に帰属しやすくなる。そして、原因が性格に帰属されるほど、被告人に対する同情が弱まり、その結果として量刑が厳罰化することが示された。これらの結果は、解釈レベル理論に沿うものである。つまり、事件の発生時期が遠い過去であるほど、事件に対する心理的距離は遠くなり、事件の中心的特徴である犯罪行為自体に焦点があてられやすく、犯行に至る経緯といった周辺情報には焦点が当てられにくくなり、事件の原因が被告人自身に帰属されやすくなったと推察される。その結果、応報的動機が高まり、厳罰化につながったと考えられる。一方、事件に対する心理的距離は潜在レベルの推論に影響することは示されなかったものの、潜在レベルにおいて被告人の特性が推論されているほど、顕在レベルでは特性に原因を帰属しにくくなることが示された。つまり、潜在レベルの推論と顕在レベルにおける他者判断は必ずしも対応するわけではないことが示された。この理由として、認知的精緻化によるバイアスの修正が行われた可能性が指摘できる。Gawronski & Bodenhausen (2011) は、対象に対して認知的に精緻な処理を行うほど、その対象に対する潜在的評価と顕在的評価は一致しなくなると述べている。今回、参加者には裁判員になったつもりで犯罪のシナリオを読むことを求めた。他者を自身の判断で裁くことは、その人物の将来を左右するものであるため、裁判員は慎重になる。これより、裁判員という観点から事件概要を目にした参加者は正確に判断することを動機づけられたために、潜在レベルの推論に相反する判断が顕在レベルでなされたと推察される。

実験1では、20年前に発生した事件の方が3か月前に発生した事件よりも心理的距離が遠く知覚されていたものの、平均値は中点4点以下であった。この理由として事件が介護殺人であったことが挙げられる。現在、日本は人口の高齢化が進み、介護が大きな問題となっており、介護の負担に起因する殺人事件も多発している。このため、発生時期は遠い過去であったとしても事件の性質が身近なものであったため、十分に心理的な遠さを喚起しなかったのかもしれない。

加えて、実験1において、事件に対する心理的距離感によって潜在レベルの推論が影響を受けなかったため、事件の発生時期によって事件に対する解釈の仕方が変化するかについては不明確なままである。本実験において、事件の発生時期によって、潜在レベルの推論の生じ方が変化しなかった理由として、先行研究では扱われてこなかった裁判場面を模したことが考えられる。すなわち、本結果は、裁判場面では潜在的な推論は心理的距離の影響を受けずに特性推論と状況推論が同じように共起する可能性を示しているのかもしれない。ただし、本実験では妨害課題の時間が3分間と短く十分に短期記憶から情報を除外することができず、また再認課題で使用した含意語の数が少なかったため、再認課題自体の難度が低く、潜在的な推論が生じていたものの、床効果によって潜在的な推論の変化を捉えることができなかった可能性も一方で考えられる。

そこで、上記の点を明らかにするために、実験1と異なる事件概要を用い、再認課題における刺激語の数を増やし、妨害課題の遂行時間を長くしたうえで、再度、序論で述べた3つの仮説について検討を行った。

実験2

実験2では、実験1と異なる事件として架空の強盗殺人事件を用いて、再度、序論で述べた仮説について検討した。実験1と同様、考慮事情のうち、犯行に至る経緯を取り上げ、被告人

に対する非難の程度を弱めるような内容の周辺情報（状況）を含む架空の強盗殺人事件のシナリオを用いた。なお、心理的距離の効果をさらに強めるために、遠い過去に発生した事件の発生日を25年前に変更した。加えて、潜在的推論に対する心理的距離の効果を捉えやすくするため、妨害課題の時間を長くした。

方法
参加者と実験計画 大学院等で専門的な法学教育を受けた経験のない53名の学部学生（法学部学部生も含む）が実験に参加した（平均18.7歳）[4]。参加者を心理的距離が遠い条件（事件の発生時期が25年前）と近い条件（事件の発生時期が3ヶ月前）に無作為に配置した（一要因参加者間計画）。

刺激材料 実験で使用する事件概要については、実験1と同様、実際の事件の判例を参考に架空の事件内容を作成した（付録参照）。事件概要の妥当性の確認および再認プローブ課題で使用する刺激語の選定を行うために以下の2種類の予備調査を質問紙法にて大学生に実施した。まず予備調査1では、35名の参加者に作成した事件概要を見せ、事件から含意されると想定した状況語がどの程度、事件内容に当てはまっているかを7件法（1：全く当てはまらない～7：非常に当てはまる）で回答を求めた（このうち、3名は回答に不備があったため、分析から除外した）。予備調査2では、予備調査1とは異なる35名の参加者に先と同様の事件内容について、事件から含意されると想定した人物の性格特性語がどの程度、被告人に当てはまっているかを7件法で回答を求めた。加えて、両調査において、有罪であることは確定であるとしたうえで、被告人に対して妥当と思われる量刑について1年～30年で回答を求めた。

得られた結果から、当てはまりの程度が中点4点より有意に高く（状況語：$ts(34) > 2.25$, $ps < .05$, 特性語：$ts(34) > 6.30$, $ps < .001$）、かつ状況語の平均値と特性語の平均値が同程度となるように、それぞれ6語ずつ含意語として選定した（状況語の平均値は5.31（$SD = 1.19$）、特性語の平均値は5.64（$SD = 0.94$）、両者の比較（$t(34) = 1.33$, ns））。加えて、当てはまりの程度が中点4点より有意に低い単語を無関連語とし、状況語、特性語を6語ずつ選定し、計24語を用いた（付録2参照）。再認プローブ課題では、これらの刺激語に対する正反応は「なかった」となる。加えて、正反応が「あった」となるものを同数作成するために、事件概要に記載されていた語（記載語）24語も作成した。

また、2つの予備調査の参加者を加えて求めた量刑の平均値が16.2年（$SD = 8.44$, $N = 70$）であったため、16年を係留点として本実験で使用した。

実験装置と手続き 実験装置および手続きは実験1とおおむね同様であった。以下に実験1からの変更箇所を示す。

まず、学習課題において、半数の参加者には「この事件は25年前に発生した事件である」（遠い条件）と紹介し、残りの参加者には「この事件は3か月前に発生した事件である」（近い条件）と紹介した。続いて、心理的距離の効果を保持するため、心理的距離が遠い条件では、「1991年〇月〇日に発生した事件（25年前に発生した事件）」と書かれたバナーと被害者の住居の写真として、旧い外観の家屋の写真を、心理的距離が近い条件では、「2016年〇月〇日に発生した事件（3か月前に発生した事件）」と書かれたバナーと新しい外観の家屋の写真をモニター画面に2秒間呈示後、事件概要を50秒間呈示した（月日については実験1と同様）。

続く妨害課題では、短期記憶から十分に情報を排除するため、妨害課題の時間を30分に延長し実施した。具体的には、5分間百マス計算を行った後、25分間パズル課題に従事してもらった。

再認課題では、試行数を48試行とし、第1、2、47、48試行については特定の記載語をダミー刺激として呈示し、第3～46試行については刺激語を無作為な順序で呈示した。

顕在的な判断の測定については、以下の2点を変更した。1点目は、量刑判断の測定方法は実験1と同様であったが、評定値のばらつきを抑えるために、「一般に強盗殺人事件における量刑の相場は16年である」という情報を係

留点として提示した。2点目は、実験1の回答順序と異なり、事件に対する原因判断について尋ねた後、考慮事情に関する項目への回答を求めた。これは、実験1で行ったパス解析において、事件に対する原因帰属が考慮事情に影響していることが示されたため、その心的プロセスに沿った順序で測定することを試みたためである。

結果と考察

操作チェック 実験終了後、実験参加者からの申し出により、実験実施中に実験意図を察知したとみられる参加者1名のデータを分析から除外した。事件に対する心理的距離は、3か月前に発生したと紹介された場合($M = 3.04$, $SD = 1.08$)よりも25年前に発生したと紹介された場合($M = 4.88$, $SD = 1.34$)の方が遠く知覚していたことが確認された($t(50) = 5.49$, $p < .001$)。これより、事件の発生時期による心理的距離の操作は有効であったといえる。次に、再認プローブ課題において第3～46試行に出現した刺激語のうち、記載語に対する正反応率を算出した。正再認率は$M = .75$ ($SD = 0.09$)であり、チャンスレベル(.50)と比較したところ、有意に高かった($t(51) = 18.69$, $p < .001$)。

仮説1と2の検討 実験1と同様、参加者ごとに各刺激語の虚再認率を求めたところ、データの分布の正規性に歪みが見られたため、それぞれ開平変換を行った。この値を用いて、含意特性語と無関連特性語の差得点、含意状況語と無関連状況語の差得点をそれぞれ算出した(Figure 1)。この値について、まず0との比較を行ったところ、両距離条件ともに特性語、状況語の虚再認率はそれぞれ0よりも有意に高く(心理的距離遠条件：$ts(25) > 4.51$, $ps < .001$, 心理的距離近条件：$ts(25) > 3.20$, $ps < .01$)、特性推論および状況推論が自発的に生じていたことが確認された。2（心理的距離：遠い、近い）×2（単語：特性、状況）の分散分析を実施したところ、単語要因の主効果および交互作用が有意であり($F(1, 50) = 9.48$, $p = .003$, $\eta_p^2 = .159$; $F(1, 50) = 4.49$, $p = .039$, $\eta_p^2 = .082$)、単純主効果の検定の結果、25年前よりも3か月前に発生した事件と紹介された場合の方が、状況語に対する虚再認率が高い傾向がみられた($F(1, 100) = 3.13$, $p = .08$, $\eta_p^2 = .03$)。一方、特性語に対する虚再認率については条件間で差はみられなかった($F(1, 100) = 0.59$, ns, $\eta_p^2 = .006$)。また、25年前に発生した事件と紹介された場合では、特性語と状況語の虚再認率には差がみられなかったものの($F(1, 50) = 0.46$, ns, $\eta_p^2 = .009$)、3か月前に発生した事件と紹介された場合では、特性語よりも状況語の虚再認率の方が高かった($F(1, 50) = 13.50$, $p < .001$, $\eta_p^2 = .21$)。これより、仮説2は支持され、仮説1は不支持となった。

仮説3の検討 被告人に対する顕在レベルでの種々の判断の値をTable 1に示した。各判断指標について、心理的距離が遠い場合と近い場合で有意な差があるかどうかを調べるために、指標ごとにt検定を行った。その結果、25年前よりも3か月前に発生した事件と紹介された方が事件の発生原因が被告人の置かれた状況にあると判断する傾向がみられた($t(50) = 1.83$, $p = .074$)。また、被告人に対する同情および被告人が更生する可能性についても、25年前よりも3か月前に発生した事件と紹介された場合の方が高いことが示された($t(50) = 2.57$, $p = .013$; $t(50) = 1.90$, $p = .063$)。犯罪行動の悪質性および再犯可能性については事件の発生時期によって違いはみられなかった($ts(50) < 0.61$, ns)。

次に、被告人に対する量刑判断について、事件の発生時期間で比較した結果、3か月前に発生した事件であると紹介された場合より25年前に発生した事件であると紹介された場合の方が被告人に対して重い量刑を下す傾向がみられた($t(50) = 1.99$, $p = .052$)。加えて、係留点である16年と比較を行ったところ、25年前に発生した事件であると紹介された場合、16年との間に有意差はみられなかったものの($t(25) = 1.00$, ns)、3か月前に発生した事件であると紹介された場合では、16年よりも有意に軽い傾向がみられた($t(25) = 1.84$, $p = .077$)。この結果は、実験1を再現するものであり、仮説3が概ね支持された。

次に、被告人の量刑判断に至る心的プロセスを検討するために、実験1と同様の理論モデルを構成し、パス解析を実施した[6]。事件の発生

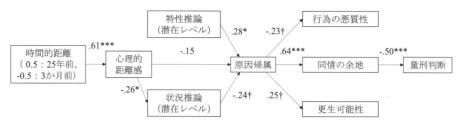

Figure 4. 被告人に対する量刑判断に至る心的プロセス（実験2）
Note 1：値は全て標準化推定値を示す（† p < .10, * p < .05, ** p < .01, *** p < .001）。
Note 2：モデルの適合度は GFI = .92, CFI = 1.00, RMSEA = .00, AIC = 60.21。
Note 3：潜在レベルの推論間および「行為の悪質性」と「同情の余地」の誤差変数にはそれぞれ相関を仮定している。

時期については、25年前と紹介された条件を0.5、3か月前と紹介された条件を-0.5としダミー変数として投入した。このモデルを分析したところ、モデルの適合度は十分に高かったものの（GFI = .92, CFI = 1.00, RMSEA = .00, AIC = 79.52）、非有意なパスを削除するとAICが改善されたため（GFI = .92, CFI = 1.00, RMSEA = .00, AIC = 60.21）、削除後のモデルを採用した（Figure 4）。事件に対する顕在レベルでの推論である原因帰属から被告人に対する同情および更生可能性に対して有意な正の影響がみられたものの、被告人に対する量刑判断に対しては被告人に対する同情のみ有意な負の影響がみられた。また、心理的距離感から直接顕在レベルの原因帰属に影響するのではなく、潜在的な状況推論が介在していることが示された。ただし、予測と異なり、心理的距離感から潜在レベルの状況推論に対して有意な負の影響がみられたものの、潜在レベルの状況推論は顕在レベルでの原因帰属に有意な負の影響を与える傾向がみられた。また、潜在レベルの特性推論については、心理的距離感の有意な影響を受けていなかったものの、顕在レベルの原因帰属に予測とは逆に有意な正の影響を及ぼしていた。これは実験1の結果を再現するものである。

以上のことをまとめると、実験1と同様、3か月前より25年前に発生した事件と紹介された場合の方が被告人に対する量刑判断は重くなる傾向がみられた。また、25年前より3か月前に発生した事件と紹介された場合の方が、潜在レベルにおいて被告人の置かれた状況の推論が強く生じており、顕在レベルにおいても事件の発生原因が状況に帰属されやすくなる傾向がみられた。さらに、量刑判断に関わる2種類の動機に関する要因もまた事件の発生時期の影響を受けており、25年前よりも3か月前に発生した事件と紹介された場合の方が、応報的動機に関連する被告人に対する同情が喚起されやすく、功利主義的動機に関連する更生可能性についても高く見積もられていた。これらの結果は、解釈レベル理論に沿う結果である。つまり、25年前よりも3か月前に発生した事件であると紹介されることで、事件に対する心理的距離を近く感じ、具体レベルの解釈が促進され、周辺情報である被告人の置かれた状況についての推論が潜在レベルで生じやすくなり、事件の発生原因を状況に帰属しやすくなったと考えられる。本実験の場合、事件の周辺情報は被告人に対する非難の程度を弱めるものであったため、被告人に対する同情が喚起され、また、被告人が更生する可能性が高く見積もられたことにより、結果として量刑が軽減されたと推察される。

一方、潜在レベルにおける被告人の特性の推論については、両距離条件間で差はなく等しく生起していた。これは、Rim et al. (2009) や谷口・池上 (2018) の結果と異なるものである。この理由として、今回の課題が、「犯罪行動（殺人）

---

(6) 実験1と同様、理論モデルに加え、4つのモデルについて、パス解析を行ったところ、AIC はそれぞれ 84.30（モデル1）、83.61（モデル2）、84.30（モデル3）、100.87（モデル4）であり、想定した理論モデル（AIC は削除前は 79.52、削除後は 60.21）の方があてはまりが良かった。これより、実験2においても想定した理論モデルが妥当であると考えられる。

という非常にネガティブな事象に対する判断を行うこと」であったため、心理的距離にかかわらず、両距離条件ともに行為自体に焦点が当てられ、潜在レベルで被告人の特性の推論が生じたと考えられる。対応推論モデル（Jones & Davis, 1965）によれば、一般にポジティブな行動よりネガティブな行動のほうが内的特性に原因が帰属されやすいからである。上述したように、犯罪に至る経緯などのさまざまな考慮事情はあるものの、その扱われ方は裁判ごとに異なる（司法研修所，2012）。これより、裁判場面においては、被告人がとった犯罪行動自体の評価は事件発生時期の影響を受けずに評価されるが、犯行の経緯といった周辺情報をどの程度斟酌するかは、事件の発生時期によって影響を受けることが窺える。

ただし、各要因の因果関係についてみると、事件に対して心理的距離を近く知覚しているほど、状況の推論が潜在レベルで生じていたものの、潜在レベルにおいて状況の推論を行っているほど、顕在レベルでは状況に原因を帰属しにくくなる傾向がみられた。同様に、事件に対する心理的距離の影響を受けなかったものの、潜在レベルにおいて被告人の特性が推論されているほど、顕在レベルでは特性に原因を帰属しにくくなることが示された。これは、実験2においても潜在レベルの推論と顕在レベルにおける他者判断は対応しなかったことを示し、実験1と同様の傾向がみられたことになる。これより、裁判員という観点から事件概要を目にした場合、参加者は正確に判断することを動機づけられ、潜在レベルでの推論に相反する判断が顕在レベルでなされることが示唆された。

加えて、実験1と同様、犯罪の生じた原因が状況に帰属されるほど、応報的動機に関連する被告人に対する同情が喚起されやすく、犯罪行為に対して悪質性が知覚されにくくなった。加えて、功利主義的動機に関連する更生可能性も高く見積もられる傾向がみられたものの、被告人に対する量刑判断は被告人に対する同情によってのみ規定されていた。

総合考察

本研究では、事件に対する潜在レベルおよび顕在レベルの推論が量刑判断にどのような影響をもたらすのかについて、事件の発生時期の観点から検討した。本研究では、被告人に対する非難の程度を弱めるような周辺情報（状況）を含めた事件概要（実験1では介護殺人、実験2では強盗殺人）を用いて検討した。

その結果、Trope & Liberman（2010）の主張に沿う形で、事件に対する心理的距離が被告人の量刑判断に影響することが示された。介護殺人を扱った実験1では、最近発生した事件よりも遠い過去に発生した事件の方が心理的距離を遠く知覚し、事件の発生原因が被告人自身にあると帰属されやすくなった。その影響により、応報的動機に関連する同情が抑制され、被告人に対する処遇が厳罰化することが示された。また、功利主義的動機に基づく評価も最近発生した事件よりも遠い過去に発生した事件の方が厳しくなる傾向がみられた。強盗殺人を扱った実験2では、潜在レベルにおける推論のうち、状況の推論のみ事件に対する心理的距離の影響を受けていた。このことから、事件に対して近さを知覚しているほど、具体レベルでの処理が促され、犯行に至る経緯といった周辺情報を用いた事件の解釈が促されたといえるだろう。ただし、Rim et al.（2009）や谷口・池上（2018）と異なり、特性推論は心理的距離の影響を受けなかった。これは、本実験の課題が、内的特性への原因帰属が優勢になりやすい犯罪行為という社会的にみてきわめて望ましくない行為に対して判断するものであったからではないかと考えられる。このことより、心理的距離は、常に潜在レベルの推論を規定するのではなく、行為事象の性質によっては影響しなくなる場合があることが示唆される。また、参加者の置かれた文脈も考慮する必要があろう。今回、参加者は裁判員の観点から被告人の犯罪行為について判断するという認知目標を持っていた。これより、特定の認知目標または裁判員と被告人といった両者の関係性が心理的距離の効果に干渉した可能

性がある。ただし、認知目標は潜在レベルの推論に影響しないという知見もあり(Ham & Vonk, 2003, 2011)、潜在レベルの推論に対する複数の要因の影響については、ほとんど検討されていないため、今後さらにこれらの要因の因果関係について明らかにする必要がある。

　潜在的推論と顕在判断の関係性　上述したとおり、潜在レベルの推論と顕在レベルの推論の2種類があり、潜在レベルの推論に基づいて顕在レベルの他者判断がなされることが先行研究で示されてきた(e.g., Gilbert, 1989)。しかし、本研究の結果より、潜在レベルでの推論がそのまま被告人の量刑判断に影響するわけではないことが示された。実験2のパス解析の結果、潜在レベルの推論と顕在レベルの推論は相反する結果となり、潜在レベルで特性を推論するほど、顕在レベルでは特性に原因が帰属されにくく、一方、潜在レベルで被告人の置かれた状況の推論を行っているほど、顕在レベルでは状況に原因が帰属されにくくなる傾向がみられ、McCarthy & Skowronski (2011)や谷口・池上(2018)と矛盾するものとなった。この理由として、参加者の動機づけが影響したと考えられる。裁判場面のような自分自身の判断が他者に重大な影響をもたらす場合、正確さが動機づけられる。これによって、判断にバイアスがかからないように情報に対する認知的精緻化が促され、潜在的評価を修正することが推察される。一方で、潜在レベルと顕在レベルの推論が相反した理由として再認課題でのフィードバックが顕在レベルの推論に影響した可能性もある。再認課題において含意語に対し、「あった」と反応した場合、それが誤答であることをフィードバックした。これによって、虚再認が生じた特性および状況についての情報は事件概要の中に示されなかったことが参加者に意識され、推論の修正が生じた可能性がある。この点については、フィードバックを与えずに再認課題をすることによって改めて検討する必要があるだろう。また、潜在レベルの推論と顕在レベルの推論の関係性については多様なパターンがあり、両者の関係性を規定する要因も様々である(e.g. Gawronski, & Bodenhausen, 2011)。今回の実験では、被告人に対する判断材料は事件概要のみであったため、情報の精緻化が容易であったことにより、潜在的推論と顕在的判断が相反するものとなった可能性がある。しかし、実際の裁判では、判断材料が多く、かつどの材料に依拠した判断を行うかということもまた裁判員に委ねられる。判断基準が明確でない場合や判断材料が多すぎる場合、直感がはたらきやすいため(綿村, 2013)、結果、潜在レベルの推論に則って顕在レベルで評価がなされる可能性がある。今後は、参加者に呈示する情報量についても考慮し、検討することが望まれる。

　量刑判断に関わる動機について　今回、量刑判断に影響する2種類の動機に関連する考慮事情を測定した。その結果、功利主義的動機に対応する被告人の更生可能性および応報的動機に対応する被告人に対する同情については、ともに事件に対する心理的距離の影響を受けていたものの、量刑判断に影響していたのは応報的動機に対応する被告人に対する同情のみであった。Carlsmith & Darley (2008)では、一般市民の直感は応報主義的動機に基づいて形成されると述べられている。本結果はこの主張に沿うものであり、少なくとも裁判員個人においては、応報主義的動機によって量刑判断が規定されることが示唆される。現在、日本では裁判員制度がとられているが、陪審制や参審制を行っている国もあり、国によって司法制度が異なり、文化によって事件や被告人に対する捉え方が異なっている可能性がある。ただし、本研究で得られた知見は、欧米で行われた知見と合致するものであるため、量刑判断に至る個人的な心的プロセスについては、文化に関わらず同様のプロセスを辿ると考えることができる。今後は、このような心的プロセスが各国における実際の裁判場面において、同様に機能するのかをさらに検討する必要があるだろう。

　本研究の社会的意義と課題、今後の展望　現在、公訴時効が廃止され、遠い過去の事件についても審理されるようになった。事実、刑事事件において審理された事案は、事件発生日から裁判実施日までの期間にばらつきがみられる(3か月〜10年以上経過；TKC法律情報データベ

ース「LEX／DBインターネット」参照）。また、2013年には1997年に発生した強盗殺人事件の容疑者が逮捕され（日本経済新聞, 2013）、公訴時効の撤廃後、初めて、公訴時効廃止の法改正がなければ時効を迎えていた事件について裁判が行われた。さらに、2017年5月に1971年に東京都渋谷区で警察官が殺害された渋谷暴動事件で指名手配されていた男性が逮捕された（日本経済新聞, 2017）。法改正がなければ2015年時点で時効を迎えていた事件のうち、上記の事件を含め2件について容疑者が逮捕され、74件の未解決事件が存在する（毎日新聞, 2015）。今後、捜査技術のさらなる進歩に伴い、遠い過去に発生した未解決事件について裁判が行われる可能性が想定される。これまで、公訴時効があったため、事件の発生時期については裁判場面でほとんど焦点があてられてこなかった。しかし、公訴時効が廃止され、裁判員制度が導入されたという今日の社会的現状に鑑みたとき、一般市民の事件に対する心的プロセスが事件の性質によって異なるということを、事件の発生時期の影響の観点から明らかにしたことは、裁判において公正な判断を行ううえで意義があると考えられる。

　今回、実験で扱った事件は介護殺人と強盗殺人であり、重大性は幾分異なるものの、いずれも殺人事件であった。周辺情報としては被告人に対する非難の程度を低めるような犯行に至る経緯をとりあげ、概ね同様の結果が得られた。ただし、裁判員裁判で扱われる事件は他にも傷害致死や強姦殺人などがあり、周辺情報として、被告人の非難の程度を強めるようなものもある。これらの場合であっても、本研究と同様の知見が得られるのかを検討する必要がある。

　本研究の課題として、実験参加者が大学生に限定されていたことが挙げられる。裁判員には20歳以上の日本国民が選出され、大学生であっても選ばれる可能性がある。ただし、市民一般の意見を反映させるため、裁判員となる市民の性別や年齢はバランスを保つ必要がある。他の世代の市民であっても同様の傾向がみられるかについては検討を行う必要がある。加えて、本研究では遠い過去の事件として「25年前に発生した事件である」と紹介し、これは大学生である参加者が生まれる前の事件として紹介したことになる。参加者にとって生まれる前に発生した事件と生まれた後に発生した事件では受け取り方は異なる可能性がある。ただし、解釈レベル理論によれば、中心的特徴は不変的な事象であるのに対し、周辺的特徴は可変的な事象として捉えられる。直接経験することができない遠い事象についてはエラーを防ぐため、不変的な事象である中心的特徴に焦点があてられやすくなる（Trope & Liberman, 2010）。このことから推察すると、生まれる前の事件であっても生まれてからの事件であっても、事件に対して主観的に遠い過去の事件であると知覚されると不変的な事象である中心的特徴の犯罪行動に焦点が当てられやすく、可変的な事象として捉えられる状況に依存しなくなると考えられるため、同様の結果が得られると推察される。一方で、事件が発生した時点で生まれており、その事件の報道などについて直接目にした場合と生まれていないため直接経験せず、後日、知識として知る場合では事件に対する感じ方がそもそも異なる可能性も考えられる。今後はさまざまな年代の人びとの間で比較したり、生まれる前と生まれてからの事件を比較する必要もあるだろう。

　最後に今後の展望として、裁判員裁判では、3名の裁判官と6名の裁判員によって評議が行われる。事件の発生時期によって事件に対する解釈の仕方が変容するのであれば、評議内容もまた事件の発生時期の影響を受けることが考えられる。つまり、遠い過去の事件よりも最近発生した事件の方が評議内容において、周辺情報である犯行に至った経緯について斟酌されやすくなることが予想される。発生時期の異なる事件に対して評議内容が異なり、最終的な量刑判断に影響する可能性について検討を行うことも必要だろう。加えて、本研究では情状を考慮する傾向が強いとされる一般市民から選出される裁判員の心的過程に焦点を当てたが、法律の専門家である裁判官についても同様の傾向がみられないか検討する余地はあるかもしれない。

引用文献

Carlsmith, K. M. (2006). The roles of retribution and utility in determining punishment. *Journal of Experimental Social Psychology, 42*, 437-451.

Carlsmith, K. M., & Darley, J. M. (2008). Psychological aspects of retributive justice. In M. P. Zanna (Ed.). *Advances in experimental social psychology* (pp. 193-392). Orlando and Tokyo: Academic Press.

Carlston, D. E., & Skowronski, J. J. (1994). Saving in the relearning of trait information as evidence for spontaneous inference generation. *Journal of Personality and Social Psychology, 66*, 840-856.

Carlston, D. E., & Skowronski, J. J. (2005). Linking versus thinking: Evidence for the different associative and attributional bases of spontaneous trait transference and spontaneous trait inference. *Journal of Personality and Social Psychology, 89*, 884-898.

Fujita, K., Henderson, M. D., Eng, J., Trope, Y., & Liberman, N. (2006). Spatial distance and mental construal of social events. *Psychological Science, 17*, 278-282.

Gawronski, B., & Bodenhausen, G. V. (2011). The associative-propositional evaluation model: Theory, evidence, and open questions. In M. P. Zanna (ed). *Advances in experimental social psychology* (pp. 59-127). Orlando and Tokyo: Academic Press.

Gilbert, D. T. (1989). Thinking lightly about others: Automatic components of the social inference process. In J. S. Uleman & J. A. Bargh (Eds.), *Unintended Thought* (pp. 189-211). New York: Guilford Press.

Haidt, J. (2001). The emotional dog and its rational tail: A social intuitionist approach to moral judgment. *Psychological Review, 108*, 814-834.

Ham, J., & Vonk, R. (2003). Smart and easy: Co-occurring activation of spontaneous trait inferences and spontaneous situational inferences. *Journal of Experimental Social Psychology, 39*, 434-447.

Ham, J., & Vonk, R. (2011). Impressions of impression management: Evidence of spontaneous suspicion of ulterior motivation. *Journal of Experimental Social Psychology, 47*, 466-471.

Hassin, R. R., Aarts, H., & Ferguson, M. J. (2005). Automatic goal inferences. *Journal of Experimental Social Psychology, 41*, 129-140.

廣井亮一 (2013). 司法臨床——情状心理鑑定をめぐって　藤田政博 (編著) 法と心理学　法律文化社　pp. 168-181.

Jones, E. E., & Davis, K. E. (1965). From acts to dispositions: The attribution process in person perception. In L. Berkowitz (Ed.). *Advances in experimental social psychology* (pp. 219-266). Orlando and Tokyo: Academic Press.

唐沢　穣 (2014). 社会的認知過程と量刑判断　法と心理, *14*, 50-55.

Liberman, N. & Förster, J. (2009). Distancing from experienced self: How global-versus-local perception affects estimation of psychological distance. *Journal of Personality and Social Psychology, 97*, 203-216.

Lupfer, M. B., Clark, L. F., & Hutcherson, H. W. (1990). Impact of context on spontaneous trait and situational attributions. *Journal of Personality and Social Psychology, 58*, 239-249.

毎日新聞 (2015). 検証・時効廃止5年　改正後, 逮捕は2件　12月24日東京朝刊

McCarthy, R. J., & Skowronski, J. J. (2011). What will Phil do next? Spontaneously inferred traits influence predictions of behavior. *Journal of Experimental Social Psychology, 47*, 321-332.

McKoon, G., & Ratcliff, R. (1986). Inferences about predictable events. *Journal of Experimental Psychology. Learning, Memory, and Cognition, 12*, 82-91.

日本経済新聞 (2017). 71年渋谷暴動　別の事件で逮捕　5月23日大阪夕刊

日本経済新聞 (2013). 16年前の強盗殺人容疑の男逮捕　三重　2月2日電子版〈http://www.nikkei.com/article/DGXNASDG0104N_R00C13A2CC1000/〉（2017年4月5日）

Nussbaum, S., Trope, Y., & Liberman, N. (2003). Creeping dispositionism: The temporal dynamics of behavior prediction. *Journal of Per-

sonality and Social Psychology, 84, 485-497.
Rim, S., Uleman, J. S., & Trope, Y. (2009). Spontaneous trait inference and construal level theory: Psychological distance increases nonconscious trait thinking. *Journal of Experimental Social Psychology, 45*, 1088-1097.
Semin, G. R. & Fiedler, K. (1988). The cognitive functions of linguistic categories in describing persons: Social cognition and language. *Journal of Personality and Social Psychology, 54*, 558-568.
司法研修所（編）（2012）．裁判員裁判における量刑評議の在り方について　法曹会
高田知二（2012）．市民のための精神鑑定入門――裁判員裁判のために　批評社
谷口友梨・池上知子（2018）．対人認知場面での自発的推論を規定する要因：解釈レベル理論に基づく検討　実験社会心理学研究, 57, 78-92. doi：10. 2130/jjesp.1609
Todorov, A., & Uleman, J. S. (2003). The efficiency of binding spontaneous trait inferences to actors' faces. *Journal of Experimental Social Psychology, 39*, 549-562.
Todorov, A., & Uleman, J. S. (2004). The person reference process in spontaneous trait inferences. *Journal of Personality and Social Psychology, 87*, 482-493.
Trope, Y., & Liberman, N. (2010). Construal-level theory of psychological distance. *Psychological Review, 117*, 440-463.
辻　孝司（2012）．弁護士から見た加害者――刑事裁判における加害者像の位置づけとその変化　廣井亮一（編）　加害者臨床　日本評論社　pp. 125-139.
Uleman, J. S. (1999). Spontaneous versus intentional inferences in impression formation. In S. Chaiken & Y. Trope (Eds.). *Dual-process theories in social psychology* (pp. 141-160). New York: Guilford Press.
Van Overwalle, F., Van Duynslaeger, M., Coomans, D., & Timmermans. (2012). Spontaneous goal inferences are often inferred faster than spontaneous trait inferences. *Journal of Experimental Social Psychology, 48*, 13-18.
綿村英一郎（2013）．量刑と賠償額の判断――一般市民の判断に関する心理学的考察　藤田政博（編著）法と心理学　法律文化社　pp. 140-152.
綿村英一郎・分部利紘・高野陽太郎（2010）．一般市民の量刑判断――応報のため？それとも再犯防止のみせしめのため？　法と心理, 9, 98-108.

付録1．実験1で使用した事件概要と再認課題で使用した刺激語

事件発生日　1996（2016)年○月○日（20年前(3か月前)、発生した事件）
罪名　殺人罪
事件の概要
(a) 被告人Aは、実母である被害者が、1996年（今年）春頃から、毎日、意味のわからない言動をくり返すようになり、同年5月末頃には、自力では立てなくなって、寝たきりとなってしまったため、将来を悲観していました。そして、ある深夜、被害者が急に大声で叫びだしたことから、状態が益々悪くなったと思って絶望し、被害者を殺そうと決意しました。
(b) 1996（2016)年○月○日（20年前(3か月前)）、AはAの家の浴室において、被害者に対し、殺意をもってその後頭部を手で押さえ付けて顔面を浴槽内の水に沈め、溺死させて殺害しました。
(※半数の参加者には(a)のパラグラフを先に、残りの参加者には(b)のパラグラフを先に呈示した。)

刺激語の種類		再認課題で使用した刺激語			
含意語	状況	八方ふさがり	ふぐうな	いたわしい	悲惨な
	特性	身勝手な	非情な	残忍な	冷酷な
無関連語	状況	幸せな	嬉しい	愉快な	楽しい
	特性	社交的	賢い	穏やかな	明るい
記載語		1996年 (2016年) 被害者 殺そう 自力で	20年前 (今年) 叫びだした 顔面 わからない	実母 浴室 溺死 言動	寝たきり 殺意 くり返す 悪くなった

注）記載語のうち、「自力で」「わからない」「言動」「悪くなった」は再認課題において第1、2、31、32試行で固定して呈示した。

付録2. 実験2で使用した事件概要と再認課題で使用した刺激語

事件発生日　1991（2016）年○月○日（25年前（3か月前）、発生した事件）
罪名　強盗殺人罪
事件の概要
(a) 被告人Tは、持病が悪化したため、会社に勤務し続けることができなくなり、やむをえず、会社を退職しました。その後、Tは働ける程度には体調が改善したものの、再就職できず、生活保護の申請も却下されました。援助を求めることができる知人もおらず、Tは消費者金融などから多額の借金を作って生活していましたが、次第に食べる金にも窮するようになっていきました。犯行当時、Tの所持金は200円でした。
(b) 1991（2016）年○月○日（25年前（3か月前））深夜、Tは近所を徘徊し、1人で暮らしている裕福な老人である被害者の家に侵入し、あらかじめ準備していた包丁で、殺意を持って、眠っている被害者の腹部や前胸部を多数回突き刺し、出血性ショックによって死亡させました。その後、Tは被害者の家を物色し、現金約30万円を盗み取りました。さらに、犯跡を隠蔽するため、被害者の遺体を切断し、ビニール袋に入れ、同所付近の草むらに投げ捨てて遺棄し、逃走しました。
（※半数の参加者には(a)のパラグラフを先に、残りの参加者には(b)のパラグラフを先に呈示した。）

刺激語の種類		再認課題で使用した刺激語					
含意語	状況	行きづまった	困った	八方ふさがり	ふぐうな	惨めな	哀れな
	特性	一方的な	非情な	冷酷な	卑劣な	心ない	浅はかな
無関連語	状況	面白い	心地よい	賑やかな	楽しい	愉快な	幸せな
	特性	穏やかな	心の広い	親切な	寛大な	明るい	陽気な
記載語		1991年 (2016年) 隠蔽する 徘徊 ビニール袋	25年前 (3か月前) 200円 裕福な 眠っている	死亡 続ける あらかじめ 殺意 持病	会社 再就職 殺意 働ける	退職 生活保護 包丁 食べる	盗み取り 改善した 逃走 悪化した

注）記載語のうち、「持病」「働ける」「食べる」「悪化した」は再認課題において第1、2、47、48試行で固定して呈示した。

How does psychological distance from a criminal case affect verdict? From the perspective of timing of the incident

Yuri TANIGUCHI (Osaka City University)
Tomoko IKEGAMI (Osaka City University)

Construal level theory (CLT) proposes that distant entities are represented more in terms of their central features (e.g., actor's trait) while proximal entities are represented predominately by peripheral features (e.g., contexts). From this perspective of CLT, we investigated how the psychological distance from a criminal case influences the cognitive processes underlying judicial decisions about a defendant. We conducted two experiments with undergraduate students. Participants were exposed to a short scenario describing a murder case that happened a few decades or a few months ago. Their implicit and explicit inferences regarding the defendant were then measured. Results indicated that participants tended to attribute the cause of the crime more to the defendant's trait at the explicit level and assess the defendant's culpability more severely when they were led to believe that the case occurred in the distant rather than recent past (Experiment 1). Moreover, it was shown that spontaneous situational inferences occurred more often for the psychologically proximal than the psychologically distant case (Experiment 2). Implications of the findings for court judgments are discussed in terms of fairness of punishment.

Key words　Timing of incident occurrence, Construal level theory, Psychological distance, Spontaneous inferences

資料論文

事例報告：共同生活中のけじめ行為から傷害致死罪に問われた被告人Aの心理学的鑑定

大倉得史[1]・脇中 洋[2]・井上雅人[3]・久岡英樹[4]

　同居していた3名のうち1名が死亡した事件で、傷害致死罪に問われた被告人Aの心理鑑定を行った事例について、鑑定人、弁護人それぞれの立場から報告した。当初Aは、3人の共同生活にはルールを破った者が「けじめ」として暴行を受けることを申し出るという習慣があり、死亡した被害者Cは自らAやBに対して暴行を依頼し、死亡にまで至ったというストーリーを語っていた。しかし、鑑定人や弁護人が面会を重ねる中で、実は相被告人Bが心理的にAやCを支配するとともに、両名に対して激しい虐待を加えていたことを告白するようになった。鑑定人は、AがBによる支配を受け入れやすいパーソナリティを有していたこと、Aの供述変遷がBに罪をなすりつけようとするものではないことなどを心理学的に解明した。これにより、Aの心理状態に不可解さを感じていた弁護人の疑問も解消され、説得的な弁論を組み立てることができた結果、AがBの支配下にあった事情を一定考慮した判決が下された。その一方で、被支配者の「強いられた自発性」については、法心理学分野でのさらなる議論が必要であることが示唆された。

キーワード 心理学的鑑定、心理的支配、虐待、供述分析、強いられた自発性

奇妙な供述の背後に潜在していた支配・服従関係

〈鑑定人：大倉得史、脇中洋〉

1　本稿の目的および事件の概要

　本稿では、共同生活をしていた3名の男性のうち1名が暴行を受けて死亡した事件について報告する。共同生活には、取り決めを守らなかった者に対して「けじめ行為」と称する体罰を行うという独特のルールがあり、被害者Cは他2名の同居人（以下、A、Bとする）から、正座した状態で太ももの上に乗られたり、金属製パイプで殴打されたりするなどのけじめ行為を日常的に受け、X年10月に外傷性ショックで死亡した。3名の鑑定人（筆者らおよび情報学研究者の稲葉光行）は傷害致死罪に問われた2名の同居人のうちAの弁護団から、本件に関する心理学的鑑定を依頼された。当初、けじめ行為はCだけでなくAやBにも行われていたとされており、3人が相互にけじめ行為を行い合う中で、そのうちの1人が死に至るという特異な経過の背景にどのような心理的プロセスがあると考えられるのか、本件犯行時のAの心理状態を明らかにしてほしいというのが、鑑定嘱託事項であった。

　鑑定人らは、拘置所におけるA本人との4度の面会（計5時間10分）、そこで実施した各種の心理検査、Aの両親への聞き取り調査等によって、Aの人格特性の把握を試みた。また、弁護団から供述調書や捜査記録等の関係証拠、Aが弁護団宛てに書いた自筆の手紙等の提供を受けるとともに、鑑定人らと弁護団各々が得た情報を交換する機会を頻繁に設けることによって、本件に関わってAの心理がどのように変化していったのかを分析した。

---

[1] 京都大学大学院人間・環境学研究科・准教授　発達心理学・法心理学
[2] 大谷大学社会学部・教授　発達心理学・法心理学
[3] 井上雅人法律事務所・弁護士
[4] 久岡法律事務所・弁護士

結論から言うと、鑑定人らが面会するようになって以降、Aの供述が大きく変遷し、当初想定されたのとは異なる事実関係があることが明らかになった。本稿では、この事実関係の解明がなされた経緯等を示し、法と心理の協働に対する示唆と課題を引き出すことにする。

2　Aの当初の供述

捜査段階で、当初Aが語っていた事実経過は以下のようなものである。元々同じ職場で働いていたA、B、Cの3人は、(X−7)年の夏、Bが借りていた家で共同生活を始めた。共同生活には食事作りや掃除当番などのルールがあったが、Aはこれを守れないことがしばしばあったため、(X−6)年初め頃から自己完結行為というものを始めた。これは、棒を膝裏に挟んで正座をしたり、庭にあったブロックの上で正座をしたりすることで自らの体を痛めつけ、反省していることを示すものである。しかし、自己完結行為をしても十分な効果がなかったため、(X−6)年10月頃から、AはBやCにけじめ行為を依頼するようになった。これは時間や回数を決めて、ビンタや金玉揉み(睾丸を揉みしだく)、踏みつけ、すね叩き・すね擦り(金属製パイプをすねに押し付け、上下に擦る)、頭叩きといった体罰を加えてもらうというものである。このけじめ行為をするとルールを破ってしまったもやもやした気分がすっきりするということで、同様の行為をCもするようになった。一方、Bはルールを破ることがほとんどないため、けじめ行為を受けたのは数回程度であった。

X年10月頃、Cが家のルールを守れないことが多くなり、たびたびけじめ行為を受けるようになった。Cは食事中や食後に嘔吐するようになり、明らかに具合が悪そうだったが、それでもけじめ行為を求めてきた。10月23日、Cがけじめ行為を申し出て、AとBが正座したCの太ももをグリグリと踏みつけるなどした結果、Cは同日夜にトイレで意識を失い、10月24日未明に外傷性ショックで死亡した。

以上が、Aが当初語っていた事実経過である。自己完結行為やけじめ行為と称する拷問的行為をAがインターネットなどを参考に発案し、家のルールを守らなかった罰として自分に課していたという点や、すっきりするからという理由でCも同様の行為をするようになり、結果として死亡してしまったという点において、いくつもの不可解さが残るストーリーであった。また、AやCは何度も家出をしているにも関わらず(Aが2回、Cが3回)、なぜこのような奇妙な共同生活をやめなかったのかという点も、よく分からなかった。

3　弁護団への手紙以降の供述

筆者らが3回目の面会を終えた後、弁護団にA本人から便箋50枚以上にわたる自筆の手紙が届いた。その手紙にはそれまでの供述を覆すような新たな事実関係が詳細に記載されていた。それ以前の面会時に、筆者らが鑑定のためにAの両親と連絡をとって良いか尋ねたこと、弁護団もAの弁護のため両親に出廷してもらう必要があると伝えたことで、両親に事件のことを知られてしまうのならば、真実を伝えようと思ったとのことだった。

この手紙以降、公判に至るまでに明らかになっていった事件の概要を一言で表せば、けじめ行為はAやCが自ら行っていたわけではなく、Bに強いられたものであり、Bが虐待―けじめ行為と徹底的な金銭管理、生理的欲求の制限等―によりAとCを心理的に支配していた(自己完結行為などというものはなかった)、ということになる。Bは非常に弁が立ち、家のルールを守らなかった際の罰金やけじめ行為などの罰則を言葉巧みに導入していった。口下手なAやCが反論しようとしても、これまでに犯した些細なミスについて何時間も追及された挙句、結局言い負かされてしまうため、AやCはやがてBには逆らえなくなっていった。たとえ共同生活から逃げ出しても、執拗なBはどこまでも追いかけてくるため、AやCは実家の両親に心配をかけないためにおとなしく共同生活に戻るしかなかった。

特に、Cが逃げ出した(X−5)年以降、BのAに対する虐待は激しさを増した。けじめ行為と称して、金属製パイプで殴打されたり、全裸にされロウソクを垂らされたり、尻の穴に指を突

っ込まれるなどしたほか、オムツを履いたまま正座で一晩中説教を聞かされ、意識朦朧となって新聞配達の仕事中、バイク事故を起こすなどした。仕事で得た給料はすべてBによって管理され、毎日帰宅時間を申告させられて、時間も管理された。体中が傷だらけとなり、仕事にも行けなくなり、Aは東京でホームレスをしたり、離島に渡って自殺する場所を探したりした。結局、死にきれず、やがて震災後の福島にたどりつき、密かにボランティアを始める。しかし約1か月後、どうやって居場所を突き止めたのか、Bが福島にやってきて連れ戻されてしまう。AはBから決して逃げることはできないという思いを強くした。

X年7月に、東京のネットカフェで身を潜めるように生活していたCも連れ戻される。それ以降、Cに対するけじめ行為が激しくなっていった。けじめ行為は、何らかの問題を執拗に追及されたCが、「Aさん、○○を何回お願いします」と依頼する形をとる。これに応じないと、Bからなぜやらないのかと自分が追及されるため、AもCに対するけじめ行為を行った。Cは衰弱し、ついに10月24日に死亡するに至る。この日のけじめ行為は、Cが自ら依頼したものではなく、Bがほぼ一方的に暴行を加える形で行われたものだった。

Aは、「たとえ刑務所から出所したとしても、Bからは決して逃げられない」「少しでもBに対して恩を売っておく方が身の安全につながる」という思いから、当初、Bの加害者性を極力隠すような供述をしていたのだった。

4 裁判員裁判における鑑定結果の説明

AとBは裁判員裁判で共同審理された。筆者ら2名は各々鑑定結果について公判で証言をするよう求められた(情報学研究者の証人申請は採用されなかった)。そこでまず大倉が3で述べた出来事の流れに沿って、DV被害者の心理に関するHerman (1992 中井訳 1996)の知見や、家族成員同士で虐待をさせあうことによって人々を支配した尼崎事件との類似性を指摘しつつ、Bが人間を支配する典型的な手法—言葉巧みにまくしたて反論をさせない、貸しを作る、些細な落ち度を執拗に追及する、どうしたら良いかを考えさせる、苛酷な虐待、時間・金銭の管理、生理的欲求の制限、逃げてもどこまでも追いかける等—を用いて、AやCを心理的に支配していたことを説明した。その際、P-Fスタディやエゴグラム等の各種心理検査の所見を踏まえ、Aはトラブルの原因を自分の責任だと捉える自責的傾向が強く、現実的判断力が乏しいため、Bにとって支配しやすい対象であったことについても言及した。そして、AがCに対して加えた暴行(けじめ行為)は、Bによる支配という異常な生活の中で常習化していたものであり、Aにその実行を拒むことや警察に通報することは実質的に不可能であったと結論付けた。

続いて脇中が、捜査段階から大きく変遷したA供述について、供述分析の考え方を使って、これが自己の罪を軽くするための虚偽ではないことを論証した。具体的には、「捜査段階で真実を述べていたAが、自己の責任をBに押し付けようと虚偽を交えるようになった」という仮説Pと、「捜査段階ではBへの恐怖から真実を述べることができなかったAが、時間の経過とともに真実を語るようになった」という仮説Qとを立て、仮説Pに立つと供述を大きく変遷させた手紙の中でもなおBをかばうような表現が見られるのが不可解であり[5]、仮説Qに立つ方がA供述の変遷をよく理解できるといった説明を行った。

筆者らのこうした証言の間、2で述べたストーリーと概ね重なる主張をしていたBおよびBの弁護団は予想外の展開に慌てた様子であった(対照的にAは真相が明らかにされたことに安堵したような表情であった)。検察官やBの弁護団が想定していた単純な共同犯行説とは異なる筋書き(BによるA、Cの心理的支配)を提示したことで、検察官およびBの弁護団から予定時間を大幅に上回る反対尋問を受けたが、粘り強く説明したことで、裁判員たちにも本件の真相が伝わ

---

[5] つまり、手紙を書いた時点でもなお、AはBの支配から完全に自由になっていたわけではなく、Bのものの見方をまだ一部内面化したままだったのである。

った手応えがあった。結果、Aには懲役5年、Bには懲役7年の判決が下り、Bの方がより加害者性が強いことが認定された。

5 本件から引き出される示唆と課題

本件では、筆者らが面会を重ねる中で、Aが真相を語るようになっていった。その最大の要因は、鑑定人や弁護団から両親に連絡を入れると言われ、これまで両親に迷惑をかけたくない一心でBの支配を受け入れていたAが、両親に知られるのならば真実を話そうと決意したことである。人間を支配する手法の大きな柱が、周囲の人間関係から被支配者を切り離す断絶化であり(Herman, 1992 中井訳 1996)、支配者との関係だけを生きるようになった被支配者は、警察や弁護人といった本来自分の味方となってくれるような人物にも助けを求めることができない(浜田, 2005)。本件のように支配・服従関係が疑われるケースにおいては、被告人が支配者を恐れ、真実を語れていない可能性を念頭に、その被告人の成育歴を探ったり、実際に被告人をよく知る人物に会ったりして、本来の人間関係を取り戻していくこと(被告人にそれを意識させること)が重要であろう。心理学者が関わることは、そうした作業の一助となり得る。

一方、公判で筆者らはAがCに対して行ったけじめ行為は、被支配者が支配者の意を汲んで一見自発的にその行為を行う「強いられた自発性」(村山・大倉, 2015)によるものであるという説明をしたが、その点に関して判決は、Aが行った行為は「被害者に強い苦痛をもたらしたと考えられる上、被害者の死亡にも一定の寄与があった」と述べるのみで、その行為がAの本意によるものではなかったことを必ずしも斟酌しているとは言えない。支配・服従関係における被支配者の「強いられた自発性」の問題については、刑法39条の「心神耗弱」の状態に該当しないのかどうか等も含め、今後、法心理学分野でのさらなる議論が必要であろう。

裁判所の判断および弁護活動に対する心理鑑定の有効性

〈弁護人：井上雅人、久岡英樹〉

1 心理鑑定の依頼に至る経緯

弁護人らは、Aが逮捕(当初の逮捕容疑は殺人罪)された後、ほぼ毎日接見を行った。Aは、殺意は否定したものの、Cに対して暴行を加えた事実も含めて、弁護人らの質問には淡々と答えていた。その一方、自分はどの程度の刑になるのかとか、刑を軽くしてもらうにはどうすれば良いのかといった、一般的に被疑者がよく弁護人に尋ねてくる質問を一切してこず、弁護人らは不自然さを感じたが、Aが(殺意以外の)事実を認めて反省しているからだと思っていた。その後、Aとの接見を重ねて、本件の背景事情等を聞いていく中で、Aから共同生活のルールに違反したときの自己完結行為、けじめ行為の話が出てきた。Aは、これらの行為について、自分がルール違反をしたときに、自分の意思で行い、また、自ら申し出てB、Cに行ってもらっていたと述べていた。しかし、ルールといっても掃除や炊事の当番であり、遵守することがそれほど難しいことではないのに、何度もルール違反をして、自己の意思により身体を痛める行為を繰り返していたというAの説明がどうしても腑に落ちなかった。その後、Aは傷害致死罪で起訴され、裁判員裁判が開かれることとなった。

2 本件における心理鑑定の重要性

弁護団は、検察官から開示された証拠の中にAやCが日頃から記載していたノートがあり、そこにBに対してけじめ行為を依頼する記載や罰金を支払う記載が多数あったことから、Aが述べているけじめ行為とは、実際はBによる虐待行為であって、虐待によりAの精神がBにより支配され、現在もその精神的支配から抜け出せないために上記のような腑に落ちない話をしているのではないかと考えた。しかし、Aにその点について何度質問しても、Aは頑なに、かつ淡々と否定するのみで、心理学に詳しくない者には、何をどう紐解いていけばよいのかが分

からなかった。そこで、弁護団としては、Aの供述および心理状態を理解し、裁判員に納得してもらうにはAの心理鑑定が不可欠であるとの結論に至り、供述分析研究会で知り合った脇中先生を通じて、3名の先生方に鑑定を依頼した。

なお、この鑑定作業を行ってもらっているさなか、Aから弁護団に便箋50数枚に及ぶ手紙が届き、そこには、Bから虐待を受けていた日々の詳細な内容が赤裸々に綴られていた。この内容は、従前のAの供述を覆す内容であった。これに対して、弁護団と3名の先生方との協議をさらに重ねて、公判の前には各先生の役割分担を次のように定めた。まず大倉先生にはAとの面接や心理テスト、Aの両親からの聞き取り等により、Aの人格特性（例えば自責的傾向が強く、追い詰められやすいことなど）や、3人の相互関係の中でAが追いつめられていった経緯等を明らかにしてもらうこととした。また、脇中先生には、AとCが記載したノートの分析、Aの供述調書や手紙の分析などから、Aの供述変遷がBに責任を押し付けようとする虚偽によるものではなく、Bの支配から徐々に解放されて真実を語るようになった結果であることを明らかにしてもらうこととした。稲葉先生には、Aのノートや手紙等で使用されている用語を統計処理して使用頻度の高いものを抽出し、Aの心理分析をしてもらうこととした。

弁護団としては、これらの鑑定結果を証拠として提出することは、裁判員裁判においては極めて重要なことであると位置づけていた。なぜなら、裁判員にAの罪責を正しく判断してもらうためには、AがBからの日常的な虐待をなぜ受け入れるに至ったのか、監禁されているわけでもないAがなぜBの支配から脱却することができなかったのか等について、当時のAの心理状態を解明し、それが本件の犯情とどのように関わってくるかを明らかにしなければならないからである。そのためには鑑定人にプレゼン方式にて裁判員に説明してもらうことが不可欠であった。幸い、脇中先生と大倉先生には証人出廷し、証言してもらうことができた。しかし、稲葉先生の証人請求について、裁判所はテキストマイニングの手法に基づく鑑定を「ブラックボックスのようなもの」と比喩して採用を却下した。その趣旨は、頻出語の抽出プログラムが不明で、法廷で裁判員に示される結論の前提となる抽出過程に不明確さが残るので採用できないというものであったと思われる。

3　裁判員裁判と心理鑑定

Aの裁判員裁判は、6日間にわたって開かれた。弁護団にとって最大の目標は、本件は、AがBに心理的に支配された状態下における犯行であることを裁判員に理解してもらうことであった。そのために、事前準備として、脇中先生、大倉先生との連絡を密にして、弁護団が接見等で新たな情報を得たときはその都度情報提供するなどして、Aの供述について最新の内容を伝えていった。また、先生方には、パワーポイントを用いたわかりやすい説明資料を作成してもらった。その結果、判決では、AがBの支配下に置かれていた事実が認定され、Aの罪責はBのそれと比較して限定的であるとの判断を得ることができた。

4　本件を振り返って：成果と課題

本件は非常に不可解な事件であったが、Aの心理鑑定を実施したことにより、Aは自責的傾向が強く、現実的判断能力が乏しいためBにとっては支配しやすい対象であったことや、BがA、Cを心理的に支配するために用いた手法などが明らかになった。このことは、裁判員による真相解明に大きく寄与すると同時に、弁護団としてももやもやした気持ちが払拭され、確信をもって弁護活動を行うことができた。

当初はAがBに精神的に完全に支配された中でCに対してBと共に暴行を行っていた事案ではないかという推測から、Aの心理的な分析が必要と考えた。しかし、Aからの手紙が届いたことにより、むしろAとCはBの被害者であり、BがAとCを完全に支配してけじめ行為の名の下にお互いに暴力を加え合うように仕向け、B自らもCに対して暴力を振るっていたことが明らかになった。弁護団は、この3人の支配関係を裁判所に理解してもらうために、先生方によるAの心理鑑定を軸として、Bの弁護団が別に

行っていたBの心理鑑定結果も考慮しながら弁論を行った。

　その結果、上記のような判決が下されたことについては、弁護団として一定の評価をしている。その一方で、Aは単にBの被害者であったというにとどまらず、Aの自由意思そのものがBによりどの程度拘束されていたといえるかについても、さらに検討を深める必要があったと考えている。

引用文献

浜田寿美男（2005）. 自白の研究――取り調べる者と取り調べられる者の心的構図　北大路書房.

Herman, J. W. (1992). Trauma and Recovery. New York：Basic Books.（ハーマン, J. W. 中井久夫（訳）（1996）. 心的外傷と回復　みすず書房）.

村山満明・大倉得史（編著）（2015）. 尼崎事件 支配・服従の心理分析　現代人文社.

Case Report：Psychological evaluation of a defendant accused of inflicting injury that caused death：What were the relationships among three people living together?
Tokushi OKURA（Kyoto University）
Hiroshi WAKINAKA（Otani University）
Masato INOUE（Inoue Masato Law Office）
Hideki HISAOKA（Hisaoka Law Office）

This paper reports the case in which the psychological evaluation of a defendant accused of inflicting injury that caused death was necessary. Defendant "A" was living with co-defendant "B" and victim "C". According to the first story, which A told to his pleaders, there was a rule in their life that one who had broken house rules had to be subject to violent acts by other housemates, and C had died as a result of such violent acts. However, after several visits by psychological evaluators, A confessed that B had dominated A and C psychologically and had abused them for a long time. Psychological evaluators testified in court that A's personality had a tendency to be dominated by others and due to the change in his testimony, he would not attempt to put the blame on B. As a result, a judgement was delivered considering B's domination over A and C, while it revealed that "forced spontaneity" of a psychologically dominated person should be argued furthermore.

Key words　psychological evaluation, psychological domination, abuse, testimony analysis, forced spontaneity

資料論文
著作権侵害事件の客観的性質・主観的評価と取り締まりへの支持の関連

向井智哉[1]・西川　開[2]

　著作権をめぐる議論においては、近年の著作権法改正では著作権者の権利を保護するという側面が目立つようになり、一般市民の著作権に関する意識が無視されがちであることが指摘されてきた。このような現状においては、一般市民の著作権に関する意識を把握し、そのような著作権法の現状が一般市民の意識と適合的であるかを検討することが有益であると考えられる。そこで本研究は、著作権侵害の取り締まりへの支持を規定する要因を探索することを目的として、シナリオ法による実験を行った。具体的には、先行研究を参考にし、取り締まりへの支持と、主観的・客観的な重大性、再犯可能性、発生可能性の間の関連を検討した。その結果、(a)著作権侵害に対する取り締まりへの支持と関連を示すのは主観的重大性、主観的再犯可能性であること、(b)客観的性質と比べて、主観的評価は取り締まりへの支持をよりよく予測することが明らかにされた。

キーワード 取り締まりへの支持、著作権侵害、重大性

問題の設定

　近年のニューメディアの発展にともない、一般の人々が著作活動を行なう機会は飛躍的に増え、著作活動を保護する法律である著作権法も一般市民にとってますます重要なものとなっている(京, 2011；野口, 2010)。このような変化は近年の立法活動にもあらわれており、2010年に施行された「著作権法の一部を改正する法」によって違法なコンテンツと知りながらダウンロードすることが違法化され、2012年には同行為が刑事罰化されるなど、著作権をめぐる法改正は活発に行われている(齋藤, 2012)。

　著作権法には、著作者・実演家等の権利の保護、文化的所産の公正な利用、および以上2点の達成を踏まえた文化の発展という3つの目的があるとされるが(斉藤, 2014)、近年の著作権法改正においては主に権利者の権利の保護が重視され、それ以外の目的が軽視されていることが批判されている(山田, 2011, 2016)。著作権法はその誕生時から出版者等の事業者の利益に資するための法律という側面を有しており(山田, 2007)、そのような性質から、国民の意識と乖離した立法が行われる危険性が指摘されてきた(Bettig, 1996)。近年の法改正でも同様の性質が観察されており(城所, 2013)、著作権侵害を刑事罰によって取り締まるべきかという、広い関心を集めている議論においても(半田, 2014；山田, 2016)、一般の人々の意識は議論の外に置かれがちである。

　一般に法についての意識(法意識)には、法知識、法意見、法態度、法観念など複数の次元があるとされるが(六本, 1986)、著作権法について上述のような議論が行われている現状を考えれば、そのような法意識の中でも、著作権侵害への取り締まりに関する法意識を検討することが、それらの議論に示唆を与えるという点で有益であると思われる。そこで本研究では、著作権侵害の取り締まりへの支持の規定要因を探索

---

[1] 早稲田大学文学研究科・博士後期課程在学・犯罪心理学
[2] 筑波大学図書館情報メディア研究科・博士後期課程在学・図書館情報学

する[3]。

　では、どのような要因が取り締まりへの支持と関連するのだろうか。2009年に裁判員制度が導入されたことを背景に、近年の研究では、犯罪に対する量刑判断を対象とした研究が多く見られる。たとえば綿村・分部・高野（2010）は、強盗事件および横領事件のシナリオを用いて、「他にも犯罪を起こす者がいそうである」という同一犯罪の発生可能性および「被告人は再犯をしそうである」という犯罪者の再犯可能性にくわえ、「結果は重大である」という重大性と量刑判断の関連を検討している。またこの研究では、上述の3要因をシナリオ内で操作することで得られる事件の客観的性質と、それらの要因についての評価を尋ねることで得られる主観的評価がそれぞれ検討されている。分析の結果、綿村他（2010）は、強盗事件シナリオでは主観的重大性と客観的重大性が、横領事件シナリオではそれらにくわえて主観的再犯可能性が量刑判断を有意に強めることを明らかにしている[4]。

　以上のように、著作権をめぐる立法は広い関心を集めながらも、それに関する一般市民の意識はほとんど検討されてこなかった。そこで本研究では著作権侵害の中でも、家庭内等の私的領域での複製行為も対象となるという点（中山, 2014）で一般市民とのかかわりが最も深いと思われる違法ダウンロードを対象とし、綿村他（2010）で用いられている重大性、発生可能性、再犯可能性という変数を用いて、著作権侵害に対する取り締まりへの支持の規定要因を検討することを目的とする。

　なお検討に際しては、著作権侵害に関する研究が存在しない現状を鑑み、明確な仮説は設定せずに、探索的に検討を行うこととする。また、他の年齢集団と比較してインターネットの利用頻度が高く、したがって違法にアップロードされたコンテンツに触れることも相対的に多いと考えたことから、大学生を対象とした。

方法

　実験協力者と手続き　関東圏の国立大学の授業中に質問紙を配布した。実験協力は任意であることなどを口頭および紙面で確認した上で、それらに同意した219名から回答を得た。そのうち本実験の中心的な関心である著作権侵害に対する取り締まりへの支持の項目に欠損があった14名を除外し、最終的に205名を分析対象とした（男性87名、女性115名、平均年齢20.1歳、SD = 4.54）。その他の欠損値はペアワイズで削除した。なお本実験は、筑波大学倫理審査委員会の承認を得て行われた（通知番号：29-22）。

　質問紙の構成　違法ダウンロードに関するシナリオを提示した。実験協力者間の独立変数として、客観的重大性、客観的再犯可能性、客観的発生可能性を設定した。それぞれの実験協力者は、以上3つの条件が操作されたシナリオが書かれた質問紙を受け取り、それに回答した。

　具体的には、「被告人は、自宅のパソコンから、市販のCDデータなどを扱う違法共有サイトにアクセスし、それらが違法にアップロードされたものであることを知りつつも、CDデータなどをダウンロードした」とした上で、「被害総額500万円以上／1万円程度」（客観的重大性）、「自堕落なフリーターで反省していない／堅実な自営業者で反省している」（客観的再犯可能性）、「違法ダウンロードは増加しつつある／減少しつつある」（客観的発生可能性）を操作した。

　以上のシナリオについて、主観的重大性（「この事件の結果は重大である」）、主観的再犯可能性（「この事件の被告人は再犯をしそうである」）、主観的発生可能性（「この被告人以外にも同じような

---

[3] 法意識の中でも「特定の型の状況における行為ないし取扱いの仕方として何が正しく、適当であると思うか」という側面は「法意見」と呼ばれる（六本, 1986）。本研究が対象とする著作権侵害の取り締まりへの支持は、この法意見の領域に属するものと考えられる。

[4] 綿村他（2010）で対象とされている量刑判断は、どの程度重い刑罰を科すことを求めるかについての判断であり、刑罰という手段を用いて対象者の行動を強制することへの支持を意味する取り締まりへの支持とは厳密には異なる。その一方で、両者はともに、どの程度対象者の行動を制約するべきかについての判断であるという点では共通性も有している。このことから、綿村他（2010）の用いている変数は取り締まりへの支持に対しても適用可能であると考えられる。

Table 1. 違法ダウンロードの取り締まりへの支持の記述統計

条件			取り締まりへの支持		
客観的重大性	客観的再犯可能性	客観的発生可能性	M	(SD)	n
大	高	高	5.31	(1.26)	26
		低	4.89	(1.24)	19
	低	高	5.04	(0.96)	28
		低	4.80	(1.10)	30
小	高	高	4.79	(1.35)	24
		低	4.77	(1.11)	22
	低	高	4.86	(1.04)	28
		低	4.07	(0.90)	28

Table 2. 各変数の平均値,標準偏差,相関係数

		M	(SD)	1	2	3	4	5	6	7	8
1	取り締まりへの支持	4.81	(1.15)								
2	客観的重大性	0.50	(0.50)	.18*							
3	客観的再犯可能性	0.44	(0.50)	.11	-.01						
4	客観的発生可能性	0.52	(0.50)	.17*	.01	.06					
5	主観的重大性	4.81	(1.32)	.65**	.20**	.13	.22**				
6	主観的再犯可能性	5.34	(1.41)	.32**	.12	.52**	.13	.28**			
7	主観的発生可能性	5.92	(1.03)	.27**	.09	.13	.28**	.28**	.42**		
8	性別(女性=1,男性=0)	0.57	(0.50)	.01	.06	-.19**	.10	.01	-.17*	-.09	
9	年齢	20.12	(3.64)	-.21**	.03	.03	.07	-.10	-.02	.00	-.07

$**p < .01, *p < .01$

事件を起こすものが多そうである」)を、7件法(「全くそう思わない」~「非常にそう思う」)を用いて尋ねた。

従属変数である取り締まりへの支持については、「このような犯罪をするものは、刑罰によって厳しく取り締まる必要がある」という項目にどの程度賛成するかを尋ね、同様に7件法で回答を求めた。

結果

基礎的検討 条件ごとの取り締まりへの支持をTable 1に示す。また、分析に用いた変数の平均値、標準偏差、相関係数をTable 2に示す。客観的重大性・再犯可能性・発生可能性と、それぞれに対応する主観的評価の間に正の相関($rs > .20$)が見られたことは、シナリオの操作が有効であったことを示していると考えられる。

重回帰分析 取り締まりへの支持を従属変数とする階層的重回帰分析を行なった。最初のステップでは、客観的性質を独立変数、年齢、性別を統制変数としたモデルの推定を行なった。次のステップでは、Step 1で投入した変数にくわえ、主観的評価を投入したモデルの推定を行なった。以上の結果をTable 3に示す。なお推定を行った2つのモデルのVIFは1.74以下であったことから、上の分析の結果は多重共線性によって得られたものではないと判断できる。

Table 3. 違法ダウンロードの取り締まりへの支持を従属変数とした階層的重回帰分析

	Step 1	Step 2
	β	β
客観的重大性	.17*	.03
客観的再犯可能性	.11	-.04
客観的発生可能性	.17*	.02
主観的重大性		.58**
主観的再犯可能性		.16*
主観的発生可能性		.02
性別(女性=1,男性=0)	.02	.03
年齢	-.23**	-.15**
R^2	.12**	.47**
adj. R^2	.10**	.45**
ΔR^2		.40**

$**p < .01, *p < .01$

Step 1では客観的重大性および客観的発生可能性が有意な関連を示した。つまり、事件の客観的な性質としては、その事件の結果が重大であり、同様の事件が起こりやすいほど、取り締まりへの支持が求められることが示された。一方、主観的評価を追加投入したStep 2では、客観的性質はすべて有意ではなくなり、主観的重大性、主観的再犯可能性、年齢が有意な関連を示した。つまり、事件についての主観的な評価を統制した場合には、事件の客観的な性質は取り締まりへの支持と有意な関連を示さないこと、ならびに主観的評価としては、事件の結果が重大だと考えるほど、その事件を起こした人が再犯をしやすいと考えるほど、実験協力者の年齢が低いほど、取り締まりへの支持を求めることが示された。なお、Paternoster, Brame, Mazerolle, & Piquero (1998)が提案した手法によって、主観的重大性($b = .50$, s.e. $= .05$)と、主観的再犯可能性($b = .13$, s.e. $= .06$)および年齢($b = -.05$, s.e. $= .02$)の偏回帰係数を比較したところ、主観的重大性の係数は、主観的再犯可能性($z = 4.93$, $p < .01$)および年齢の係数($z = 8.61$, $p < .01$)よりも大きかった。このことから取り締まりへの支持と最も強い関連を示すのは、主観的重大性であることが示された。

考察

本研究では、著作権侵害に対する取り締まりへの支持を規定する要因を探索することを目的とした実験を行った。目的の検討に際しては、事件の重大性、再犯可能性、発生可能性を独立変数として検討した。

分析の結果、以下2つの示唆が得られた。第一に、著作権侵害に対する取り締まりへの支持は主として「事件の結果が重大である」という評価(主観的重大性)および「犯罪者は再犯をしそうである」という評価(主観的再犯可能性)という2つの要因によって規定されること、ならびに後者と比べて前者がより重要であることが明らかにされた。

強盗事件および横領事件を検討の対象とした綿村他(2010)では、主観的重大性と主観的再犯可能性が量刑判断と関連することが見出されているが、本研究の知見はそれと一致したものである。このことから重大性と再犯可能性の評価が犯罪者に対する刑罰の厳しさと関連するという知見は、従属変数と犯罪類型を変更した上でも維持されうる頑健なものである可能性が示唆された。その一方で、綿村他(2010)で量刑判断との直接的な関連が見出された客観的重大性は本研究では取り締まりへの支持と有意な関連を示さなかった。綿村他(2010)は、強盗(殺人)事件と横領事件について、客観的重大性と量刑判断の間に直接的な関連が見られた理由として、「素朴理論」という概念を用いた説明を行っている。つまり、実験協力者の多くは、「生命や財産が侵害された場合、量刑は重くなる」という非明示的な知識を獲得しており、そのような素朴理論が駆動されることによって量刑判断に直接的な影響が及ぼされたという説明である。この説明を本研究の結果に当てはめれば、本研究の実験協力者の多くは「著作権侵害で被害が生じた場合には刑罰による取り締まりが行われる」という素朴理論を獲得してはおらず、したがって素朴理論が働くこともなく直接的な影響は及ぼさなかったのだと説明することができる。著作権侵害が犯罪化・刑罰化されたのがごく近年になってからのことであり、強盗や横領と比べて人々の法意識に浸透している程度が低いであろうことを考慮に入れればこの説明には一定の妥当性が認められるが、先行研究で用いられている「素朴理論」が実際に存在するのか、また存在するとしてそれが実際に以上のような形をとっているのかは仮説にとどまる。今後はこのような非明示的な信念についても検討する必要があるかもしれない。

また本研究では、主観的重大性だけではなく、主観的再犯可能性も有意な効果が見られた。これまでの研究では、重大性は応報、再犯可能性は抑止という刑罰目的と結びつけられてきた(e.g., 綿村他, 2010)。それらの研究に従えば、本研究の知見は、著作権法への取り締まりにおいては、応報だけではなく抑止という刑罰目的も求められていることを示唆していると考えられる。

第二に、事件の主観的評価は客観的性質より重要であることが示唆された。具体的には、客観的性質と主観的評価を投入したStep 2では、取り締まりへの支持と客観的性質は関連を示さなかった一方、主観的評価に関する2変数は取り締まりへの支持と関連を示した。この結果は、取り締まりを支持するかどうかという問題では、事件の性質それ自体よりも、それについてどのような評価をするかという心理的な要因の方が重要であることを示唆している。

最後に今後の方向性について述べる。まず本研究では大学生を対象としたが、上述のように大学生は他の集団と比べ、インターネットや違法にアップロードされたコンテンツに接触する機会が多いと考えられる。今後はこのような特性が取り締まりへの支持とどのように関係するかを検討することが必要であろう。シナリオに関しても、違法ダウンロード以外の類型では異なる規定要因が観察される可能性があるため、異なるシナリオを用いて知見の頑健性を確認することが有益であろう。くわえて、本研究では回答者の負担を考慮し、取り締まりへの支持を単一の項目で測定したが、以後の研究では複数の項目を用い、尺度の信頼性を検討することも必要であるかもしれない。また本研究では、取り締まりへの支持に対しては主観的重大性がとくに重要であることが示されたが、主観的重大性と客観的重大性の相関は小さなもの($r = .20$)にとどまった。このことは主観的重大性の評価には事件の客観的な性質だけでなく、その他の要因も関連していることを示唆していると思われる。今後はそのような要因も含めて、取り締まりへの支持を予測するモデルを構築していくことが必要であろう。

引用文献

Bettig, R. V. (1996). *Copyrighting culture：The political economy of intellectual property.* Oxford：Westview Press.

半田正夫 (2014). 著作権法案内　勁草書房

城所岩生 (2013). 著作権法がソーシャルメディアを殺す　PHP新書

京　俊介 (2011). 著作権法改正の政治学──戦略的相互作用と政策帰結──　木鐸社

中山信弘 (2014). 著作権法 第2版　有斐閣

野口裕子 (2010). デジタル時代の著作権法　ちくま新書

Paternoster, R., Brame, R., Mazerolle, P., & Piquero, A. (1998). Using the correct statistical test for the equality of regression coefficients. *Criminology, 36,* 859-866.

六本佳平 (1986). 法社会学　有斐閣

齋藤千尋 (2012). 違法ダウンロード刑事規制をめぐる動き──平成24年著作権法改正──　調査と情報, *760,* 1-10.

斉藤　博 (2014). 著作権法概論　勁草書房

綿村英一郎・分部利紘・高野陽太郎 (2010). 一般市民の量刑判断──応報のため？それとも再犯抑止やみせしめのため？──　法と心理, *9,* 98-108.

山田奨治 (2007). 〈海賊版〉の思想──18世紀英国の永久コピーライト闘争──　みすず書房

山田奨治 (2011). 日本の著作権はなぜこんなに厳しいのか　人文書院

山田奨治 (2016). 日本の著作権はなぜもっと厳しくなるのか　人文書院

Relationship between Subjective Characteristics and Objective Evaluations of Copyright Violation and Support for Sanctioning Copyright Violation
Tomoya MUKAI (Graduate School of Letters, Arts and Sciences, Waseda University)
Kai NISHIKAWA (Graduate School of Library Information and Media Studies, Tsukuba University)

Copyright researchers have argued that protection of copyright holders' interests was overwhelming since the recent development of copyright law and that public's attitudes toward copyright were mainly ignored. In this context, it is crucial to investigate the public attitude toward copyright. This research aimed to explore factors that determine support for sanctioning of copyright violation using a vignette-based questionnaire. In particular, building on existing studies, we investigated the effects of subjective and objective seriousness of crime, possibility of reoffence, and occurrence on support for sanctioning. Our results indicated that : (a) support for sanctioning copyright was determined by subjective seriousness and possibility of re-offense and (b) support for sanctioning it was better predicted by objective than subjective evaluations of crime. Implications were further discussed.

Key words Support for sanctioning, copyright violation, seriousness

書評

浜田寿美男／責任編集

『シリーズ　刑事司法を考える 第1巻　供述をめぐる問題』(岩波書店、2017年)

渡辺由希[1]

　本書は、岩波書店より出版された「シリーズ刑事司法を考える」の第1巻にあたる。第0巻は「刑事司法への問い」、第2巻は「捜査と弁護」、第3巻は「刑事司法を担う人々」、第4巻は「犯罪被害者と刑事司法」、第5巻は「裁判所は何を判断するか」、第6巻は「犯罪をどう防ぐか」の全7巻で構成されるシリーズである。巻末の言葉を借りるならば、「刑事法研究者、実務家のみならず、心理学者、科学捜査など隣接分野の専門家や海外の研究者の参加も得て、変革期にある刑事司法をめぐる諸問題を深く検討」することを目指した本であり、被疑者・被告人・被害者・目撃者による供述に焦点化されたものである。

本書の構成と内容の概観

　本書は、3部構成となっている。簡単な内容とあわせて以下紹介する。

　第Ⅰ部は「問題としての「供述」」と題して、供述という"生成物"、あるいは供述という"行為"に関して、法学者や心理学者が俯瞰的に論じている。いずれの章も、従来の供述の採取方法や、生成された供述の任意性や信用性といった評価のされ方の問題点を指摘している。各章の具体的な内容は次の通りである。

　Ⅰ-1では、従来の供述の評価基準とその問題点について、「多様な真実がぶつかり合った時に、単純に多数決で解決するのではなく、無罪と考えた者の考えを優先させる(p.20)」ことで冤罪のリスクを減らす最後のセーフティーネットとして位置づけている。Ⅰ-2では、自白の任意性・信用性判断の限界と限界突破の可能性について、自白の信用性判断についての注意則の研究、および浜田寿美男氏による供述分析が限界突破の可能性であると述べている(ただし、これらにも限界があることも併せて述べている)。Ⅰ-3では、裁判参加者間の供述評価基準のズレと心理学的合理性について、「自己の「常識」の相対化を経て、改めて当事者の視点から心理学的合理性に基づく解釈の妥当性の検討を行う必要がある(p.62)」と述べている。Ⅰ-4では、供述(自白)採取過程としての取調べ可視化の問題点について、取調べの一部ではなく全面可視化することが冤罪防止の重要な一歩だが、それに尽きるべきではないと述べている。

　第Ⅱ部は「供述はどこまで正確か」と題して、"生成物"としての供述の正確性について、その生成過程をふまえながら法学者、精神科医師、心理学者が論じている。供述の正確性の問題点を生成過程そのものに見出す必要性や、供述内容によって正確性の評価が左右されることなどが指摘されている。

　Ⅱ-5では、虚偽自白生成のメカニズムについて、取調べの場を「強力な磁場」と表現し、強圧的な取調べの結果として「犯人になる」のではなく、何を言っても聞き入れてもらえない状況下で「犯人になる」ことを選択する被疑者の心理を描写している。そこから脱却するには、「犯人になる」ことで取調官に話を聞き入れてもらえるという人間関係の構築ではなく、新たな人間関係を構築する必要があると述べている。Ⅱ-6では、虚偽供述生成のメカニズムについて、他者からの影響等で自身の記憶が変容したにも

---

[1] 淑徳大学総合福祉学部実践心理学科・非常勤講師・法心理学

かかわらず、その自覚が生じにくい目撃者や被害者の供述を取り上げ、被害者供述に対する注意則研究の必要性や証人テストの録音録画の必要性について論じている。Ⅱ-7では、裁判における無実の供述を含む被告人供述の取り扱われ方について、特に裁判官が用いる経験則の問題点や、自由心証主義による判決の問題点を指摘している。Ⅱ-8では、供述から読み取る被告人の訴訟能力の評価と供述の正確性について、供述内容の真偽以前に訴訟能力の有無を（適用に慎重さは必要となるが）判断する必要があることを、事例を取り上げながら論じている。

第Ⅲ部は「供述から何を読み取ることができるか」と題して、生成された供述を事後的に分析する具体的手法について、心理学者、情報科学者が論じている。

Ⅲ-9では、対立仮説検討型の供述分析（いわゆる浜田流供述分析）とその妥当性について、事例を用いて丁寧に説明している。Ⅲ-10では、供述者の心理特性を加味した供述の信用性評価について、特に被暗示性・迎合性という心理特性に着目して論じている。Ⅲ-11では、供述のコミュニケーション分析[2]とその妥当性について、事例を用いて丁寧に説明している。Ⅲ-12では、目撃証言の誤謬に影響する心理学的な変数と専門家証人の重要性について論じ、目撃者による誤判防止のための制度改革の必要性について述べている。Ⅲ-13では、供述の三次元視覚表現とその有効性について論じている。「森と木の両方」を俯瞰する方法として供述を視覚化することで、膨大な量のデータの中に潜む特異点の発見を容易にする可能性が述べられている。

本書の特徴

本書の特徴は、第一に法の実務家や法学者のみならず、心理学者や精神科医師、情報科学者などが個々の専門性のもとに供述の問題点について論じているところにある。供述が実務上重要なものであることは言うまでもないが、それが個人と個人の間で営まれる協働的行為であること、またその内容が聞き手（裁判官・検察官・警察官・弁護人など）に評価されるものであるから、内容の吟味と同程度、あるいはそれ以上に生成のプロセス[3]が適切であったか否かが肝要である。そのためには、語られた生成物としての供述だけでなく、供述という行為に着目すること、またその行為者について着眼する必要がある。プロセスが適切であったか否かが検討されたのちに、その内容となる被疑者・被告人等の体験についての語りが犯罪の構成要件を満たすものであるのか、目撃者の場合であれば当時の状況と照らし合わせて妥当であるか等が吟味されるべきである。

このように、供述と一口に言ってもそれが包含する要素は多様であるから、様々な専門家がかかわることが必要であろう。なお、現在、供述生成プロセスの適切性を担保する方法として、諸外国に続き我が国においても司法面接（Forensic Interview）が開発され、司法や福祉、心理の実務家等が研修プログラムを受講している（仲, 2016など）。特に被害者や目撃者となった子どもへの面接技法とされているが、基本的な面接構造は大人へも十分適応可能であると思われる。今後は、被害者や目撃者だけでなく被疑者への司法面接方法の開発が必要となるだろう。

第二に、具体的な事例が多く取り上げている点である。実際に起きた事例から供述の問題点を指摘していることで、ボトムアップ的な知見が得られている。すなわち、より現実の実務に適応可能な、利用価値のある知見であると言える。こうしたボトムアップ的な知見を積み重ねることや、従来の心理学の研究方法やパラダイム等の事例への応用可能性がいっそう検討・吟味されるなどすることで、学問としての法心理学はより体系化されていくだろう。

---

[2] 浜田流供述分析が内容に着目した分析だとすれば、コミュニケーション分析は形式に着目した分析である。

[3] このプロセスの適切性を検討するにあたり、本書では、被疑者・被告人の個人特性に着目したり、聞き手との相互作用の産物として検討したり、あるいは被疑者・被告人が置かれた状況の力動に着目するなどの方法が紹介されている。

「他人事」ではなくなっていく供述

　我が国における司法システムは、今世紀の初めに行われた司法制度改革によって大きく変化した。具体的には、裁判員制度や被疑者国選弁護人制度の導入、検察審査会への起訴強制権付与、被害者参加制度、少年法における不定期刑の延長、公訴時効の撤廃、取調べの録音録画の法制化の決定などである(「刊行にあたって」より)。なかでも、一般市民から構成される裁判員や、犯罪の被害者といった実務家以外の人々が裁判に参加する機会が設けられた。特に、(原則的には)自身の言葉で構成される供述は、実務家のみならず一般市民にも直接的に影響する行為(ないし行為の結果として出来上がる生成物)であると言えよう。自身の体験を他者に語るという行為は、多くの人々が日常的に行うものであるから一見すると容易いものに思われる。しかしながら、本書のいたるところで指摘されたように、他者に語るという行為が話者自身のみによって行われるものでない以上、供述の内容は他者の存在や自身を取り巻く状況に大きく左右される。その結果、誰かの意図があろうとそうでなかろうと、虚偽の自白や供述が生成されてしまい、冤罪に繋がった事例は少なくない。本書はこうした様々な問題をはらむ供述について、多様な切り口から問題点を指摘し、その解決方法について示唆を与えるものである。

文献
仲真紀子(編著)(2016).　子どもへの司法面接——考え方・すすめ方とトレーニング　有斐閣.

海外学会参加報告
東アジア法心理学会 2017　台湾
East Asian Association of Psychology and Law 2017 in Taiwan

徳永留美[1]

　東アジア法と心理学会(East Asian Association of Psychology and Law、EAAPL)の2017年大会が2017年12月15日(金)から17日(日)の日程で開催された。会場は台北市内の国立台湾大学社会科学棟であった。これまでの開催地は韓国、中国、日本のみであったが、11回目の本大会にして初めて日中韓以外での開催となり、新たな展開を迎えた。本大会ではスペシャルゲストとして外部から4名が講演者として招聘された。外部の方の講演といえば、私の専門分野である視覚情報処理分野における学会の場合は、研究のアプローチ等について多角的な視点を得ることが多いが、法と心理学会の場合は、実務における具体的な知識を得ることが多い。研究分野により随分印象が異なったものになる。今回はスペシャルゲストが4名ということで、台湾においては法と心理学の必要性が高く、社会において実際に様々な動きがあることが想像できた。

　本学会への出席者は65名で、その内訳は、開催国の台湾の27名、韓国から16名、中国から8名、日本から14名となっている。キーノートトークでは5名の先生方が発表され、口頭発表が11件、ポスター発表が22件実施された。

　15日の初日は、国立台湾大学の歴史が紹介されている歴史館にて開会の催し物が行われた。15日は、私は講義を終えて飛行機に乗り、深夜に台湾に到着した為、開会の催し物には参加することが出来なかった。そこで、出席した金成恩(立命館大学)会員に初日の様子を伺ったところ、本学会の主催者であるYee-San Teoh先生が開会の挨拶をされ、スペシャルゲストの一人であるPing-Cheng Lo大臣が開催挨拶をされたとのことであった。Ping-Cheng Lo大臣は、行政院で法務を担当されており、本学会の台湾における将来的な役割や活動への期待を込めて参加されたのではないかと考えられる。各参加者、再会した喜びに浸りながら、21時過ぎまで和やかに会が続いたとのことである。

　今回の学会で特に印象深かったのは、スペシャルゲスト2人による講演であった。一つは、台湾のイノセンス活動をしているNGO団体長であるShih-Hsang Lo氏の講演で、再審で無罪となったケースや現在取り組んでいるケースの紹介であった。日本での生活において、イノセンス活動を見聞きする機会はかなり少ないが、本発表で放映されたドキュメンタリーでは、再審により無罪となり社会に戻った際、当人がどのような環境や心境の変化の中で生活を始めるのか、また被害者ともいえる当人を団体がどのようにサポートするのかについてよく表現されていた。また、別の取組みとして、有罪判決の後に、無罪を8回主張し、ようやく再審が行われ、無罪となった女性のケースの紹介もあった。日本においては、このようなサポートを含むイノセンス活動などについて、一般の人への周知が未だ進んでいないため、早急に強化すべきであると感じた。

　もう一つは、クロージングスピーチとして台湾最高裁判所のVicky Wei-Ya Wu 裁判官が登壇されたことである。日本では、最高裁判所の裁判官が、まさに法を扱う団体で話をすることは無いので大変驚いた。主に、精神鑑定についての話であった。判事の経験として、18年前の出来事が話された。当時、窃盗で逮捕された女性が「自分は天使で、神に仕えており、行為は

....
(1) 千葉大学国際教養学部・助教・視覚情報処理

自分とは関係ない。」と申し出た際に、Wu裁判官は、彼女が「精神疾患」であるという選択肢を考えなかったという話である。しかし、裁判官としての経験を積むことにより、彼女のような言動が、何を意味するのかを理解する必要性があったことに気づいたということである。このような経験を通して、精神鑑定をどのように設定したら良いのかについての取組みの話があった。また、精神鑑定について考えさせられた別の事例として、最高裁まで争われたケースの紹介があった。容疑者に精神疾患の疑いがあるということから、5回の裁判の度に容疑者が精神鑑定を受けさせられたという事例である。この事例では、精神鑑定人や専門家によって意見が異なっていた為、鑑定が複数回に及んだと考えられる。視覚の分野においては、例えば統合失調症の患者は、視覚機能が健常者とは異なっていることが知られており、この場合は、知覚を数値に置き換えて疾患の判断が可能である。しかし、疾患の有無さえも不明な場合、手法が限られ精神疾患の評価は大変困難であると感じた。法的に判断を下すのはWu裁判官ご自身であり、発表から、人を裁くことの重さを改めて考えさせられた。それと同時に、裁判員に選定されるかもしれない私たちは、裁判には様々な事例があることを知ることはもとより、直接、裁判官の声を聞くことができる機会の重要性を感じた。精神疾患の患者への対応やサポートへの取組の重要性について、台湾だけではなく、日本国内においてももっと活発に議論されていくことを期待したい。

17日のキーノートトークでは、中国政法大学のWang先生が、女性の麻薬中毒者への再使用の防止への取組の例を発表された。女性の中毒者が薬物使用開始に至るきっかけとしてはダイエットの為が多く、中国では比較的簡単に薬物が使用できることに驚いた。薬物中毒患者の再使用を防ぐためには、本人から近い存在の人との関係による改善や認知行動療法などが挙げられていた。

ポスター発表の初日は、口頭発表の間の15：40から1時間設定され、11件の発表があった。建物のテラスにポスターを貼る台を設置して、オープンスペースにおいてポスター発表という形式であった。しかし、生憎の天候となってしまい、強風で倒れかける板を押さえながらの発表となった。それにもかかわらず、参加者は各自興味のあるポスターに集まり、様々な議論を交わしていた。2日目は、昼食後すぐの13時過ぎから屋内での開催となり、11件の発表があった。本学会の特徴でもあるが、法学、心理学などの異なる研究分野の研究者が参加することから、発表者には、研究内容が異分野の研究者にも理解し得るような説明が求められる。会場では、ポスターにかかれている図や言葉が助けとなり、基本的なことから話すことで、徐々に議論が広がっていき、コミュニケーションも活発になっていくという状況が多く見受けられた。両日共に、設定された時間一杯を使用し、質問者と聴衆者とで大盛況であった。

本学会は大学院生・若手研究者の参加を促しており、学会中に発表優秀賞の投票が実施された。口頭発表とポスター発表を行った学生と若手研究者を対象者として、参加者全員が、最も優れた発表に投票する形式で行われた。発表優秀賞には、早稲田大学文学研究科心理学コース博士課程の研究員である向井智哉氏が選ばれた。向井氏の研究は、犯罪に対する感情的反応と厳罰傾向の関連において、犯罪不安、犯罪者への怒り・共感、犯罪被害者への共感が厳罰傾向へ対して及ぼす影響についての検討であった。結果から厳罰傾向は、犯罪不安、犯罪者への怒り、犯罪者への同情によって影響されること、犯罪不安と厳罰傾向の関係性は、犯罪者への怒りによって媒介されることを示された。発表は、結果の図表が明確に示されており、大変分かりやすく説得力のあるものであった。

最後に、2018年度の東アジア法と心理学会は、日本が担当となり立命館大学衣笠キャンパスでの開催を予定している。本学会の趣旨の一つは、東アジアの大学院生・若手研究者の交流である。また本学会は、特に、大学院生・若手研究者には、学際的、国際的な視点により課題の理解を深め、国際的に活躍していく為の第一歩となり得る学会である。多くのポスター発表の募集も予定しており、是非、ご参加いただきたい。

広 報
法と心理学会第18回大会 大会発表賞の紹介
研究・企画：大橋靖史[1]

　法と心理学会第18回大会は、2017年10月14・15日に成城大学において開催されました。例年、会員相互の投票結果に基づき、発表報告のうち最も票を集めた発表に対し、大会発表賞を授与しております。第18回大会においては、口頭報告4件、ポスター報告12件がなされ、その中で得票数が最も多かった報告は、山崎優子会員らによるポスター報告『取調手法によってもたらされる被告人への偏った印象はカメラアングルによって強化される』でした。報告された内容については法と心理学会第18回大会予稿集に掲載されておりますが、以下に改めてご紹介させていただきます。

取調手法によってもたらされる被告人への偏った印象はカメラアングルによって強化される

〈山崎優子[2]〉
〈山田直子[3]〉
〈指宿　信[4]〉
〈北村亮太[5]〉

1　目的

　本研究の目的は、取調手法（リードテクニック vs. ピースモデル）と取調録画映像のカメラアングル（SF方式 vs. EF方式）の組合せが、裁判員裁判の評議に及ぼす影響を明らかにすることである。取調手法のリードテクニック（Reid Technique）は、取調官が被疑者と対峙して自白を得ることを目的とする（Buckley, 2013）一方、ピースモデル（PEACE Model）は、被疑者に自由に語らせることで供述を促し、事件に関する情報収集を目的とする（仲, 2012）。また取調録画映像のカメラアングルSF（Suspect Focus）方式は被疑者をフォーカスする一方、EF（Equal Focus）方式は被疑者と取調官の両方をフォーカスする。Lassiter and Irvine（1986）は、SF方式の取調録画映像を視聴した者の方が自白の任意性判断が高くなることを明らかにしている。

2　研究

　参加者　大学生及び大学院生48人（平均20.8歳、$SD=1.2$歳）が実験に参加した。参加者は無作為に4条件（上記2種類の取調手法と2種類のカメラアングルの組合せ）に振り分けられた。

　材料　質問紙、模擬裁判シナリオ（被告人（女）は、子どもを故意に炎天下のパチンコ店駐車場に置き去りにして死亡させた容疑で起訴された。被告人は取調べでは殺意をいったん認めたが公判で否定した）、4種類の取調録画映像を用いた。

　手続　参加者は、①全条件共通の模擬裁判劇（前半）を視聴した後、②条件別に異なる取調べDVDを視聴した。そして③全条件共通の模擬裁判劇（後半）を視聴し、④条件別の評議（参加者6人と進行役1人で構成）に参加した（約1時間）。評議では"殺意の有無"と以下3つの論点について判断した（計6時間）。

　論点1：犯行時の精神状態
　論点2：パチンコ店と駐車場の車を往復した理由
　論点3：自白の信用性

---

[1]　淑徳大学総合福祉学部・教授・法心理学
[2]　立命館大学・R-GIRO・専門研究員・法心理学
[3]　関西学院大学法学部・教授・刑事訴訟法
[4]　成城大学法学部・教授・刑事訴訟法
[5]　ボイストレーニング

3　結果

評議での参加者の発話内容を2人が独立にカテゴリ分類し(一致率は91%。一致しなかった内容については話し合いで決定)、以下の分析を行った。

① 殺意の有無：評議開始直後に"殺意有"と判断した割合は、取調手法によって異なった(リード67%、ピース92%、$p<.05$)が、評議終了時は条件間にちがいはみられなかった($p>.10$)。

② 論点1："冷静"と判断した割合は、条件間でちがいがみられなかった($p>.10$)。

③ 論点2："死の確認"と判断した割合は、取調手法によって異なった(リード33%、ピース79%)。また、EF条件のみ取調手法によって異なった(リード8%、ピース100%、$p<.05$)。さらに、リード方式(SF58%、EF8%)、ピースモデル(SF58%、EF100%)ともにカメラアングルによって異なった(いずれも$p<.05$)。

④ 論点3："信用できる"と判断した割合は条件間でちがいがみられなかった($p>.10$)。

⑤ "殺意の有無"の判断と3つの論点について の判断の関係についてパス解析を行い、最終的に得られた結果をFigure 1に示した。「殺意(前)」は評議開始直後、「殺意有(後)」は評議終了時の判断である。

4　考察

被疑者の行動(論点2)については、ピースモデル条件ではネガティブに、リード方式条件ではポジティブにとらえられ、両傾向はカメラアングルEFによって強化される傾向がみられた。また、取調手法は"殺意の有無"の判断に影響を及ぼすが、最終的な"殺意の有無"の判断は、論点1～3の判断にもとづかないこと、すなわち、法の実務家の考える判断プロセスとは異なることが示唆された(Figure 1)。

以上から、同じ供述内容であったとしても、取調録画映像を提示した場合、(1)取調手法とカメラアングルの組合せによっては裁判員にネガティブな心証をあたえる可能性、(2)論点にもとづく裁判員の判断を阻害する可能性が示された。

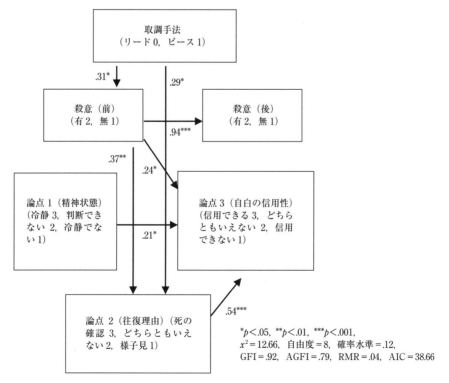

Figure 1. パス解析の結果

引用文献

Buckley, J. P. (2013). The Reid Technique of interviewing and interrogation. JOHN E. REID AND ASSOCIATES, INC（2013年2月6日）（2016年4月13日取得）.
（http://www.neaifi.org/_media/file/2013+REID+PRESENTATION+oneday+-+insurance.pdf）.

Lassiter, G. D. and Irvine, A. A. (1986). Videotaped confessions: The impact of camera point of view on judgments of coercion, *Journal of Applied Social Psychology*, *16*, 268-276.

仲 真紀子 (2012). 科学的証拠にもとづく取調べの高度化：司法面接の展開とPEACEモデル. 法と心理, *12*, 27-32.

本研究はJSPS科研費（23101001）の助成を受けたものです

編集規定

1. 「法と心理」(以下、本誌)は、法と心理学会の機関誌であり、1年1巻を刊行する。
2. 本誌は、法学、心理学またはこれらの関連分野における質の高い、多様な研究を掲載し、法と心理学に関わる学際的研究の向上と活発化に資するものである。
3. 本誌に載せる記事の種別は「原著論文」、「資料論文」、「学会報告」、「意見」、「その他」とする。「原著論文」として掲載する内容としては、実証研究、事例報告、文献の概説、理論的考察、書評、判例評釈・紹介など、できる限り多様な研究を含める。「資料論文」とは、実証・論証研究としての緻密さや厳密さ、あるいはオリジナリティに欠けるものの、問題設定やデータに注目すべき点が認められ、後進の研究の促進に資すると思われる論文、あるいは過去の研究の追試、再考察等である。内容は「原著論文」に準ずる。「学会報告」とは、法と心理学会年次大会などで開催されたシンポジウム、ワークショップ等で発表され、かつ編集委員会が投稿を依頼した研究である。「意見」は、本誌に掲載された「原著論文」、「資料論文」への論評、本学会活動等への意見等のごく短い論文である。「その他」とは、国内外の学会参加報告、他学会の紹介等の情報提供などである。掲載されるすべての記事は、研究者が遵守すべき研究者倫理に抵触していないものとする。
4. 本誌に投稿する記事は、少なくとも第1著者が本学会正会員であることを要する。ただし、本誌編集委員会からの依頼によって書かれた記事は、この限りではない。
5. 本誌の編集は、本誌編集委員会が行なう。
6. 編集委員は、理事会の議を経て理事長が委嘱する。
7. 編集委員会に委員長1名を置く。委員長は、編集委員から副委員長、事務局各1名を指名し、常任編集委員会を構成する。また委員長の指名により編集委員から常任編集委員若干名を追加、選任することができる。
8. 掲載にあたり編集委員会による審査を行なう。その結果は、「採択」、「修正採択」、「修正再審査」、「不採択」に分けられる。「採択」は小規模な修正を除きそのまま掲載される。「修正採択」は修正条件を満たした上で掲載される。「修正再審査」は修正の上、再度審査が行なわれる。「不採択」は掲載が認められない。
9. 審査過程で、投稿論文が研究者倫理に抵触する疑義が提出された場合は、倫理問題検討のための手続きがとられる。
10. 審査結果に対して、投稿者から異議が寄せられた場合、編集委員会は書面により回答する。投稿者からの異議は、次のような手続きによって対応される。
    担当編集委員、副査は、投稿者から異議が出された査読結果について常任編集委員会と検討する。検討の結果、異議が正当と認められた場合、担当編集委員から投稿者へその旨返答する。担当編集委員、副査は、正当と認められた異議を前提として査読を継続する。異議が正当と認められなかった場合は、担当編集委員、副査による当初の査読結果を尊重し、その旨投稿者に伝える。
11. 審査の基準は、法と心理学に関わる学際的研究への新たな貢献ということであり、その際の個別的な基準には、データ、事例、方法、理論、発想等様々な面があることに編集委員会は十分留意して編集する。審査は、掲載原稿の学術的側面の正統性のみを担保すべく行なわれるものであり、それ以外の投稿者の主義主張、信条、利害関係を支持するために行なわれない。
12. テーマを決めて、特集を組むことがある。その場合、特集のテーマにふさわしい内容の論文が優先されて審査・掲載される。
13. 広報欄を設け、本学会の会務報告等を掲載する。
14. 採択論文の印刷に要する費用は、原則として本学会の負担とする。ただし、図版、写真などで印刷に特に費用を要するものは、執筆者の負担とする。
15. 本誌に掲載された論文を無断で複製または転載することを禁ずる。
16. 本誌の編集事務は、編集委員会ならびに事務局で行なう。
17. 本規定の改正は、編集委員会の議をへて、常任理事会の承認を以て行なう。
18. この規定は、2001年1月26日より施行する。

この規定の改正は、2006年12月11日より施行する。
　この規定の改正は、2010年1月28日より施行する。
　この規定の改正は、2012年4月1日より施行する。
　この規定の改正は、2014年10月26日より施行する。

投稿規定

1. 「法と心理」(以下、本誌)への投稿者は、投稿論文の内容および研究手続き全般において、人権の尊重と福祉に十分配慮する。また、研究者が遵守すべき研究者倫理に抵触していないものとする。すなわちデータの捏造や改竄、盗用や剽窃、二重投稿などを厳に慎むこととする。以上のような倫理事項については、投稿者が最終的な責任を負う。

2. 本誌は、掲載原稿の学術的側面に対してのみ正統性を与え、それ以外の投稿者の主義主張、信条、利害関係を支持するものではない。

3. 本誌に載せる記事の種別は「原著論文」、「資料論文」、「学会報告」、「意見」、「その他」とする。投稿者は、これらのどの種別で審査を希望するかを、投稿時に申告することとする。それぞれの種別の内容については、編集規定第3項を参照のこと。投稿された記事が、申請種別にそぐわないと判断された場合、その変更の示唆を本誌編集委員会から受けることがある。

4. 「原著論文」、「資料論文」、「意見」として投稿される記事は、他誌に掲載されておらず、且つ、掲載予定のないものに限る。「学会報告」は転載でなければ、他の媒体で発表されたものと内容的に重複していても構わない。また「学会報告」は、データの追加や新たな考察を加えた上であれば、「原著論文」、「資料論文」として本誌あるいは他誌への投稿を認められる。なお、既発表の論文等と重複する部分を含む論文等の場合には、既発表の論文等を添付しなければならない。

5. 「原著論文」、「資料論文」、「学会報告」として投稿されるものの1ページ目には、表題、著者名、所属機関名並びにそれらの英訳、住所および電話番号(ある場合にはファクス番号およびe-mailアドレス)を記す。

6. 「原著論文」、「資料論文」、「学会報告」として投稿されるものの2ページ目には、日本文および英文の要約(ダブルスペースでタイプしたもの)をつけることとして、その長さは日本文であれば400〜600字、英文であれば100〜175語とする。また、日本語および英語の各5語以内のキーワードをつける。要約において著者名は省く。

7. 「原著論文」、「資料論文」、「学会報告」として投稿されるものの3ページ目以降を本文とする。なお、本文の長さは、「原著論文」では掲載時13頁以内とする(この中に図表・脚注・文献を含む。本誌の一頁文字数は、22字×43行×2段である)。「資料論文」、「意見」、および「原著論文」の事例報告、書評、判例評釈・紹介への投稿されるものの長さは、原則として7,040字以内とする。「学会報告」として投稿されるものの長さは、原則として10,000字以内とする。

8. 表、図、写真は、本文に比べ大きな紙面を要する。本誌1ページ大のものは、1,200字詰原稿用紙2枚に相当する。その割合で換算し、所定の枚数を超えないように注意すること。

9. 原稿は、原則としてコンピュータのワープロソフトによる。用紙の大きさはA4判縦置きとし、1ページは1,200字(40字×30行)横書きとし、編集事務局へのメールに添付して提出する。提出の際には、覆面審査のために、著者名や所属等、著者を特定できる情報を除いたファイルをあわせて提出する。

10. 引用文献および脚注の形式は以下にあげるa. またはb. のいずれかとする。一論文にはa. またはb. いずれか一方の形式を一貫して使用するものとし、両者の形式が混在しないようにする。
　　a. 日本心理学会発行の「執筆・投稿の手びき」にしたがう。
　　b. 法律編集者懇話会発行の「法律文献等の出典の表示方法」にしたがう。
　　なお、注については論文末にまとめる。

11. 付記は別紙に記載する。

12. 投稿論文は、現代かなづかいを用い、簡潔、明瞭に記述する。英文要約は英語母語話者の校閲を経ている

ことが望ましい。
13. カタカナは、原則として日本語化した外国語を記述する時にのみ用いる。
14. 本文中の外国語の使用はできるだけ避け、外国人名、適切な日本語訳のない術語、テスト名などにのみ用いる。
15. 数字は原則として算用数字を用いる。
16. 略語は一般に用いられているものに限る。ただし、必要な場合には、初出時に、その旨を明記する。
17. 表と図は必要最小限とし、重複は避ける。
18. 表と図はA4判の別紙に書き、Table 1、Figure 1のように通し番号をつける。
19. 表の題はその上部に、図と写真の題は下部に書く。説明文はいずれも下部に記す。表、図、写真などの題、説明文、図表中の文字は英文にしてもよい。
20. 図は刷り上がりがページの半幅または全幅に収まる大きさとし、縦横が約2倍になるように、黒インクで明瞭に描くこと。
21. 本文ページ左のスペースに、表、図、写真の挿入箇所を指定しておくこと。
22. 修正採択または修正再審査の場合は、査読者のコメントに対する応答(修正できない理由を含む)、および修正対照表を付することを要する。
23. 投稿者は、審査結果に異議があるとき、編集委員会に書面により反論を申し述べることができる。
24. 校正は、初校を著者、再校以降は編集委員会で行なう。
25. 別刷を希望の場合は、50部単位で著者の実費負担とする。
26. 本誌に投稿された論文の原稿は、返却しない。
27. 本誌に掲載された記事の著作権は、法と心理学会に帰属し、掲載後は本学会の承諾なしに他誌に掲載することを禁じる。著者は、電子化された本誌掲載の記事の配信についても同意したものとする
28. 不明な点については、編集委員会に問い合わせるか、日本心理学会発行の「執筆・投稿の手びき」または法律編集者懇話会発行の「法律文献等の出典の表示方法」を参照する。
29. 投稿先は次の通りである。
「法と心理」編集委員会事務局　　submit@jslp.jp
30. 本規定の改正は、編集委員会の議をへて、常任理事会の承認を以て行なう。
31. この規定は、2001年1月26日より施行する。
この規定の改正は、2003年10月12日より施行する。
この規定の改正は、2006年8月25日より施行する。
この規定の改正は、2010年1月28日より施行する。
この規定の改正は、2012年4月1日より施行する。
この規定の改正は、2014年10月26日より施行する。

■編集委員長
　岡田悦典
■編集委員
　岡田悦典（委員長・南山大学）　荒川歩（副委員長・武蔵野美術大学）
　若林宏輔（事務局・立命館大学）／指宿信（成城大学）　徳永光（獨協大学）
　豊崎七絵（九州大学）　脇中洋（大谷大学）／伊東裕司（慶應義塾大学）
　サトウタツヤ（立命館大学）　中川孝博（國學院大學）　藤田政博（関西大学）
　松村良之（明治大学）／越智啓太（法政大学）　堀田秀吾（明治大学）　松本克美（立命館大学）
　森直久（札幌学院大学）　守屋克彦（弁護士）／石崎千景（九州国際大学）
　村山満明（大阪経済大学）　吉井匡（香川大学）　　　　　　　　　　　　　　　（／は委員年度）
■査読協力者
　相澤育郎（立命館大学）　板山昂（関西国際大学）　大橋靖史（淑徳大学）
　佐々木真吾（名古屋女子大学）　白岩裕子（東京大学）　原聰（駿河台大学）
　松倉治代（大阪市立大学）　森久智絵（立命館大学）　安田裕子（立命館大学）
　綿村英一郎（大阪大学）

■編集後記
　本号もなんとか公刊にこぎつけることができました。裁判実務では、法と心理の貢献度は益々大きくなっていると思うこの頃です。内容の質もさることながら、いろいろな領域での投稿を期待しています。　　　　（お）
　本号で新規編集体制にバトンタッチです。長い間お世話になりました。　　　　（あ）
　ようやく2巻目を発行できました。前号より少しは良くなったものの、まだまだ事務局業務に不備があり、各所にご迷惑をおかけしております。次巻ではより良く進められるように励みます。　　　　（わ）

法と心理
第18巻第1号
2018年10月30日発行

編集　法と心理学会機関誌編集委員会
　　　〒567-8570　大阪府茨木市岩倉町2-150
　　　立命館大学総合心理学部　若林宏輔研究室内
　　　TEL 072-665-2293
発行　株式会社　日本評論社
　　　（代表：串崎 浩）
　　　〒170-8474　東京都豊島区南大塚3-12-4
　　　TEL 03-3987-8621（販売）、3987-8631（編集）
　　　振替　00100-3-16
デザイン　Malpu Design
印刷　三美印刷株式会社
製本　三美印刷株式会社
ISBN 978-4-535-06738-7

© The Japanese Society for Law and Psychology 2018　Printed in Japan.
JCOPY　＜(社)出版者著作権管理機構 委託出版物＞
本書の無断複写は著作権法上での例外を除き禁じられています。複写される場合は、そのつど事前に、(社)出版者著作権管理機構（電話 03-3513-6969、FAX 03-3513-6979、e-mail: info@jcopy.or.jp）の許諾を得てください。また、本書を代行業者等の第三者に依頼してスキャニング等の行為によりデジタル化することは、個人の家庭内の利用であっても、一切認められておりません。